薛理勇 著

丧葬习俗

上海文化出版社

我从小就喜欢读书，当时家里也没有几本书，能读的全读完了。中学时，有一位同学家有一房间的书，他的父亲也不是知识分子，而是资本家，这一房间的书全是杂书。陶渊明《五柳先生传》中讲：五柳先生"不慕利，好读书，不求甚解，每有会意，便欣然忘食。"我没有那么高的境界，因为是借来的书，指定日期要归还，所以读书讲速度，而中学生年龄尚小，也不见得有很高的悟性，所以，我只是"好读书，不求甚解"而已。不过书读多了，原来不理解的书慢慢地也理解了。

记得中学时借到一套线装本《野叟曝言》，清·夏敬渠著。小说的主人公是吴江名士文素臣，论文则博古通今，才高八斗，论武则勇力过人千夫不敌，他因直言论政得罪权臣，不得已游历海内。于是一路除暴安良、辟妖戮鬼；他崇儒学，抑佛道，平乱剿寇，最后位极人臣，天子倚为长城，其则号为素王。文素臣给我留下了深刻的印象，我也视之为仰慕的伟人。后来读鲁迅先生《中国小说史略》，鲁迅评之曰："衒学既慨，实其主因，圣而尊荣，实为抱负，与明人之神魔及佳人才子小说面目似异，根柢实同，唯以异端易魔，以圣人易才子而已。意既夸诞，文复无味，殊不足以称文艺，但欲知当时所谓理学家之心理，则于中颇可考见。"确实，主人公文素臣就是一位理学家。

《野叟曝言》开卷就讲，有一位学者夜里经过文素臣的家，见文素臣在秉烛夜读，所读之书名为《檀弓》，即叹为观止，称此人必为将相之材。当时我并不知《檀弓》为何书，就千方百计寻找《檀弓》，后来才知道，《檀弓》只是《礼记》中的一个篇章。檀弓与孔子是同时代人，经常与孔子以及他的学生们讨论礼制，篇名即以檀弓得名，《檀弓》分上下两篇，主要涉及的是丧礼。只是初中生的我根本读不懂《檀弓》，这回连"好读书，不求甚解"的水平也没有了，但是此后，我就会把读到的涉及丧礼、丧事的文章记下来，甚至会仔细观察人家在办丧事中的行为和礼节。

今本《礼记》共四十九篇，相传为孔子逝世后其门人所记的孔子言论的合集，近似于后来的"语录"，文体多对话形式，编定于西汉。《礼记》

四十九篇中直接讲丧仪的就有《檀弓》上下篇、《丧服小记》、《丧大记》、《祭法》、《祭义》、《祭统》、《奔丧》、《问服》、《间传》、《丧服四制》等多篇，而其他篇章中也夹杂着关于丧仪的内容。我估计，全部《礼记》中至少有一半以上的文字与丧事有关，可见，古人对丧仪的重视，也足见丧仪的繁复和复杂了。

《礼记》是"语录"体专著，涉及几乎所有的礼仪制度，但系统性很差，同样内容在不同篇章重复出现的情况随处可见，实用性较差。于是汉代又出现了一本《仪礼》的著作，其原则上就是将《礼记》中涉及的礼仪制度进行分类，归纳为十七篇，其中丧居其四，即第十一篇《丧服》、第十二篇《士丧礼》、第十三篇《既夕》、第十四篇《士虞礼》。《丧服》规定了服丧等第和礼制，《士丧礼》、《既夕》、《士虞礼》讲丧事的操办程序和相应的礼制。汉代"废黜百家，独尊儒术"后，儒学著作被历朝历代列为经学，既是读书人必读之书，又是他们走上仕途的敲门砖，《礼记》就是重要的经学著作之一，而《仪礼》又是根据《礼记》重新编排的"实用礼仪手册"，操作起来很方便，于是，《仪礼》确定的丧礼制度一直被后人遵守。唐朝以后，历代也相继颁印过相关的礼制类书籍，但都没有脱离《仪礼》的影响。甚至，今天许多地方的丧俗中仍能见到《仪礼》定下的规矩，所以，研究、了解古代丧仪，对指导今天的殡葬仪礼仍有很大的作用。

我开始收集中国丧仪资料，并将其归入中国风俗史、制度史、社会史、人类史的范畴加以研究已经有些年头了，可是，丧事是凶事，平民百姓颇多犯忌，传统的丧制又多充满着"迷信"色彩，并为"提倡科学者"所唾弃，于是乎中国几乎没有关于丧仪的刊物，普通刊物，也不愿登载关于丧事的研究文章，我写好的几篇关于殡葬文化的文章也只能存入抽屉里，因无刊物愿发此类文章，以后就干脆不写了。

1998年8月，上海实行殡葬政、事分开，建立了：上海市殡葬管理处和上海殡葬服务中心，上海市殡葬管理处承担政府行政管理职能，管理全市范围的殡葬事务；新成立的上海市殡葬服务中心承担上海市民政局直属的殡仪馆、公墓以及联营公墓的经营服务职能。上海市殡葬服务中心的领导者颇有眼光和水平，为了促进殡葬改革，开展殡葬文化研究，以企业自筹资金组织了国内唯一一家上海殡葬文化研究所，还编印出版国内第一本殡葬文化研究类刊物《殡葬文化研究》杂志（内刊，双月刊），迄今已出刊70期。我就是通过《殡葬文化研究》与上海市殡葬服务中心主任王宏阶、书记朱金龙、上海殡葬文化研究所诸华敏、忻秉勇等诸君相识，并成为《殡葬文化研究》的编外研究员，定期能在杂志里发表我的文章。

我一直想用一种通俗的方式介绍中国殡葬业的发展，以及其文化现象，上海文化出版社的编辑来约，希望我能以通俗的方法写一套关于传统文化、风俗的著作，于是，两者一拍即合，才有了这本《丧葬习俗》书。

在该书付梓之际，还得感谢上海市殡葬服务中心和上海殡葬文化研究所、上海殡葬博物馆的多方面帮助和支持。

薛理勇写于秋月枫舍

2011年3月13日

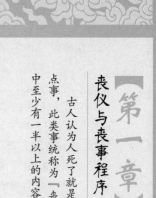

【第一章】
丧仪与丧事程序

古人认为人死了就是告别亲人到另一个世界定居生活，在他与亲人告别时，人们就应该为他做点事，此类事统称为『丧事』。在中国古代封建礼仪中，丧仪是相当繁复和复杂的。全部《礼记》中至少有一半以上的内容与丧事有关，很多仪式和程序保留至今。

汉字是一种象形文字，虽已经过了五千年的字体流变，现代汉字中，仍能看出象形的一些特征。

"哭"字上面的"吅"是偏旁，下面是一"犬"。《说文解字》释："哭"，哀声也。从吅，从狱省声。"狱"字古代写作"獄"，就是几条狗打架而发出的叫声，或犯人在牢房里受刑而发出的哀叫声。不过，清代的段玉裁不赞同许慎的解释，《说文解字注》中讲：

窃谓从犬之字如狡、猗、狂、默、猝、猥、狼、犷、獳、狎、狚、犯、猜、猛、狁、狟、戾、独、狩、臭、獎、献、类、犹卅字，皆从犬而移以言人，安见非哭本谓犬嗥，而移以言人也。

这段文字的大概意思是讲，仅《说文解字》中收有"犬字旁"的字很多，其中至少有三十个字是来比喻人的行为和举动的，那么，这个"哭"为何不可以理解为狗哭狼号发出悲凉的声音，人们在极度悲伤时发出的声音与狗哭狼号很像，于是，哭就是从悲伤时发出的悲哀声。看来，段玉裁的注是很有见地的。

《说文解字》说：

丧，亡也。从哭亡，亡亦声。

丧的繁体为"喪"，它更古的字写作喪，上面是一个"哭"字，下面是一个"亡"字，所以"丧"是一个会意字，指人受到迫害或其他原因而逃亡。段玉裁注：

《亡部》曰："亡，逃也。"亡，非死之谓。故《中庸》曰："事死如事生，事亡如

事存。"《尚书大传》曰："王之于仁人也，死者封其墓，况于生者乎；王之于贤人也，亡者丧其间，况于在者乎。"皆存亡与生死分别言之。

丧的本义是逃亡，实际上就是从某人的眼皮底下或某控制区域不见了，所以，丧的引申义就是失去、消失等，一个人死了，也是这个人从此以后就在家庭、宗族、社会中消失了，所以，丧又被引申指人死了。段祺瑞注：

凶礼谓之丧者，郑《礼经目录》云："不忍言死而言丧。"丧者，弃亡之辞，若全居于彼焉，已失之耳，是则曰丧之义也。

把这段文字译成白话：凶礼中把"死"讲作"丧"，如郑玄《礼经目录》中的分析和解释，人们不忍心把人去世讲作"死"，为避讳而讲作"丧"，"丧"是消失的意思，用"丧"替代"死"，那么就是去世的人到了另一个世界去居住、生活，与生人告别而已。这就是人们把"死"讲作"丧"的意义所在。避讳，至今仍是中华民族的一种习惯，今天，当一个人逝世后，人们几乎不会直接讲"某人死了"，而将人死亡讲作逝世、去世、老了、走了、作古、仙逝等。

既然古人认为人死了就是告别亲人到另一个世界定居、生活，在他与亲人告别时，人们就应该为他做一点事，此一类的事统称为"丧事"。

哭是感情的流露，当亲人永远离开

人世，离别自己的家庭，至亲就会以"号哭辟踊"，即捶胸顿足地号啕大哭以表达悲伤之情，于是，中国的丧事往往是哭丧。古代中国丧仪很繁复，而且必须按礼制规定的程序来进行，而丧仪就是丧事的制度和程序。

魂兮归来兮——复

我国的传统殡葬习俗中有所谓的"招魂"，就是在确认亲人刚断气的瞬间，其亲属拿出事先准备好的"招魂幡"——一种细长条的旗子，扯到自家的屋顶或晒台上，并拿着"寿衣"爬到屋顶上，大声长唤死者的名字，然后再给逝者换上。人们认为，在生命结束的刹那间，灵魂霎时离开肉体，成了没有依附的"幽灵"，风俗认为，爬到高处大声长呼死者的名字可以引起"幽灵"的警觉，而那"招魂幡"就是引领"幽灵"回来的标识，只有当灵魂返回到那已死的肉身后，他才有转世的可能。

当人类还处于原始社会时，人已经有了对灵魂的理解和认识，没有灵魂的人体只是一具尸体，而人之所以会死亡，就是依附在人身上的灵魂离开了人的躯体，如不及时将离开人体的灵魂召唤回来，它将成为无家可归的幽灵，无

所安居的游魂野鬼；招灵魂回到他原来依附的躯体上并不能使这躯体复活，但被招回的灵魂却有了转世投胎、重新做人的机会。

后来讲的"招魂"在古代讲作"復"。《说文解字》：

> 復，往来也。

段玉裁《说文解字注》：

> 《辵部》曰：返，还也，还，復也。皆训往而仍来。今人分别入声去声，古无是分别也。

在古代汉语中，"往"是由此及彼，即从这里到那里去，而"来"、"返"则是由彼及此，即从那里到这里，而"復"就是先由此及彼，再由彼及此，就是先从这里"往"，再由那里"返"，现代汉语中的"重复"即不断地由此及彼和由彼及此。当然，葬仪把招魂讲作"复"就是召唤逝去的灵魂回到他原来依附的躯体上。

招魂是一个很古老的风俗。《礼记·檀弓上》中讲了一个关于"复"的故事：

> 邾娄复之以矢，盖自战于升陉始也。

陈澔注：

> 鲁僖公二十一年，与邾人战于升陉，鲁地也。邾师虽胜，而死伤者多，军中无衣，复者用矢。释云：邾人呼邾，声曰娄，故曰"邾娄"。夫以尽爱之道，祷祠之心，孝子不能自已，冀其复生也；疾而死，行之可也，兵刃之下，肝脑涂地，岂有再生

之理。复之用矢，不亦诬乎。

郑是春秋时期的一个侯国，在今山东邹县一带，郑国的人把"郑"念如"娄"，所以鲁国嘲笑他们为"郑娄"。现在也有这样的现象，我去深圳参加一个学术会议，深圳的福建人很多，那里的广东人嘲笑地称福建人为"Hu兄"，经打听后才知道，福建语言中声母没有"F"的发声，凡"F"的意大多念作"H"，如"福建"念如"Hu建"，"法律"念作"Hua律"。我祖籍福建，会讲家乡话，一试，果然如此（我以前没注意到这一现象）。郑国入侵鲁国，在升陉之战中获得胜利，但他们也付出了很大的代价，牺牲了无数的将士，将士们死得很惨烈，根本没有足够的衣服给他们换，也无法以常礼给将士们招魂，于是只好使用战争使用的武器——弓箭来为阵亡将士招魂，战场上用弓箭为阵亡将士招魂就是从这时候开始的。在如今的战争中，军队也会以鸣枪的方式向阵亡将士致哀，古今风俗意义不同，但人们借此表达的情感是一样的。

《礼记·檀弓下》：

> 丧礼，哀戚之至也，节哀顺变也，君子念始之者也。复，尽爱之道也，有祷祠之心焉，望反诸幽，求诸鬼神之道也，北面，求诸幽之义也。

影视剧中，经常能见到吊唁者以"节哀顺变"安慰死者的家属，此"节哀顺变"即出自《礼记·檀弓下》。不过，今人大多不理解该词的本来意义。这段文字的大意讲：丧事是一件很悲痛的事，父亲或母亲突然离我们而去，悲痛是情感的自然流露，但是，做子女的还有许多事情要做，所以，礼制就要你节制一下情感，去完成该完成的事。"复"就是一种对父母尽爱的方式，表示对父母的孝心，是希望父母的灵魂回归到他该去的地方，幽灵在北方，所以，"复"应该向北方呼唤。

《礼记·丧大记》：

> 复有林麓，则虞人设阶，无林麓，则狄人设阶。

陈澔注：

> 复，始死，升屋招魂也。虞人，掌林麓之官；阶，梯也；狄人，乐吏之贱者。死者封疆内若有林麓，则使虞人设梯以升屋，其官职卑下；不合有林麓者，则使狄人设之，以其掌设簨簴，或便于此。

"复"就是当人死后，生人就要爬到屋顶上为他招魂。制度还规定，如这位封疆大吏家里有山林，就叫管山林的虞人架梯子，爬屋顶去招魂，而家里如无山林，那只能叫管音乐的狄人去干这件事了。

《礼记·丧大记》接下来讲：

> 小臣复，复者朝服，君以卷，夫人以屈狄，大夫以玄赪，世妇以襢衣，士以爵弁，士妻以税衣。皆升自东荣，中屋履危，北面三号，卷衣投于前，司服受之，降自西北荣。

文中提到朝服、卷、屈狄、玄赪、禒衣、爵弁、税衣等都是古代"寿衣"的名称，这里不作解释。"小臣"即国君的近臣，"荣"就是中国古建筑中屋顶两头翘起的飞檐，《说文解字》："屋栭之两头起者为荣。"段玉裁注："齐谓之檐，楚谓之栭，檐之两头轩起为荣。""危"，郑玄注："危，栋上也。"是屋顶的最高点，也就是屋脊。这样，下段的文字就容易理解了——招魂的人从架在东边的梯子爬上屋顶，再爬到屋脊上，向北面大声呼唤死者的名字，然后将带上去的寿衣扔给管替死者换寿衣的人，而他则再从屋顶的西北角爬下来。

不过，《周礼·天官·夏采》的说法稍有变化，说：

夏采掌大丧，以冕服复于大祖，以乘建绥，复于四郊。

郑玄注：

复，谓始死招魂也。复以旄牛尾为之，缀于橦，所谓"注旄牛尾于竿首"者。"旄"就是用牦牛尾巴做的旗子，古代多用于军队的旗帜，带引、指挥军队前进，"橦"是支撑帐篷的柱子，古代王室贵族的棺材很大，墓地与住家有一定的路程，葬礼也很糜贵和隆重，运输棺材有专门的"灵车"，称之"舆"，灵车上设计有遮掩棺材的帐子，而支撑帐子的柱子就是"橦"。这样，《周礼》的这段话就是：夏采氏职掌王室的丧礼，他们用寿衣盖在死去的大王身上，还驾着插着牦牛尾巴做的旗子的车，到四郊周游，呼唤死者的名字，为他招魂。

看来，招魂刚开始时是由生人爬到屋顶上来完成的。招魂本来就是一件虚幻的事，并不会有什么征兆和迹象能说明魂被招回来了，为了保险起见，王室和贵族的招魂又增加了一次，这就是"复于四郊"，这种方式后来民间也使用。

《礼记·檀弓上》

孔子之丧，公西赤为志焉，饰棺墙置翣，设披，周也；设崇，殷也；绸练设旐，夏也。

公西赤是孔子的弟子，即子华；"翣（shà）"是装在棺材或灵车上的一种装饰件，形状像羽毛，《说文解字》："翣，棺羽饰也。天子八，诸侯六，大夫四，士二，下垂。"《丧服大记》："黼翣二、黻翣二、画翣二。"郑玄注："汉礼，翣以木为筐（框），广三尺，高二尺四寸，方两角高，衣以白布。画者，画云气，其余各如其象。柄长五尺，车行，使人持之而从，即窆，树于圹中。"文献于先秦的"翣"的形制描述不太清楚，只知道是一种用丝织品或素丝绸上画彩做的，外形像羽毛的东西，插在棺材上作装饰。估计，其形制与后来宫廷里使用的扇子，即《西游记》中铁扇公主的"芭蕉扇"有点像，而郑玄注中讲的汉代的"翣"的形制和使用就比较清晰了——它是一种用木头制成的宽三尺、高二尺四寸的木框，木框的上方略翘起，木框里绷以白布，白布上绘有雷云纹饰，柄五尺。殡葬时，运棺材的灵车在前，持翣的人跟随在后，当棺材葬入墓圹后，就将翣插入圹中。我们在近代拍摄或绘画的出丧图中还能见到"翣"，有的地方称之为"招魂牌"。孔颖达疏："韬盛旌旗之竿，以素锦于杠首，设长寻之旗，此则夏礼也……夏虽八尺之旗，更无余饰。"旗是一种氏族部落的族旗，大多呈长三角条状，推断约在氏族社会的后期，当氏族的首领去死后，殡葬时以族旗——旗为出殡队伍的引领。孔子出丧时，子华就在孔子灵车的车杠（即车把）上插旗，这种旗后来也被叫作"招魂旗"。

招魂是中国很古老的、很原始的殡葬习俗，但随着时间的推延，由于人们对《礼记》理解上的差异或分歧，有些地区的殡葬习俗也会产生一些变异。南宋赵彦卫《云麓漫钞》卷四中有这样一段叙述：

柩之有旗，《礼》曰："死者不可别，已故，以其旗识之。"古人施于柩侧，近俗多用竹悬出于屋外。阴阳家从而附会之，以为死之魂，悠扬于太空，认此以归。如浙东温（州）、台（州）至江东诸郡，兼采释氏之论，从而易为幡，植巨木高入云表、苟多子立幡相接，尤可怪。

《说文解字》："幡，幅胡也。谓旗幅之下垂者。"段玉裁注："凡旗正幅谓之縿，亦谓之幡胡。"看来，幡是用整块布不加剪裁，下面垂一些"苏"做成的，与如今的"锦旗"很像。《云麓漫钞》这段话的

大意是：人死后被殓入棺材，人们就会在棺材上插一种长条状叫作"旗"的旗子。根据《礼记》之类的经学著作中讲：人死后，他的灵魂刹那间脱离了他依附的躯体而找不到重新回来的方向，所以，当人死后就要在殓尸的棺材里插上"旗"，使迷途的灵魂看到"旗"后返归到他原来依附的躯体上。古代，旗是插在棺材之侧的，近世，不少地方风俗将旗扯到住房的外面，于是，插旗的风俗意义就发生了变化，甚至被人们曲解。地理先生误释为，人死了以后，他的灵魂在空中游荡，而在屋外插旗的目的就是引领灵魂归还到家里。浙东的温州、台州一带，又相信佛教的解释，引领灵魂的"旗"也被改换成长方形的"幡"，还在门口竖很高很高的旗杆，又把幡扯到旗杆上；更有甚者，多子女的家庭，一个子女就扯一旗杆，扯一面幡，丧家的门外竖了许多的旗杆，有许多的幡，这灵魂还能找到回家的路吗！这真是太可笑了。

在农耕时代，宗族集居是中国人最主要的居住形式和生活方式，许多宗族世世代代居住在一个地方，以血缘建成一个庞大的宗族、亲属网，人们很少外出，也较少与外界交往。古老的礼俗会世代相传，在相当长的时间里不会发生太大的变化。我1970年回福建老家时，参加和瞻礼了多家亲属的葬礼，家乡葬礼的一些习俗与《云麓漫钞》中所载大

同小异，许多习俗还能在《礼记》、《仪礼》中找到影子。亲人断气后，家属必须爬到屋顶，面向北方呼喊死去亲人的名字，家乡话讲作"喊魂"。随后的几天里，亲人们还轮流到住宅附近的田头"喊魂"，还在户外扯旗子。当时是"文革"期间，可能已没有那种制作和出售旗子的小作坊，好在几乎每户家庭都有"上面"发下来的，原用于庆祝节日或公布"最新指示"的红旗或国旗，于是这些红旗就被当作"招魂旗"；在出殡之前一二日，相邻的亲属"赗赠"（即亲友送给丧家的丧仪，乡人多称之"品香之礼"，本书有专章介绍）送来，一般族内的亲属送的是"旗"，实际上是整幅的丝绸或毛葛的被面，用4根细竹做成与被面大小相似的"框"，被面就固定在这个"框"里，被面的中间贴一大大的写在纸上的"奠"，右侧上方书"×××千古"，左侧下方是赠送人名字。"框"的中间扎上一根相当于"晾衣装竹"的长竹竿，这就是旗杆。到了出殡的那一天，亲属们一人扯一杆旗子，列着长队走向墓地，葬礼结束后，又扛着旗子返回，被拆散的旗子依然是一条新的被面，以后可以用于出嫁女儿的嫁妆。我以前始终弄不明白，上海人以前习惯以被面当作赠送给死者家属的赗赠，后来才弄明白了，这就是家乡丧礼中的旗子，也就是古代的幡或旐。

记得我还在读小学时，我的妹妹与祖母赌气，祖母叫她把晾竿拿到晒台上，准备晒衣裳，而妹妹因生气而拿着晾竿不动，祖母用家乡话训斥道——"你怎么像扯旗那种样子"，当时我一直弄不明白祖母讲的话是什么意思，到了家乡，观瞻家乡的丧礼后才知道，祖母讲的"扯旗"就是出殡时持着幡尾随棺柩之后，出殡时人人表情很严肃，很悲哀，哭丧着脸，乡言很生动，也很有趣。

民间认为，灵魂一旦离开了依附的肉体，这肉体就成了尸体，复、招魂的目的就是把灵魂召还到尸体上，以便他转世。民间又认为，当灵魂受到蛊惑也会暂时迷失方向而离开肉体，此时，人就神智不清。只要把暂时离开的灵魂招回肉身，人就会痊愈。于是，如遇到患重病而神智不清时，家人就会爬到房顶上，向四周呼唤亲人的名字。

我以前住在一幢三进的石库门房子里，一幢房子里住着多户人家。有一年的春节前，一户住在前楼的人家从郊区买了几只很大的活鸡，暂时放养在晒台上，那天风很大，大风将晾晒衣服的晾竿吹了下来，直接打到一只大公鸡上，受惊的公鸡又突然飞了起来，越过晒台的栏杆直落底层，又正巧落到一个正在玩耍的只有四五岁的小女孩肩上，受惊吓的小女孩被吓得魂不附体，虽立即去医院治疗，但依然神智不清。她的外婆就使用了家乡常用的"叫魂"办法，到了夜深人静的时候，一手拿着畚箕，一手拿着扫把，跑到晒台和小女孩受惊的地方，一边用扫把敲打畚箕，一边呼喊女孩的名字，然后再到弄堂和马路上呼喊。当天，他们又用金戒指和家藏的"银洋钿"煮水，给小女孩喝（据李时珍《本草纲目》中讲，重金属有良好的去邪镇惊作用），一直过了许多天，小女孩才缓过神来，不过，谁也不清楚，是叫魂起的作用，重金属起的作用，还是西医起的作用，又或许只是人体自动调节恢复的作用。

1910年上海环球社出版《图画日

人断气的瞬间，家属须立即爬到屋顶，召唤逝去的灵魂认得自己的家，俗称"招魂"。近代，"招魂"也被"治疗"患昏迷不醒，或神智不清的疾病。

报·上海社会之现象·抱烟囱叫魂之阴惨》的配画文讲：

　　沪俗不论男女有疾，迷信者每恐病人失魂，相率为叫魂之举。女巫及卖课者，更为推波助澜，故定方位。于是有猱升屋顶，抱住灶上烟囱，依定所断之方，而高叫者。凡叫必在夜半，故其声每甚阴惨。

　　20世纪的上海已经是一个文明程度和医学科学比较发达的城市，但是迷信和传统依然根深蒂固。该文作者还仿道士符咒的格式写了一篇《追魂咒》，挺好玩的，也摘抄如下：

　　魂兮魂兮，与人相依。奈何一病，想入非非。妖巫惑众，卜士炫奇。某月某日，一吓魂飞。必需魂还，疾乃可医。病家不察，愈为所迷。焚香点烛，哀告神祇。登高大叫，猱升灶披。呼父呼母，唤子唤妻。烟囱抱住，声类鸲啼。魂兮归来，其声惨凄。等诸已死，招魂歔歔。吾神深悯，示尔精微。同持妙咒，各悟元机。追魂有术，心正不欺。破除迷信，魂自勿离。速求医药，病愈可期。如违我咒，枉自祈祷。我奉九天开化自由尊神　急急如律令敕

　　科学与迷信是一个对立面，完全站在现代科学的立场看，招魂、招摄、叫魂之类的旧风俗作为迷信活动，无任何可取之处。风俗则是人们生活中历代相沿、积久而成的，我们的祖辈一直在遵守、沿用、发扬传统。如今许多风俗已被列为"非物质文化"在申请保护，我们是否也应该解放思想，把经过认真甄别的传统殡葬礼仪视为一种"文化现象"，选择一些传统殡葬礼仪和习俗，列入"非物质文化遗产"申请保护呢？！

越日小殓

　　现代的医疗技术可以利用电波观察人心脏跳动的情况，也可以知道心脏停止跳动时间，也就是死亡时间。而在古代，通常只能通过人的呼吸来断定这个人的生命迹象，一个人呼吸中断了，即死亡了，所以古人又把人死亡讲作"断气"。

　　《仪礼·士丧礼》：

　　疾革，属纩以候气。

　　《礼记·丧大记》也有同样的文字，郑玄注："纩，今之新绵，易动摇，置口鼻之上以为候。"《小尔雅·广服》："纩，绵也，絮之细者曰纩。"当一个人即将断气时，人们就用一种很细的新丝绵放到病人的嘴和鼻子上，微弱的呼吸依然能吹动丝棉，而当丝绵没有动静时，说明病人已经断气了。随之，治丧活动就全面启动了。据《仪礼·士丧礼》的讲法：

　　既终。子号哭擗踊，期亲以下，男哭床东，女哭床西，异向。楔齿用箸，缀足用燕几，床东设案，奠阁余。立丧主、主妇、护丧、司宾、司书、司货、祝赞诸执事

人；治棺及凡丧具。

主人被确定死亡后，孝子首先带头捶胸顿足地放声大哭，其他的亲属也跟着哭起来，礼制规定，男眷围在尸床的东面，面向死者，而女眷则在床的西侧，背向死者痛哭，然后立即有人用事先准备好的相应长短的筷子塞到尸者嘴里，将死者的嘴撑开，因为接下来要给死者的嘴里填塞一种叫作"含"的东西。如不及时将其嘴撑开，当尸骨冷了以后，就不得不用

大力气将其"撬"开了。同时用藤制或竹编的"斗"搁起死者的双脚，接下来似乎就是公布"治丧委员会"成员名单了，其中必须确定的丧主（丧事的主持人）、主妇（女性主持人）、护丧（丧事的具体负责人）、司宾（接待）、司书（负责讣告等文书）、司货（采办丧事用品）等。

古文中"殓"与"敛"可以通用，都有收聚、聚集的意义，但是"殓"只用于殡葬用语，就是给死者穿衣后将其放进

给死者沐浴、更衣叫作"小敛"。家属须陪到大敛之日。

棺材里，由于古代丧礼中给死者穿衣和将尸体放进棺材不是同一天进行的，后来就将前一程序，即给死者穿衣讲作"小殓"，而后一程序，将尸体放进棺材称作"大殓"，所以"大殓"又讲作"棺殓"。

《礼记》《仪礼》中均说"越日小殓"，即小殓是在人断气后的第二天才进行的，所以，小殓又可以分为殓前的准备和小殓的进行。《仪礼·士丧礼》中讲：

煮沐，执事者帷寝，陈沐浴、饭含之具；陈袭事，常服陈于室，礼服陈于堂；设浴床于尸床前，待者迁尸浴床南首。诸子哭踊、妇人出，女丧则男出，迺去尸衣，复以殓衾，侍者受沐人。哭止，沐发栉之，晞，以巾束之，抗衾而浴，拭以巾。讫，撤沐浴之具，迺去衾袭常服，加面巾。丧主以下各就位，哭尽哀。丧主出盥，奉含具执箱以入，执事者奉饭具，洗匙于盥，执以从丧主，就尸东由足而西，床上坐东面，举巾撤楔，乃饭含；置灵座，结白绢为魂帛。

"衾"通常指大的被子，也指专门用以覆盖尸体的单被，如《孝经·丧亲章》："为之棺椁衣衾而举之。"邢昺疏："衾为单被，覆尸荐尸所用。"即使在今天，中外不少国家，不论病人在家中或医院中逝世，都会将床单覆盖到尸体全身，这主要是不让生人面对死者而悲痛尤加。"常服"即通常的衣裤，如内衣、衬裤之类，而"礼服"则指"寿衣"，是特地为死者葬礼而做的，一般是外衣。"面巾"就是

盖在死者脸上的方巾，通常为一尺二寸见方，早期多为白色丝绸，故又称面帛、方帛等，宋人《事物纪原·吉凶典制·面帛》中讲：

面帛，今人死以方帛覆面者。《吕氏春秋》曰：夫差诛子胥，数年越报吴，践其国，夫差将死，曰：死者如其有知也，吾何面目以见子胥于地下。乃为幂以冒面而死。此其始也。

这个故事讲的是，当年吴王夫差不肯听从伍子胥加强对越国警惕的建议，结果，越王勾践卧薪尝胆，发奋图强，最终战胜了吴国。吴王夫差临终前讲：如果死去的人也有知觉的话，我到了阴间有何脸面去见伍子胥，于是他死前将一方面帛盖在脸上。中国丧礼中使用面巾即起源于此。这只有一个有趣的传说，不能当真。近人徐珂《清稗类钞·服饰·面巾》："面巾，本就死者覆面之巾而言，以绢为之，方尺二寸，即《仪礼》所谓'幎目'。盖古之通礼也。"

我童年的时候，不少邻居的老人大多选择在家中临终，当其断气后，家属会立即为死者的脸上盖一方巾，有的是白布，也有的就用草纸，记得老人们有的叫作"面巾"，有的叫作"遮眼"。而如今，城市居民大多选择在医院临终，人断气后，医生就直接将医用的白床被拉上，遮盖全身，我们只能在僻远的农村，或电影电视中见到"面巾"了。

"楔"是上大下小的方形木塞，《祀

记·丧大记》中讲："小臣楔齿用角柶。"孔颖达疏："楔，柱也，柶以角为之，长六寸，两头曲屈，为将含，恐口闭急，故使小臣以柶柱张尸齿令开也。""小臣"即诸侯，而"柶"是一种用牛角做的长六寸，两头弯曲的东西，在人刚死时塞入他的嘴中，使他的嘴巴保持张开的样子，主要是为下一程序的"饭含"作准备。诸侯可以使用牛角做的柶，而一般人只能使用日常用的箸，这就是一种等级制度。

下面再解释"含"，含的本义就是把东西放在口里，不咽下去也不吐出来，如上海人嘲笑讲话含糊不清的人讲："依那能闲话也讲勿清爽，像嘴巴里含了一只橄榄核。"《礼记·檀弓下》：

饭用米贝，弗忍虚也，不以食道，用美焉耳。

这段文字讲：人死了以后，肌肉失去了弹性，人的嘴巴是空的，人死后不久，两颊就会瘪进去，很难看，所以一定要给死人的嘴里填塞东西，使死人不要因瘪嘴而显得太难看。饭含只是不希望看到死人的瘪嘴，并不是给死人喂食，所以所填的物品并不是以食品的优劣为批判标准，而是以所填之物来分档次的。《荀子·礼论》："饭以生稻，唅以槁骨，反生术矣。"杨琼注："槁骨，贝也。"古代填充死者嘴巴的东西分为两大类，一类是谷物，叫作"饭"，另一类是贝珠类，称之"唅"。但不论填饭或唅，其目的一样，就是"反生术矣"，这里的"反"同"返"，

所谓"返生"就是获得重生的意思。谷物价贱，所以普通百姓一般用"饭"，而贝珠价贵，于是"唅"多用于官吏和富裕家庭。"饭"之价贱，所以也无所谓等级之分，只须将米洗净填入嘴中即可，而贝珠价贵，才会出现等级之分，如《清通礼·品官士庶丧礼》中就规定：唅具，三品以上用小珠玉，四品至七品用金玉屑，庶士金银屑。这只是清代礼制的规定，实际执行并不严格，通常和家庭经济情况有很大关系。现在吴方言中仍有以"吃生米饭"、"吃夹生饭"之类的话骂人不知好歹，讲话口气生硬，其即取自古代葬礼中为死人口中填充饭。

这样，我们就比较容易理解《仪礼·士丧礼》中关于小殓前准备的这段文字了——有专门的人烧水准备给死者沐浴，架起帷幕，把要给死者换的内衣放在室内，给死者穿的寿衣放在客堂，把给死者洗沐的木桶搬到死者床前，又有专门的人把尸体移到浴桶的南面。随后，子女们又放声大哭，制度规定，如死者是男性，女眷此时应该退出，如是女性，男眷应该退出。此时，仵作开始脱去死者的衣服，然后盖上白被单，并请给死者洗沐的人进来。此时，哭声停止，先给死者洗头，梳理整齐，当头发干了，将头发束好。然后掀开白被子，清洗死者身体，沐尸的工作结束后，就撤去全部的洗沐器具，同时也撤去白被子，给死者穿上常服，在脸上盖一方面巾。此时，除了主持

丧事的"丧主"以外，所有的亲属又围着死人痛哭，"丧主"则洗净双手，吩咐准备给死者填含的仵作进来，坐在尸床的东面，将洗净的调羹插入死者之口，拔出原塞在死者嘴里的木楔或筷子，开始往死者嘴里塞饭。

《仪礼·士丧礼》接下来讲：

越日小殓。执事者帷堂如寝。陈殓具。设殓床于堂东，殓者布衾于床，布绞于衾上，布绞于绞上，发笱出礼服袭之，布于绞上。乃入举尸，男女共扶助之。使于堂床中袭上，男女如室位，哭踊无算。殓者为尸袭礼服，男女辍哭视袭，掩绞、结绞，男女凭尸，哭踊尽哀。

小殓是在死后次日进行的。这里的"寝"即寝室、卧室，"帷堂如寝"就是在客堂里挂帷幕，装饰与寝室相似，这实际上就是后人讲的"灵堂"。"殓具"就是殓尸

把尸体装入棺材叫作"大殓"，大殓到将灵柩运出家、暂厝他处的一段时间，子女必须整日整夜守着，叫作"守孝"，打牌就成了守孝时解困乏的节目。这位老兄并没死，家人在守孝时从棺材里爬了出来，他的身上还被绳索捆绑着，可吓坏了家人。

用的材料和器具，就是后面讲到的"绞"、"衿"等物。"绞"的原义是用布条打结、缠绕、捆绑，在古代丧仪中指捆绑尸体或用于捆绑尸体的布，如郑玄注《仪礼》："校，所以收束衣服为竖急者也，以布为之。"《礼记·丧大记》中讲：

　　小殓，布绞，缩者一，横者三。君锦衾，大夫缟衾，士缁衾，皆一衾，十有九称。君陈衣于庑东，大夫陈衣于房中，皆西领北上。绞衿不在列。

这里的"缩"与"横"相对，即"纵"的意思，如《仪礼·乡射礼》："一纯以取实于左手，十纯则缩而委之。"郑玄注："缩，纵也。于数者东西为纵。"这段文字十分难读，陈澔注：

　　此明小殓之衣衾。绞，既殓所用以束尸使坚实者，纵者在横者之上，纵者一幅，横者三幅，每幅之末，折为三片，以便结束，皆一者，君、大夫、士皆一衾，衾在绞之上。天数终于九，地数终于十，故十有九称也。

看来，所谓"布绞"和"衾"就是民间讲的"裹尸布"，先秦的制度，给死者换上寿衣后，还要用"布绞"和"衾"把尸体捆扎结实，布的阔幅有限，而古代的布的阔幅更小，所以必须使用三块布才能横向把尸体捆扎起来，在每一块布的两端撕成三片，便于捆扎后打结使用，犹如现在医生用纱布给受伤者包扎那样，必须把纱布的一端或两端撕开才能打结一样，"衾"相当于被单，是纵向覆到尸体上的，也在两端撕成三片，便于打结。

　　小殓的顺序是：小殓于死后次日举行，客堂里搭起了灵堂，停尸

此画所绘为"盗掘新冢"，棺中的女尸是被捆绑的

的床放在灵堂的东面，殓尸的人将器具准备好后，家人一起把死者从卧室移到设在灵堂的尸床上，于是家属们又开声号啕大哭，排列的位置与室内一样，然后，殓尸的人先给死者穿上寿衣，亲人们暂时停止哭泣，再次看着死去的亲人作告别，然后殓尸者正式小殓，用布绞和衾捆扎尸体，小殓结束，亲人们又围着死去的亲人放声大哭。

考古发掘到相对完整的汉代以前墓葬并不少，但大部分尸体以及身上的穿着物已经腐烂，很难识别当年下葬时的原样。不过，长沙马王堆西汉古墓出土的女尸及随葬品保存比较完整，尸体捆扎确实与古籍描述相近。不过，从出土的大量宋以后，尤其是明的大量墓葬来看，虽然大多数还有捆扎尸体的现象，但是捆扎尸体已不太用草编的"布绞"和"衾"，而是一种特别长、特别宽松，袖子犹如今日"蝙蝠衫"的"绞"，这种"绞"是套在已穿着寿衣的尸体外，然后再用绳子层层紧束。不过，包括不少考古工作者在内，也往往是将其误以为是死者的常服或礼服。记得若干年前，上海某博物馆举办《上海六千年》的展览会，其中就展出了几件从明墓出土的"绞"，说明牌写了"明代人穿的时装"，由于展示的衣服是展开的，长度超过1.80米，展开后的宽度还大于1.80米，许多观众被弄得没了方向，就来问我："明朝的上海人身高到底有多少，这么大的衣服可怎么穿呀？"我

就告诉他们，这不是活人平时穿的衣服，而是古代人用来捆扎尸体的"裹尸布"，它当然要比平常的衣服长得多，大得多了。博物馆的展览把"裹尸布"或"寿衣"误认为常服，这确实是令人发噱的。

中国长期遵守土葬的风俗，小殓是为死者殓衣，是为几天后大殓——入棺作准备，所以小殓必须将尸体扎紧。中国是农业国，最普遍的织品就是丝、麻织品，几乎没有毛织品和棉织品（棉花古代称吉贝，原产热带、亚热带地区，中国只有海南岛及闽广地区才能少量种植，元代以后，在黄道婆的推动下，也只有上海种植棉花）也很少有皮质衣服，所以，不论是常服、礼服和绞都使用植物制品。解放以后，尤其是像上海这样的大城市逐步并强制实行火葬，葬仪的程序简化了，人从死亡到火化的时间也大大缩短，葬礼也发生了很大的变化，50年代中后期，老人在家中临终，停尸一两日后就送往殡仪馆，择日举行追悼会后即被运往火葬场火化，而病人在医院死亡后，原则上尸体立即被转到指定的殡仪馆，于是，传统的用于殓尸的"绞"不用了，通常只使用常服和礼服，均被叫作"寿衣"。众所周知，死人是不会动的，而人死亡两小时以后，尸体开始僵硬，替尸体更衣是一件很困难的事，所以"寿衣"大多比常服大一点，尤其是袖子裤脚会做得更宽松一点。

给尸体穿衣服是一件很难的事，以前有被叫作"仵作"或"土作"的殡葬职

业人员，他们也干替尸体穿衣服的活，仵作将僵硬的尸体抱起来（尸体的背对着仵作的胸），仵作的双手与尸体双手一起伸进袖子，衣服很快就穿好了。习惯上还根据死者的身份来确定穿多少件衣服，通常为"三腰七领"，以上为"五腰九领"和"七腰十三领"，这里的"腰"是衣服，而"领"指领头，这些"领"通常为假领。而如今也没有那么多的讲究了，但寿衣的件数一般为单数。质地仍以丝、棉织品为主。

如今，上海人大多选择在医院里临终，无特殊情况下，人被医生确定死亡后即被移送到殡仪馆，上海的殡仪馆有一整套的服务，可以替尸体洗沐、更衣、化妆、整容，亲朋好友可以在殡仪馆感到死者"音容宛在"。

三日大殓和搭建灵堂

把尸体放入棺材里讲作"大殓"，《仪礼》中讲："三日大殓"，《礼记·问丧》中的记录更详细一点，说：

三日而殓。在床曰尸，在棺曰柩，动尸举柩，哭踊无数，恻怛之心，痛疾之意，悲（哀）志懑气盛，故袒而踊之，所以动体安心下气也；妇人不宜袒，故发胸击心爵踊，殷田田如坏墙然，悲痛疾之至也，故曰辟踊哭

泣，哀以送之，送形而往，迎精而反也。

三日大殓时，当尸体被抬进棺材时，子女们就开始放声大哭，其中男性应该袒露上身，一边哭，一边顿足，而女子不能袒露身体，就只能捶胸顿足、放声大哭，古人称之"辟踊哭泣"，其目的有二：一表示对死者的悲痛惜别，二即"所以动体安心下气也"，也就是讲，送别亲人是很悲痛的，悲痛而不放声大哭，会使郁闷之气沉积于胸中而对健康不利，而"辟踊哭泣"可以将积压在胸中的郁闷之气释放出来，这不致因伤心过度而致人昏厥——这还是有一定科学根据的。如讲还有其他的意义的话，那就是"送形而去，迎精而反（返）"，也就是在告别亲人的躯体时，希望亲人的灵魂重返家中，也就是前面讲的"招魂"。

《礼记·问丧》接下来又讲：

或问曰：死三日而后殓者何也？曰：孝子亲死，悲哀志懑，故匍匐而哭之，若将复生然，安可夺而殓之也，故曰三日而后殓者，以俟其生也，三日而不生，亦不生矣，孝子之心，亦益衰矣，家室之计，衣服之具，亦可以成矣；亲戚之远者，亦可以至矣。是故，圣人为之断决以三日为之礼制也。

在生活上会遇到一些特殊的情况，当一个人心跳和呼吸停止后，其实并没有死亡，医学上称之"假死"，现代医学可以用人工呼吸、电击心脏、注射强心剂等方法和手段，使"假死"者重新恢复生命，而在古代只能用大声呼唤、晃动躯体的

方式，所以，小殓或大殓中"辟踊哭泣"也是一种"急救"的方式，古人确定三日大殓的目的之一，就是不放弃死者"将复生"的机会，如死者三日之内还没有复生，那就可以确定此人已经死亡；从另一个角度讲，家属在处理丧事上也已精疲力尽，而在死者断气的三日内，该为死者做的事均已准备就绪，亲朋好友们也已经知道，并已来吊孝，所以，三日大殓是一个比较合适的选择而已，并没有其他的目的。所以，古文献中虽有"诸侯三日，天主七日"之类的记录，后人大多理解为"乃因治具之繁简，赴吊之远近，亦非以延长为尊贵也"。犹如今天的情况一样，从一个人被确定正式死亡后，何时举行向遗体告别仪式或开追悼会，并没有规定的时间，如丧事均已筹备妥当，亲属均已到场，就可以早一点举行，而一些"大人物"的丧事相对复杂，须准备的事很多，那只能等到该做的事做好后举行了。

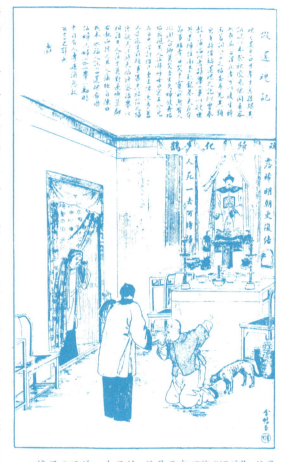

停尸三日的一个目的，就是死者可能"还魂"，就是死者可能是假死，可能会活过来。

《梁书·徐勉传》中有这样一段记载：

时人间丧事多不遵礼制，朝终夕殡，相尚以速，勉上疏曰："《礼记·问丧》云：'三日而后殓者，以俟其生也，三日而不生，亦不生也。'自倾以来，不遵斯制送终之礼，殡以期日，润屋豪家乃或半昝，衣衾棺椁以速为荣，亲戚徒隶各念休反，故属行殓毕，灰钉已具，忘狐鼠之顾步，愧燕雀之徊翔，伤情戚理，莫此为大；且人子承衾之时，志懑心绝，丧事所资，悉关他手，爱憎深浅，事实难原，如觇视或夹存没违滥，使万有其一，怨酷已多，岂不缓其告殓之晨，申其望生之义。冀请自今士庶，宜悉依古三日大殓，如有不奉，加以纠绳。"诏可其奏。

中国一直到东晋以前，政治、经济、文化中心一直都在中国北方的黄河流域，京畿也在西安、洛阳等地，那里纬度偏高，气候干燥而偏冷，在一年的大部分时间，停尸三日或更长一段时间，尸体还不至于变质腐烂，东晋迁都南京，所辖区域为长江中下游地区，气温偏高，气候潮湿，尤其到了盛夏季节，露置的尸体很快就会变质腐烂，于是，人们已顾不上遵守古礼制定的"三日大殓"的制度和规矩，在人死后当天或次日就行大殓，由此还产生了大殓"以速为荣"的习惯和风俗。

清朝编定的《通礼·品官士庶丧礼》中是这样讲的：

三日大殓，执事者以棺入，设于堂正中，南首，承以两凳；棺内用煤屑或生石膏末铺底，厚四寸许，上铺以纸；乃奠七星板，施棉衾，垂其裔四外，藉茵褥。届时奉尸入棺，覆以衾，实生时所落齿发，及所剪爪于棺中四角，卷衣以塞空处，再以纸卷灯心草或蜃灰、石灰实其空阙。男女辍哭眠殓，务令棺内充实平满，不可摇动，收绵衾之裔垂棺外者。丧主以下凭棺哭踊尽哀。乃盖棺，加锭，施漆。

这就是大殓的过程。"七星"有二指，其一指二十八宿中南宫朱雀的第四宿，共

七星；其二即北斗星，即由天枢、天璇、天玑、天权、玉衡、开阳、摇光七颗星组成形似斗状的星座，联接天璇和天枢，在其延长线约五倍的距离处是北极星，北斗星的斗柄围着北极星转动，古人根据斗柄所指的方向确定春夏秋冬，也可以据此找到方向。所以，北斗七星在中国人生活中有深刻的意义，"七星板"是一种放在停尸床或棺内的板，板上钻有形似天上北斗七星的孔，是希望死者能在阴间找到方向，到达该去的地方。颜之推《颜氏家训·终制》："吾当松棺二寸，衣帽已外，一不得自随，床上唯施七星板。"《金瓶梅词话》："放下一七星板，搁上紫盖，仵作四面用长命丁一齐钉起来。""蜃灰"就是用牡蛎壳烧制的石灰，其硬度可以达到300号水泥的硬度。"锭"同"钉"，是一种形状似尖锄的锥形钉，或形状似今天钉书针的钉子，古代制造木船时常用，用于棺木者又叫作"长命钉"。大殓的过程大致如下：负责丧事的仵作将棺材抬到客堂的中央，棺材头朝南对着大门，搁在两张长凳上；将棺材板搬进室内尸体边上，再将尸体搬到棺材板上；然后将煤屑或生石膏铺在棺材底下，再在上面垫上纸，然后把七星板放进去（煤屑和生石膏有良好的吸附作用，可以将棺材内的潮气吸干，防止尸体腐烂）。然后把一很宽的被单铺在七星板上，将多余的边幅拉到棺材的周边，再垫上"香花被

褥"。亲属们合力将尸体抬起来放入棺中,民间习俗,通常由长子抱头,次子抱脚,幼子抱腰,如长子已故,则抱头则由长孙替代;然后,死者的女儿就把死者临终时给父亲或母亲梳头时掉下的头发,和剪下来的指甲装在小袋里塞到棺材的四角;再把死者生前穿过的衣服卷成卷填塞到空余的地方,如衣服不够,再用纸卷成卷或装有蜃灰、石灰的纸包来充实,目的是使棺木充实,不致使尸体晃动。此时,亲属们停止哭喊,认真端视遗体,向亲人作最后的告别,再后,仵作就将原拉在棺外的被单盖到尸体身上,亲属们再一次哭别亲人,最后,仵作们将棺材板盖到棺材上,规定先由长子或长孙在棺材头上钉下第一颗钉子(此只是一个象征性的行为,一般就是在钉子上钉三下),棺材全封闭后还须涂一层漆。

　　20世纪50年代后,上海地区就不断有明清墓葬出土,80年代后,随着上海市政和房地产行业建设加快,发掘到的明清墓葬就更多了,几乎在所有的女性棺木中都会发现一把被折断的半段素木(即不上漆)的木梳,这确实是一个十分有趣的现象,不过很少有人重视这一有趣的现象。上海民间文艺家协会和上海市南汇县文化馆合编的《哭丧歌》(1988年10月上海文艺出版社出版)中收录沈莲芳唱《梳头歌》,全部唱词如下:

日出东方一点红,
侬亲娘未有病盘房中。
有病叫郎中,
郎中叫脱十七八,
仙人叫脱廿二三,
侬亲娘毛病患得实在深。
侬亲娘未困仔门前青丝细发珠子挂铃铛,
后底青丝细发结蓬松。
侬阿嫂拿起黄杨木梳像月弯,
弯弯木梳替侬亲娘梳玉发:
第一木梳扎扎通,
第二木梳梳得十条街路九条通,
第三木梳梳得只只庙里走得通。
侬阿嫂问侬亲娘要梳啥格头?
要梳红头绳扎发罪孽轻,
黑头绳扎发就投人,
望侬亲娘人投人。
侬阿嫂搭侬亲娘要梳盘螺头,
盘螺头上出路通,
路通头上发来篦,
侬亲娘要到西方路里一条边①。
亲娘啊!
你跑跑脚来疲,
西方路里自有歇凉亭,
歇凉亭里坐一歇,
歇凉亭里自有观音坊,
一路匆匆到西方。
西方路里有仙桥,
侬亲娘手对②弥陀走仙桥。
西方路里自有恶狗当路拦,

伲亲娘脚踏梅花桩,

手拿更香进庙堂。

黄杨木梳两分开,

半个木梳随身转,

半个木梳掼勒后花园③。

这是用南汇方言唱的,编者对一些难懂的唱词加了注:

① 一条边,可能指眼望天的尽头是一条边。问歌手,歌手说有些是编个联络(顺口)。

② 手对,作拜菩萨的手势。

③ 替死人梳头后,木梳一折两段,一段放进棺材,一段丢掉。

如此看来,在大殓时,女儿要将母亲临终时梳头的木梳折断,一段丢弃在家里的庭院,另一段则随葬,表示"阴阳两隔"。

《通礼》接下来讲:

撤殓床,设灵床,施帏帐、枕衾、冠带、衣屦之属,设颒盆帨巾于灵床侧,皆如生时;奉移灵座魂帛于柩前,设几筵,供器具;设灵门于堂前,以绛帛为铭旌,长九尺,题曰:某甫某公某之柩,悬灵右;行殓奠礼,启灵门,执事者陈馔案食品;内外就位如初,司祝焚香奠酒,丧主以下诣案前伏拜、哭尽哀。复位,撤馔案,闭灵门。

棺盖被钉上,标志着大殓结束了。接下来就是为死者搭建灵堂。现代汉语中的"床"通常指睡觉用的榻,《说文解字》:"床,安身之坐者。"古代汉语中"床"既

可以指睡卧用的榻,而更多是指坐用的凳椅,这里的"灵床"就是在灵柩的旁边设一死者生前常坐的凳子或椅子,表示死者如生人一样坐在那里。《世说新语·伤逝》中讲了一个故事,王徽之(子猷)与王献之(子敬)是亲兄弟,都是大书法家王羲之的儿子,子敬逝世后,子猷去奔丧,他并不哭。子敬素好琴,子猷就直接拿着子敬的琴坐到灵床上弹琴,但弹了很久也弹不出一完整的曲调,于是他叹道:"呜乎子敬,人琴俱亡。"并当场昏厥了过去,过了一个月,子猷也死了。这里的"灵床"指的就是"椅子"。《仪礼》中讲,当大殓之后,"燕养馈羞汤沐之馔如他日。"郑玄注:"孝子不忍一日废其事亲之礼,于下室日设之如生存也。"就是讲,大殓后死者已经被"下室"(放进棺材),但作为孝子不忍心放弃原来孝顺的礼节,就以死者生前的样子来布置灵堂。"魂帛"就是前文讲的"招魂幡"。《礼记·檀弓下》:

铭明,旌也。以死者为不可别已,故以其旗识之,爱之斯录之矣,敬之斯尽其道焉耳。

陈澔注:

《士丧礼》:铭曰"某氏之某之柩",初置于檐下西阶上,及为重毕,则置于重,殡而卒涂,始树于建坎之东。

铭明也是一种"招魂旗",通常"招魂幡"上不书写死者的姓名,是通过家属的呼唤来招魂,而"铭明"是大殓以后插的旗

子，这种旗子长九尺，上面书写"某甫某公某之柩"，生人住的房子是"阳宅"，死人困的棺材是"阴宅"，所以"铭明"似乎就是死者的地址，告知死者的灵魂尽快回到棺枢中去。铭明一般插在灵枢的右侧。

如此可知，大敛一结束，就立即将停尸的床撤去，开始搭建灵堂，首先将一把死者生前坐的椅子放在灵枢旁边，再把死者生前使用过的帐子、衣服、面盆、毛巾等陈放在灵枢旁边，又将原已使用的招魂幡插到灵枢之前；还要用布围出一个像门帘的"灵门"，灵门的里面是灵枢以及上述的死者生前使用的东西，而灵门外相当于户外，负责丧事的人打开灵门，在供桌上放逝者平时爱吃的食品，家属们按小敛时排列的坐次，当祭奠开始时，家属们又一次放声大哭，表示自己悲痛的心情，事毕，司祝就关闭灵门，大敛的活动结束。

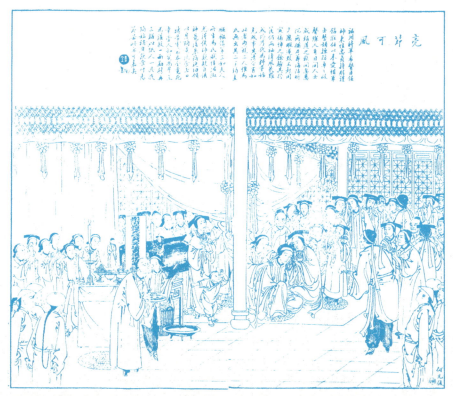

大敛毕，在棺材前放的"临时牌位"就代表死者，此东西称"炉"。即民间所称"棺材头"。

初丧时的祭奠和吊唁

从死者断气到大敛基本上是亲属们向遗体告别和为死者料理后事，当大敛之后，丧事的第一阶段已经结束，家属在执事的帮助下，在厅堂里搭建灵堂，主人就在这里接受亲朋好友的吊唁。

《大清通礼》说：

乃朝奠如敛奠仪。自是每日朝夕哭（朝以日出后，夕以日入前）。凡燕养馈羞，汤沐之节，皆如生时。

《大清通礼》的丧仪基本上因袭了《礼记》、《仪礼》。《礼记·檀弓上》：

丧不剥，奠也与，祭肉也与。既殡，旬而布材与明器。朝奠日出，夕奠逮日。父母之丧，哭无时，使必知其反也。

这里的"剥"旧注分歧很大，如元陈澔注以为"剥者，不巾，覆也。脯醢之奠，不恶尘埃，故可无巾。凡覆之者，必有其祭肉者也"。他认为"剥"通"覆"，"丧不剥，奠也与，祭肉也与"就是，祭奠使用干的食品时不需要覆盖巾帕，因为干的食品不必担心有灰尘落上去，而使用鲜肉食品时就应该覆盖巾帕，否则不卫生。不过，我以为"剥"还是理解为"剥夺"为好，"丧不剥"就是丧仪中不剥夺死者生前的爱好，他喜欢吃什么东西，就用什么东西作祭奠。而"朝奠日出，夕奠逮日"就是每天祭奠两次，日出后一次，日落

前一次，古人的注讲："朝奠以象朝时之食，夕奠以象夕时之食。孝子事死如事生也。"原来，古人一日两餐，即早上日出后一餐，傍晚日落前一餐。20世纪60年代初我在江西的吉安市（即井冈山地区）生活过一段时间，当地（包括城市和农村）人一日两餐，即早上9~10点一餐，傍晚5~6点一餐，这使许多支内的上海人感到很稀奇。"朝奠日出，夕奠逮日"就是"孝子事死如事生也"。孝子用哭来表达对亲人逝世的悲痛，但也须有个尺度，不能终日哭注不停，所以郑玄注《仪礼》时强调："哭止乃奠，则礼毕矣。"就是规定，当哭声停止后才能进行祭奠——否则，弄得死人吃饭也没有了心思。

《大清通礼》又讲：

月朔则殷奠，有荐新亦如之，皆具盛馔于朝奠行之。

《仪礼·丧仪》中讲："朔日奠"、"月半不殷奠"，郑玄注："殷，盛也。士月半不复如朔盛奠下尊者。"这里应该介绍"尊"和"奠"两个字。

"酒"的古字又作"酉"，写作"酉"，很像一只装有酒的"老酒甏"。《说文解字》：

酋，绎酒也，从酉，水半见于上。《礼》有"大酋"，掌酒官也。

段玉裁以为："绎"通"醳"，即陈酒的意思，"绎酒槽滓下湛，水半见于上，像之。"传统的酿酒程序是，将粮食蒸熟后冷却拌松，均匀地拌入酒母（即酒药）后装入甏中密封，使拌有酒母的粮食自然发酵，

几个月后即可开瓮取酒，此时，酒瓮的下面沉淀的是酒糟，上面一半是液体——酒。古代掌管酒的官叫"大酋"。

《说文解字》又讲：

𦊆，酒器也。《周礼》六𦊆：牺𦊆、象𦊆、箸𦊆、壶𦊆、大𦊆、山𦊆。以待祭祀、宾客之礼。𦊆尊或从寸

"𠂇"或"𠃌"即"手"字，是一个象形字，而"𠬞"即双手把持或托起东西，如"弄"古文为"𢽳"，即双手把持一玉，表示仔细观察或把玩，而"共"古人作"𠊪"，即二人或多人托起一件东西，表示共同，当然，饮酒必须用酒器，为了表示对对方的尊敬，敬酒时一般须用双手握酒杯，所以"𦊆"的本义是酒器，古代祭祀和接待贵宾时都要用酒，于是"𦊆"的引申义就是尊敬、尊贵等，而"𢩳"即今"寸"字，古文中多作把持、握解释，后来"𦊆"也被写作"尊"了。

《说文解字》又释：

奠，置祭也。从酋，酋，酒也，丌其下也。礼有奠礼。

"丌"可以理解为一张桌子或案几，祭祀时，将酒陈放在案几上，所以这个字为"奠"。郑玄注"下尊者"是指下大夫以下级别的人，看来，古代丧礼中，下大夫以上的祭奠每月可以分初一、十五两次祭奠，其中初一的祭奠是"殷奠"，可以隆重一点，而十五的奠奠就相对简单一点，而下大夫以下只能每月在初一举行一次。这种习俗至今仍在许多地区广为流传，许多家庭会在亲人死亡后的一年，甚至三年之内，每逢农历月的初一就要进行祭奠，也有的家庭，不论是否在服丧期内，每逢初一就要焚上一炷香，祭奠自己的祖先。

"荐"的繁体为"薦"，而"薦"是传说中的一种头上长角，形似鹿的动物，所以"薦"的本义是鹿吃的草，又指牧草。古代，重大祭祀活动中，祭品中的牛、羊、豕被称为"太牢"，不用牛，只用羊和豕的称之"少牢"。祭祀中使用的牛、羊、豕都有专人饲养，人们用草料饲养牲口也讲作"荐"，于是"荐"又被引申为进献。《左传·隐公三年》中记，这一年郑国与周的关系恶化，经过谈判，双方达成协议，决定以互换人质的方式缓和冲突，平息战争，于是有人对此作出评论："信不由中，质无益也。……可荐于鬼神，可羞于王公，而况君子结二国之信，行之以礼，又焉用质。"这里的"荐"和"羞"都是"进献"的意思，而就是这"可荐于鬼神"又使"荐"成为一个不用牺牲的祭奠活动。《谷梁传·桓公三年》：

无牲而祭曰荐，荐而加牲曰祭，礼各异也。

《礼记·王制》：

大夫、士宗庙之祭，有田则祭，无田则荐。

这里的"田"作"收成"解释，即大夫、士在祭祀宗庙时，收成好就祭，而收成不好就只能"荐"了。

中国是农业大国，人们在品尝新上市的蔬果时，当然也不能忘记祖先，以时新的食品祭奠祖先就讲作"荐新"。《礼记·既夕礼》：

朔月，若荐新，则不馈于下室。

《礼记·檀弓上》：

有荐新，如朔奠。

孔颖达疏：

荐新，谓未葬中间得新味而荐亡者。

"立夏"是二十四节气之一，一般是公元历的5月6日（偶尔会提前或推迟一天），中国农历认为这是进入夏季的第一天。立夏也是荐新的日子，立夏荐新被讲作"立夏见（荐）三新"。如清人顾禄《清

上海旧时简单而传统的灵堂。

嘉录》是记录苏州风俗的专著，卷四《立夏见三新》中讲："立夏日，家设樱桃、青梅、穤麦，供神享先，名曰'立夏见三新'。"荐新的祭奠与初一的祭奠形式相似。

灵堂的另一作用是供亲朋好友前来吊唁。《大清通礼》接着讲：

吊宾至，具刺通；司宾迎，于宾坐。有礼物者书于状，司书受状籍记之；以礼物授执事者，陈于灵前；丧主以下就位哭；司宾以宾入，宾诣灵座前举哀（若死者非相知，或男女远嫌则否）；上香行敬礼；丧主以下答礼；宾又就丧主持哭慰唁；毕，司宾以宾出，复坐。宾退，司宾送于门外。宾特尊者，丧主于其复坐时出诣宾坐稽颡，谢拜众宾，宾皆起避不答拜；宾卑幼者，俟主人朝夕哭，因而入吊，不特吊。

这段文字记叙吊丧的过程与礼节——前来吊唁的客人应该拿出"名片"（即"刺"）通报，有专门的人负责接待。他们先迎客人进门坐定，带礼物者要逐一登记，然后将礼物陈放到灵堂的案几上，除了丧主以外，死者家属就哭了起来，这时，司宾才将客人引入灵堂，客人先向死者致哀，再上香敬礼，客人再次向死者致哀，向丧家慰问，然后退出灵堂，重新坐到原来坐的地方。如客人决定离开，司宾代主人将客人送到门外。如遇特别尊贵的客人前来吊唁，前一过程与一般客人相同，只是贵宾退出灵堂后，丧主向贵宾答谢，客人一般不作答谢；而来吊唁的人地位低或年龄幼小，他们应该在趁丧家早上或

傍晚哭丧时进入吊唁，不必惊动主人。

"吊"的正字写作"弔"，这个"弔"字的结构很有趣。《说文解字》：

弔，问终也。从人弓。古之葬者厚衣之以薪，从人、持弓，驱禽。弓盖往复吊问之义。

段玉裁注：

《吴越春秋》：陈音谓越王曰："弩生于弓，弓生于弹，弹起古之孝子。"古者人民质朴，饥食鸟兽，渴饮雾露，死者裹以白茅，投于中野；孝子不忍见父母为禽兽所食，故作弹以守之。故歌曰"断竹续竹，飞土逐肉"。按：孝子殴禽，故人持弓助之，此释"弔，从人弓"之意也。

上古时代生产力很低下，人们的生活也很简单，人死了后，用草包裹尸体，扔到浅坑里埋了就可以了。这种浅埋的尸体很容易被禽兽发现并偷吃，于是人们就拿着弓箭守在那里驱赶禽兽，后来，这个"弔"就成了关怀临终的意义。"弔"是关怀死者，而在实际生活中，"弔"除了吊死者外，还更多的是向死者的亲属表示慰问，慰问家属则使用"唁"。《说文解字》：

唁，弔生也。从口言声。《诗》曰"归唁卫侯"。

段玉裁注：

《鄘风》："归唁卫侯。"《春秋》："齐侯唁公于野井。"《谷梁》毛传皆云："弔失国曰唁。"此言弔生者。以弔生者为唁，以别于弔死为弔也。

在现代汉语中，"吊"与古义同，"吊"多

用于"吊死者"，而"唁"多用于对死者的家属表示慰问，如常用的词中，"吊孝"义同"吊丧"，是指到灵堂或殡仪馆祭奠死者，向遗体告别。而一个国家的领导人死了，另一个国家发给那个国家政府或新任领导人表示悼念的电文就叫作"唁电"，这二者是不能弄混的，否则会把死人当作活人，把活人当作死人。而"吊唁"则指哀悼死者和慰问生者。

《礼记·曲礼》是专门讲人生交往礼节的，其中讲：

> 知生者吊，知死者伤，知生而不知死，吊而不伤，知死而不知生，伤而不吊，吊丧弗能赙，不问其所费；问疾弗能遗（音wei）不问其所欲，见人弗能馆，不问其所舍……

元陈澔注：

> 方氏曰：不知生而吊之，则其吊也近于谄，不知死而伤之，则其伤也近于伪。应氏曰：吊者，礼之临乎外，伤者，情之痛于中。

古人的礼制很实际，也颇具"人性化"，悼念只是礼制的形式，悲伤则出自内心；如果你与死者是朋友，而与死者的家属系平常关系，你可以为朋友的去世而悲伤；如果你只认得死者的亲属，而与死者不太熟悉，那么你只要向家属表示慰问就可以了。

吴方言中有不少丧葬引发的歇后语，如"城头上抬棺材——有兜有转"，"棺材里伸出手——死要钱"，而"陌生人吊孝"则喻"只有死人知道"。1910年出版《图画日报》"俗语画"栏中绘有"陌生人吊孝，死人肚里自得知"画，配画文也写得颇风趣，说：

> 秋热方盛时疫繁，朝发夕亡防护难。
> 某人忽患急疹死，遗尸正在板门摊。
> 至亲好友纷纷集，举室衔哀皆哭泣。
> 无端闯进陌生人，众目环观都不识。
> 何况未曾通姓名，才经吊孝即辞去。
> 分明彼此不相关，究竟为谁空揣测。
> 欲起长眠一问之，何从觅取金丹术。
> 个中秘密无能宣，疑案已成对证失。
> 嘻！
> 人死虽然百不知，算来肚里犹明白。
> 世间有等假糊涂，殆此死人还不及。

灵堂的摆设并没有礼制上的规定，叶梦珠，字滨江，号梅亭，明末清初上海人，其《阅世编》全部记录上海故事，《阅世编·卷八·交际》中讲：

> 丧祭吊奠，向来看卓亦尚精巧，然不过以泥塑人物，彩绢装成山水故事，列于筵上，以示华美而已。自顺治以来，即以荤素品装成人物模样，备极鲜丽精工，宛若天然生动，见者不辨其为食物，亦不辨其为何物矣。一筵之费，多至数十金，饰一时之观，须臾尽成弃物，殊为虚费，其如习俗已成！苟其有力者，以为不如是便成简略不敬，君子所以严奢丽之源也。1956年，上海博物馆考古队在今肇嘉浜路宛平路附近发掘明代豫园主人潘允端墓葬时，出土了一批木雕木偶仪仗、家

具等冥器一组。而到了清代，这些东西就变成用食物做的摆设，每天或隔天就被活人吃掉了，确实有点奢侈。此只是有条件的大户人家的做法，而一般百姓只是烧几样死者生前喜欢吃的小菜而已，当天就被活人吃了，次日再重新更换——一点也不浪费。

灵堂设立的时间并无强制性的规定，通常的做法是"七七四十九天"，即人们为死者做了"七"后撤去。但是，上海的城市人口稠密，住房条件很差，设灵堂已很局促，而根据旧时丧俗，在"做七"期内，还要在灵堂里"做道场"为死者的亡灵超度，所以，设灵堂的时间就更短了，有的仅一天后即撤去。

设灵堂和做七

尽管设立灵堂的天数并无硬性规定，但是，一些有条件的家庭大多会选用七七四十九天，除了旧礼规定的"月朔殷奠"或"荐新"之外，又以人死后每隔七天祭奠一次，共七次，称之"七七"或"做七"。此风俗最早见于《魏书·外戚传·胡国珍》中的记录，说："又诏自始薨至七七，皆为设千僧斋"这"千僧斋"就是请千名和尚来做道场，而北魏也正值佛教的兴盛期，至今山西一带还保存许多北魏佛教石窟，足见北魏推崇佛教的

力度。于是，后世许多学者认为丧事做七始于北魏，源于佛教。清钱泳《履园丛话·考索·七七》作了概括性的评述：

> 丧家七七之期，见于《北史》、《魏书》、《北齐书》及韩琦《君臣相遇传》。又顾亭林《日知录》、徐复祚《村老委谈》、郎瑛《七修类稿》皆载之。要皆佛氏之说，无足深考。惟《临淮新语》谓始死七日，冀其一阳来复也。祭于来复之期，即古者招魂之义，以生者之精神，召死者之灵爽。至七七四十九日不复，生者亦无可如何也。此说最通。

此又只是钱泳的看法而已，明·郎瑛在《七修类稿·七七义》对丧事做七有自己独到的见解，不过他很谦虚，并不认为自己的见解就是正确的。抄录如下：

> 世以死者七日为受罪之时，遂作佛事以解禳，此固妄诞之论，然传袭之来既久，远迩相同，亦必有故，问其人不知也。常思以为虞祭有七之义，此亦未通。后读《论衡·订鬼》篇有曰："鬼者甲乙之神，甲乙者天之别气，人病死，甲乙之鬼至矣。然而杀鬼之至者又庚辛之神，何如验之？以甲乙日病者死期常在庚辛之日也。"予以是思之，此则五行相克之理，如木日鬼金为之杀，金日鬼非火为之杀乎？推之七七之说亦是此理，以其相克之期故为之禳解，遂延增妄诞之说也。然亦未知王论何从生，予推之者何如？姑识之以俟明理君子。

不论七七风俗出典何处，但从宋元以后，

民间以为，人死后将被煞神带到阴世，这是人们想象中的煞神。

丧事做七已成为普遍的风俗。

清秦荣光《上海县竹枝词·风俗》：

贫农做七也开丧，吊挂徽门摆道场。

正昼管弦声闹热，深宵灯烛色辉煌。

作者原注：

凶事从俗繁费，入殓以僧，停柩以道士，出殡及葬亦如之。死后逢七建道场，七七始毕。

竹枝词中提到的"吊挂"也叫"挂落"，是民居中檐下面木制的近似于架子的装饰物，这里的"吊挂"是指设灵堂时安装在檐下的布帏；"徽"即绳子，"徽门"就是用布帏做的灵堂的门，即"灵门"。上海地区丧事做七之风很盛，人死之后的第一个七日讲作"头七"，第二个七日讲作"二七"，以下以此类推，逢七之日称之"煞期"，这一天请道士或僧人来做道场讲作"近煞"，这一天，死者的家族应该全部到场，亲属们也会在这一天吊唁，当天也会大张素筵。

上海地区还有这样的习俗，在大敛的那一天，前来吊唁的亲友必须离开丧家，如路途较远的亲友当天赶不回家中，也必须搬出丧家，借住到其他的亲戚家，否则，他们就必须到做了"头七"后才能回家；"二七"、"三七"是次要的"近煞"，富裕之家依然会请道士来做道场，而一般家庭就可以免了，《沪城城内竹枝词》咏：

报丧条子累千夸，海上纷纷讲礼家。

三七以前成日少，尽教孝子不披麻。词中的"成日"即"成服之日"，即着丧服的日子。七七中以"五七"为最重，民间传说，此时死者的亡灵已进入阴曹地府，阴曹地府中有一"望乡台"，人死后变作鬼魂可以在这里回望生前的家乡，如明汤显祖《牡丹亭·冥判》："则这水玻璃堆起望乡，可哨见纸铜钱夜市扬世界？花神，可引他望乡台随意观玩。"这一天死者可被准许上望乡台，探望自己的家中，所以"五七"的祭奠最隆重，除了祭品特别丰富外，亲属们也会从四方赶来，这一天的筵席也最丰富。有的家庭会在祭桌上放一碗清水，用一双筷子插入水中，如筷子能在水中直立，表示死者的魂灵已经来到家中；有的则以鸡蛋试验，以鸡蛋的尖端轻轻放到供桌上，如鸡蛋能直立，说明死者已经来到家中。而实际上要使筷子在清水中直立，或鸡蛋在桌子上直立是很难的，于是，大多数人家只是在供品的饭上插一双筷子，深夜后再去检验，如筷子有被动过的迹象，就说明死者已经来过。实际上，这只是一种心理暗示的作用而已，只是借此种方式缅怀亲人。

不过，我以为"五七"之所以重要可能出自另一个原因，中国农历的"月"是根据月相盈亏的周期制定的，一月就是月亮从初出—半月—满月—半月—消失—初出的一个过程，从历法上也是一个周期，五七三十五天，就意味着亲人已去世一个月了，这相当于"月祭"。过了七七四十九天，做七的过程就结束了。孔子讲："身体发肤受之父母"，所以在父母死亡，孝子守丧期内是不理发和修面的，一般以七七四十九天为限，也有的以"百日"为限；还有的孝子在四十九天，或"百日"之内不外出，不走亲访友。所以，风俗产生和适应于时代，如时代变了，风俗、规矩、制度非变不可。

中国的汉字起源于象形文字，在现在仍在使用的不少汉字中，仍有象形文字的形迹。现代学者认为"且"是"祖"的古字，像男性的外生殖器，在考古中经常发现类似男子外生殖器的古物，一般就叫做"祖"，泥质的为"泥祖"，陶质的为"陶祖"，这是原始社会生殖崇拜留下的遗物，也是祖先崇拜的遗物，后来，"且"的外形发生了变化，蜕变为用木材做的牌位，而"宜"则是"宀"与"且"的会意字——像房间里放着牌位。所以，古文中的"宜"就是祭祀或祭礼的名称。《书·泰誓上》："类于上帝，宜于冢土。"《孔传》："祭祀曰宜"——祭祀祖先叫做宜，《礼记·王制》："天子将出，类乎上帝，宜乎社，造乎祢。"郑玄注："类、宜、造，皆祭名。其礼亡。"邢昺疏："其祭之名，谓之宜。"

"社"字从示从土，通常被理解为"土地"，实际上还包括生活在这块土地上的人们的祖先。大约到了明代以后，社神中的一个功能蜕变为土地公公和土地婆婆，而祭祀祖先的祠堂功能得到强化。祠堂里的牌位就代表已经死去的祖先。

牌位原本是一方木板，只有祖先的灵魂附着其上才能当牌位。所以，当一个家族或家庭中的人逝世后，人们立即在灵堂上供上死者的牌位，请道士或僧人做法事，既是超度亡灵，也是招死者的灵魂依附到牌位上，这种风俗叫"招摄"。

《光绪黄梅县志》中讲：

丧次主铭旌，用他氏衔，不设魂帛。作木主，安灵座，请道家招摄，如是者三，越七日。因地支相冲恐魂魄离散。亦为慰招，以七七为度。

祠堂中的牌位。

"招摄"就是招回、摄住亡灵的意思，它是全国流行的风俗，只是各地叫法不一样而已。上海地区讲作"叫七"。当长辈过世后，照例请僧人到家"做道场"，即使贫苦人家，也必须在"头七"内做一次道场，而富裕之家则逢七都做；在"头七"期内，家属要抱着死者的牌位到附近的土地庙或者城隍庙去，连呼三声死者的名字，有的还在"头七"内连续呼叫七天，所以叫作"叫七"，而"叫七"的目的就是呼唤死者的灵魂附着到牌位上。"叫七"风俗在上海市区一直沿袭到20世纪30年代，而在农村，60年代时仍有此风俗。

丧礼的意义除了悼念亲人外，最大目的就是使死者的灵魂在离开俗世世界后能平安地进入彼岸世界。于是，当丧家第一次请僧道来做道场时，不论僧人还是道士都会将一种木版印刷，上面由僧道填书死者籍贯、姓名、年龄、住址、出生年月日，并加盖"明天子印"或"城隍庙"印记的纸作法后焚烧。以前我就收藏一些不同年代和地区的此类东西，书写格式与旧时公文格式相近，只是书首印了大大的两个字——"路引"，其相当于早期中国通知关卡放行的"护照"，也即相当于后来讲的"路条"、"介绍信"之类，佛教的路引上面一般印有：

尊奉佛法僧三宝，愿我佛大慈大悲，兹因大限已到，特此路引前往酆都阎罗天子殿前报到。伏愿怜悯，大施慈光，

度信士　籍贯　出生　现住至极乐世界，不胜哀祷之至。

著名学者于光远先生是上海人，20世纪80年代我协助上海三山会馆管理处在上海古城墙遗址——大境阁办《老城厢史迹展览》，于光远饶有兴致地观看了展览，他突然提出一个问题：1925年，于光远十岁多一点，这一年他的祖母去世，家里一直有道士来做道场，他还记得道士口中念"苏常道上海县高昌乡××保……"，他知道"苏常道"应该是一个地名，但一直弄不清"苏常道"是什么地名。"苏常道"是清雍正以前的建置，相当于主管苏州、常州二府税粮的道署，当时上海属苏常道。道士们的路引是从他们的师傅那里代代相传的，实际上许多道士根本不知道"路引"上写的文字是什么意思，这种"路引"格式肯定是从清康熙以前流传下来的。

超度亲人出自亲情，实际上人们还认为，亡灵得到超度后就能在阴曹地府安居乐业，而得不到超度的亡灵会兴妖作魔，危害生人。所以，民间经常有超度冤魂野鬼的活动。纪昀（晓岚）《阅微草堂笔记》卷一中讲了一个故事：清代，乌鲁木齐兵士死亡，人们就为县文牒请地方官签署，否则这些鬼魂无法入关回到自己的家乡，县官不用朱笔，印也用墨，其词曰："为给照事：照得某处某人，年若干岁，以某年某月某日在本处病故，今亲属搬柩归籍，合行给照。为此牌仰沿

路把守关隘鬼卒,即将核魂验实放行,毋得勒索留滞,致于未便。"

在灵堂设立期间,丧家就要为下一步的——出殡,作准备了。

拆灵堂和出丧

在设立灵堂供亲朋好友吊唁的同时,丧家须料理的后事还很多,首先是要请地理先生帮忙选择墓地,挑选出殡日期,要请人写墓碑、墓志,请石匠刻墓碑、墓志,还要做墓。古人有"古者天子七月而葬,诸侯五月,大夫三月,士逾月。"士以下的庶人一般是在一个月内下葬。而事实上,许多家庭是无法在这样短的时间内完成这么多的工作量,于是人们只好将灵柩移出住宅,寄放到某一地方,等待择日下葬。"厝"的本义是安置安放,用于殡葬时则指下葬,而将灵柩停放于某处待择日下葬就讲作"暂厝"、"权厝"等。古代,全国各地都有规模不等的寺院、道观、土地庙,施主或与寺庙关系密切的人可以将灵柩暂厝到寺庙里,如找不到合适的暂厝地,富裕人家可以在自己的耕地里找出一块地方,用砖砌一略大于灵柩的形似亭子的小房子,古人把与人世隔绝的"仙人乡"称之"白云乡",据说,上海人把石库门住宅灶间之上、晒台之下,面积一般在七八平方米的低矮小屋叫作"亭子间"即出典于"亭子",而贫穷人家无力及时下葬亲人,只好在空地上搭一简陋的草棚,上海人称之"柴包棺材"。

19世纪80年代英文杂志载铜版画——撒纸赛马在上海近郊进行,画左下角即暂厝而建的"亭子"。

一直到20世纪50年代，上海郊区的农田里还星散分布着"白云乡"和"柴包棺材"。

　　厝柩的地方或屋舍讲作"厝所"或"厝舍"，王西彦《福之佬和他戴白帽子的牛》："道路左手，几间厝所似的矮茅屋，紧挨着一列盖着稻草的刚出窑的砖瓦。"从清康熙开放海禁以后，各地的民众大量进入上海，使上海的移民人数大大高于土著，清乾隆《上洋竹枝词》中讲："街头巷尾皆吴语，历数祖宗均客家"——街上走的人都操一口上海话，但他们大多是移民，于是，上海也有许许多多的同乡会馆。中国人遵守"落叶归根"的理念，即使"客死他乡"，也要将灵柩扶回家乡，与祖宗们葬在一起。而要将上海的灵柩运回家乡并不是一件容易的事，所以上海几乎所有的会馆都设有"寄柩处"，同乡人的棺材、灵柩都可以寄放到同乡会馆里，而会馆放棺材的地方大多叫作"丙所"。据说，丙所在汉代是指王宫正室两边的房屋，由于房屋太多，不易分清，于是就以甲乙丙丁和子丑寅卯排序编

号。后来，"丙舍"多指墓地边上的房舍，一般是看墓人居住。上海商务书局从1907年就开始编印、出版《上海指南》，早期的《上海指南》均设"丙所"一栏，这些丙所全部由各地会馆开设，大多数的会馆丙舍只为同乡服务，部分丙所向社会服务。

　　不论是直接下葬，还是暂厝待葬，将灵柩抬出家门均讲作"出殡"、"出柩"，上海地区通俗地讲作"出棺材"。当已经确定出殡日期后，"护丧者以丧主名义为书，偏告于有司及戚友。""有司"应该指两方面的机构，一是死者任职的机构，这主要针对官吏或"公务员"而讲的，二是户口的管理机构。

　　发引前三日祗告祖祢；护丧者戒诸

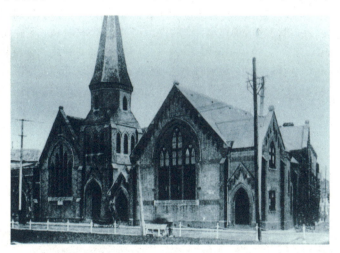

上海浙绍公所是旅沪绍兴人会馆，公所下属的"永锡堂"是"丙所"，寄放棺材，代理运输。这里后来被上海美术学校租用而改为学校——中国第一所美术专科学校竟出在殓房里。

执事人暨从行各夫役,备办集事;发布行丧所经道路暨行丧秩序。

"祖祢"即祖庙与父庙,后也泛指祖先,民间不单独为一位祖先设庙,通常把祠堂或供祖先牌位的地方叫作"祖祢"。在出殡前三日,家属要上祖庙,把出殡的事敬告祖先;要关照所有参加护丧的工作人员要做好一切准备,还要向外发布行丧的队伍会经过的路线和地方。1903年颁布的《上海公共租界工部局巡捕房章程》第二十一项规定:"如欲出会或迎娶出丧等事,应先赴巡捕房领取执照,否则不准。凡欲经过河南路(今河南中路)以东之租界中段各路,或兵队行经租界,则非预请工部局允准不可。"看来,上海的租界也挺照顾中国风俗的,嫁娶或出丧队伍须通过租界时,可以向巡捕房申请,领取许可证就可以了。

发引前一日,既朝奠行成主礼;是日,祖奠如殷奠仪,于夕奠行之。

"祖奠"是指在牌位前的祭奠,因为死者的牌位已于前一天完成,而次日又将出殡,所以,"祖奠"又特指出殡前一天的祭奠。根据清朝的制度和风俗,祖奠是放在出殡前一日的傍晚进行的,其规模应该与初一的殷奠相同。通常,祖奠会请三位族内或乡内有声望的人来主持,其中一位为主,称"大宾",二位为副,称"介宾"。这一天,该到的亲朋好友应该赶到丧家,大宾和介宾朝南站立,所有吊唁者朝北面对灵堂的正面;大宾当众宣读早已拟定和刻好的墓志或墓碑文字,如没有墓志者,则宣读牌位上的文字,这种形式应该就是今日丧礼中"追悼会"上由死者单位的代表或亲属中代表念悼词的原型,这也是生人对死者生平的总结和评价。据说,成语"盖棺论定"即出典于"祖奠",因为,墓志铭在宣读后的次日就要埋入圹中,再也不能作更改了。

发引之日,前六刻,捶一鼓为一严,陈布仪仗于大门外;设遗奠如祖奠礼,撤遗奠,舁役以灵轿入,陈于廷中,外向。丧主奉神主,安于灵轿内正中,又奉魂帛,安于灵轿内主椟之前。捶二鼓为二严,全部仪仗进行三十步;铭旌却行,以引灵轿;灵轿出大门,折旋;铭旌折旋,趋前部,入于秩序;执事者撤灵床及抹盆帨巾,役人举舆入,执事者撤灵座几筵;舆升堂,执事者撤帷;役人举枢,丧主以下哭踊,枢升舆,周维以纽,丧主辑哭眠载;舆行,丧主以下男女哭从舆出大门折旋,止门外,施帷盖。捶三鼓,为三严,全部进行出发。丧主以下,男女哭不绝声。出城门若里门,亲宾不至墓者,于前途立向枢再拜,丧主哭谢。舆所经过,有道旁设奠者,舆少驻,俟奠毕,丧主匍匐哭谢而后行。若墓远,则每宿夕奠,翌晨朝奠,皆如在殡仪。

这段文字的意思是:

在发丧前一个半小时，门外的鼓声敲响，通知可以准备了。此时，送丧的仪仗已在大门外集合，家属们给亲人作送别祭奠，而工作人员将灵轿抬进灵堂，灵轿的方向朝外，孝子先将牌位放到灵轿的正中，再把招魂旗放在牌位的前面。此时，第二遍催促的鼓声响起，外面的仪仗列队，由铭旌先行，引灵轿出大门，并排入到仪仗的队伍中。工作人员立即撤下灵堂里的灵床、面盆毛巾之类，灵车进来后，工作人员马上撤灵座、供桌、布帏，人们将灵柩抬到灵车上，用绳子将灵柩固定好。这时，孝子就停止哭泣，亲眼观看灵柩被抬上灵车，检查是否扎紧，接着，灵车驶出大门，列入队伍之中。此时，第三声鼓响起，除了孝子以外，所有的亲属放声大哭，当仪仗和灵车行进到村口（城市则为城门）时，死者的长辈和关系疏远的亲属是不到墓地的，他们在此告别，而孝子应该哭谢，如灵车遇到亲友们在道旁设桌祭奠者，灵车应该停止行进，等祭奠结束，孝子向他们致谢后再走。如墓地较远，当天可能赶不到墓地，家属应该在当夜和次日的早晨设祭。

姚廷遴是明末清初上海人，他的《历年记》三卷，所记始于明崇祯元年迄清康熙三十六年（1628—1697），是研究古代上海及江南史的珍贵史料，书中记载：

孔孝伯系赞唱礼仪者，送来仪注一本更详细，并应用物俱开载，或备或借。先五日应做事件，先三日应做事件，先一日、本日，详密备载，纤毫无漏，可谓能事人也。凡书写告示，皆俞文叔派拨，队伍整齐，管摄备办等项，皆在公斟酌，设处银钱发工食、点什物，我与大兄二兄参酌料理。先期仍开丧三日，至十六日半夜，孔孝伯同大伯祭开路神起，祭丧舆，祭大门，告祠堂，别家堂，别灶，弄到天明起灵落旐，方欲发引，天即下雨。及至出城，竟大雨，纸作俱坏，一时送丧者多泥泞难走。到山时雨止，县中送执事人役，营中送兵马队伍旗炮等，兵马队吹手俱冒雨送至寿山。少顷雨止，大兄招返，仍摆队进城，我是亏薛舍搀扶。费无数心机，竟被雨坏。下午大兄出城看老爷落圹，大伯曰："大相公快去收拾祭桌上收来东西。"

文中讲的"赞唱礼仪者"就是承办婚丧的人，旧也称之"执事"，"仪注"应该是《明会典》之类的书，该书设《丧仪》专章，而《大清通礼》基本上因袭了《明会典》。不过，姚宅的丧仪中多了"开路神"、"祭丧舆"、"祭大门"、"别灶"之类的风俗活动，此《明会典》和以后《大清通礼》中是没有的。

我童年时，上海也经常有大出丧的队伍路过，有的人以为丧事是凶事，遇上出丧队伍不吉利，就会违避，而我的祖母告诉我们，遇到出丧队伍是不可以躲避的，应该解开外衣的上面一粒纽扣，一直到今天，我也没弄懂这是什么风俗，又起什么作用，不过，我猜想，遇丧解扣大概有两方面的原因，其一，即对死者的尊重，其二，可以避开邪气。也不知这种猜想对与不对。

宣卷是一种变体诗文，后多被用作颂唱神、道的长篇叙事诗，并多用于丧仪或祭祀中。

出殡

当出殡的队伍还没有出发之前，"葬之日，执事者豫张灵幄于墓所，向南，中置几一"。也就是讲，在出殡的当日，参与丧事的执事已提早在墓地支起了帐篷，替代丧家家中将被拆除的灵堂，这个"灵幄"仅在中间放一张案儿。

《大清通礼》接下来讲：

仪仗鼓吹至墓门止，陈布于门外；铭旌至，入墓门，绕过灵幄，植立圹北，南向；灵轿至灵幄前止，祝奉魂帛及椟主供几上正中；柩轝至墓门外暂止，去帏盖，乃入停圹南墓道正中。丧主以下送者，丈夫道（导）轝先入，立墓道东，西向；妇人从轝后入，立墓道西，东向，皆止哭。

通常，出殡的队伍是仪仗开头，鼓吹随后，再后面依次是写有死者名号的铭旌，放有招魂旗和神主的灵轿、灵车，最后才是送殡的人群。进入墓地时，仪仗和鼓吹只到墓门外就停止前进，而执铭旌者继续向前，到灵幄时须绕灵幄一周后将铭旌插到圹的北面，旌的方向向南；接其之后的灵轿就停在灵幄前，由主持丧仪的神职人员——祝奉起招魂旗和牌位，将它们放到灵幄内的那张案儿上；随后到的灵车到墓门外也停了下来，将盖在灵柩上的帏布掀开后停到圹的南面，正对墓道。于是，除了丧主以外的送殡人主动分为两列，男的立于墓道的东面，女的立于西边，大家停止哭泣，都集中精力注视墓道，因为灵柩即将通过墓道被埋入圹中。

不过，古礼也未必如此，《礼记·檀弓下》中记载：

国昭子之母死，问于子张曰："葬及墓，男子妇人安位？"子张曰："司徒敬子之丧，夫子相，男子西乡，妇人东乡。"曰："噫！毋！"曰："我丧也斯沾尔考之，宾为宾，主为主，妇人从男子皆西乡。"

这位国昭子是齐国地位显赫的贵族，他的母亲出殡时，他特地去请教子张，问："灵柩到达墓道时，男人和女人们应该站在什么位置？"子张回答说："当年孔夫子担当司徒敬子丧仪的司仪，男人一律站东向西，而女人一律站西向东。"这位国昭子听后讲："哈哈哈！不必！不必！我办理丧事何必听从你们的意见，我先来改革一下，一律以宾主排位，主人家的男人和女人们排成一列，一律站东朝西，而宾客们为又一列，不分男女，一律站西朝东。"《大清通礼》的站位不仅与国昭子的"瞎胡搅"不一样，而且与孔夫子讲的"男子西乡，妇人东乡"也正好相反。

土葬中人们站立墓道二侧是最后一次与灵柩告别，此一程序相当于今天殡葬中，人们到殡仪馆向遗体告别。今天向遗体告别仪式中，除了规定死者的直系亲属站在最前排外，其他的亲朋好友们可随便站立，这种形式倒与国昭子的"瞎胡搅"有点相似。

《大清通礼》接着讲：

乃窆。丧主以下随柩北进，仍东西向，夹圹视窆，既下，哭踊无算，攀役入，取方床以出；执事者取志石，藏柩南；祝取铭旌，纵加柩上；祝诣灵座，奉魂帛，出灵幄，藏柩北，南向；丧主以下，圹南北向拜稽颡，哭踊尽哀。乃掩圹，覆土。祀土神如前。

"窆"就是将棺材放进墓里的意思。旧时的棺木至少是用四寸以上的原木板做的，加上尸体和随葬之物，少说也有几百斤，而古代没有起重设备，所以将棺材平稳地放入墓中也是一力气活，如棺材不能平稳下放在墓里，而是一头向下"倒栽葱"，那就是"倒棺材"，这可是一件令丧家懊丧、乡人倒运的恶劣事故，古人深信，棺材带有煞气，"倒棺材"的"棺材煞"是极难躲避的。

《礼记·丧大记》：

君葬用辁，四绰二碑，御棺用羽葆；大夫葬用辁，二绰二碑，御棺用茅；士葬用国车，二绰无碑，比出宫，御棺用功布。凡封，用绰去碑负引……

在介绍"墓碑"一文中已经讲过，古代诸侯、大夫等贵族的棺椁很高、很大、很重，到了墓地后无法靠近墓穴，而到了墓穴边后，单靠人力是无法放入墓椁中的，于是，人们在椁与圹的中间竖起两根或四根很大的木桩，做成支架后安装辘轳，通过起重的方式将棺椁"吊"入墓椁中，但是从墓门到墓穴的那段距离，搬柩就很困难了，必须使用"辁"。《说文解字》没有收录"辒"字，但在"辌"字下释："一曰下棺车曰辌。"段玉裁在这里加注，曰：

《礼经》有"辒车"。《玉篇》、《广韵》皆谓：辌、辒同字也。《士丧礼》："迁于祖用轴。"注曰："轴，辁轴也，状如转辚，刻两头为轵辁，状如长床，穿楻，前后著金，而关轴焉。天主、诸侯以上有四周，谓之辒。天子画之以龙。"按：惟天主、诸侯殡葬、朝庙皆用辒。

段玉裁所引的注文就是汉郑玄的注，"辒"实际上是一种无轮，形似船的车子，古代多用于在泥地里运输，实际上相当于今人常见的"雪橇"，如果在硬地上搬运大件重物，把货物吊到"辒"上，再在"辒"下放圆木棍或铁棍如轴，就可以将重物慢慢移动。所以，天主、诸侯、大夫的殡葬使用"辒"和"碑"，它既是一种等级制度的表现，也是实际的需要，没有"辒"，就难以将他们庞大而又沉重的棺木运到墓穴，同样，不用丰碑和辘轳作起重，这棺材非得"倒棺材"不可。

民间的棺材不算大，用四根粗绳从棺材底部的环中穿过，八个人各执绳索的一端，抬起和放下棺材不会太费力，当棺材放稳后，再将绳索抽出来。同时还可以顺便用绳索将"丰碑"拉出来，再抬回去。实际上现在播放的西方电影或电视剧中经常有殡葬的场景，西方人的棺材被中国人看来是"薄皮棺材"，材质薄而轻，体积也比中国棺材小多了，一般仅能容下一具尸体，正式下棺时只用两根

绳子，四人各执一头，轻易地将棺材放进墓穴中。

"轝"与"舆"通，就是指由人抬的车，实际上就是"轿子"，《洪武正韵》："轝，两手对举之车。又江南谓肩轝。亦作舆、舁。"用于坐人的轿子须有一轿厢，而用于运柩的形制就有所不同。《文公家礼·轝图说》：

轝，两长杠上加伏兔，附杠处为员（圆）凿，别作小方床载柩，旁立两柱，柱外施员杓入凿中，长出其两柱近。

徐珂《清稗类钞·物品类》：

轝制，下为方床，上编竹格为盖。

"伏兔"即蹲伏在草丛中的兔子，古代多指连接车厢底板和车轴的构件，以其形似蹲伏的兔子而得名。轝主要由杠和方床两部分组成，在长杠的两端开有圆孔，圆孔上设"伏兔"，方床实际上是一块长板，它的两头各有一柱，柱的顶端处设计一如杓子状的隼，杠和方床可以分开，使用时先将灵柩安置到方床上，再将杠移到方床处，以杠上的"凿"对准方床柱子上的"杓"，再按下"伏兔"就将杠和方床合为一体，轝人扛着杠就可以行进了，如长途运输灵柩，那就得靠有轮的车了。当轝人将灵车运到墓道时，他们就将杠和方床取走，只剩下了灵柩，于是执事者将早已刻好的墓志安放到棺材的南侧，也就是"棺材头"的一侧，"棺材头"在旧上海方言中叫作"炉头"，方言音为"hu头"，与"户头"音近。《玉篇·片部》："炉，

棺栌也。"《广韵·弋部》:"栌,棺头。""户头"一词为沪方言常用词,一般指人或人的品行、品格,多用于贬义,与"死人"义同,如"侬迭种户头啥人看得起"(你这样差的人谁瞧得起),"侬真当我是好户头,想讲就讲,想骂就骂,想打就打"(你真的以为我是死人可欺侮的,想怎么就怎么吗?)而主持葬仪的道士也先把铭旌拔下来,以纵向覆盖到棺材上,然后再到灵幄里,将招魂旗扯下来,放到棺材的北侧,但正面朝南,于是,送殡的亲人们对着墓穴叩头痛哭,然后就正式回土。

《大清通礼》在开挖墓穴一节中就讲:

开兆之日,祀土神。

而在回土之后又讲:"祀土神如前。"目前能找到唐、宋、元、明的《礼经》都有相似的记载,《礼记·檀弓下》中也有近似的记载,说:

既封,主人赠而祝宿虞尸;既,反哭,主人与有司视虞牲,有司以几筵舍奠于墓左。

文中的"虞尸"是指以活人替代死者为"尸",如"虞主"则指神主,也就是通常讲的牌位。这里又提到几个古代祭祀的专用名词,其中"虞"是指下葬后的祭奠。《谷梁传·文公二年》:"立主,丧主于虞,吉主于练。"范宁注:"礼,平旦而葬,日中反而祭,谓之曰虞。"《释名·释丧制》:"既葬,还祭于殡宫曰虞。"郑玄《仪礼目录》:"虞,安也。士既葬其父母,迎精而

反,日中而祭于殡宫以安之。"

"舍奠"又作"释奠",也是一种祭祀仪式,指陈放酒、食品的祭祀。《周礼·春官·大祝》:

大会同,造于庙,宜于社;过大山川则用事焉,反行舍奠。

大意讲:遇到国家或宗族中的重大事情,要到祖庙或神社进行祭奠,如要翻山越岭去出征,回来后也要举行舍奠。

元朝陈澔注:

枢行至城门,公使宰夫赠玄纁束,既窆,则用此玄纁赠死者于墓之野;此时祝先归而肃虞祭之尸矣。宿读为肃,进也;虞犹安也。葬毕,迎精而反,日中祭之于殡宫,以安之也。男则男子为尸,女则女子为尸,尸之为言主也,不见亲之形容,心无所系,故立尸而使之著。

这样,《礼记·檀弓下》的这段文字就容易理解了——当出殡的队伍行进到城门时,诸侯已派宰夫等在那里,赠送给丧主一束深暗红的丝束。到棺材下到墓穴并已封土以后,丧主就拿着诸侯送的"玄纁束"跑到墓附近的地方埋起来,而祝留在墓穴处安置牌位;丧主将"玄纁束"埋好后又回到坟墓处,又一次痛哭,随后就与"有司"——主持丧事的人一起准备祭品,"有司"把祭品放到初封的坟墓前祭奠,因为灵枢已经下葬被封,而牌位还在灵幄里,无形之中就成了没有对象的祭祀,所以叫作"舍奠"。

《大清通礼》接着讲:

祝命止哀,尊丧主以下诣灵帷前,行初虞礼。礼毕,异役以灵轿进帷前,南向,丧主奉神主,安灵轿中,乃反哭。灵轿发行,丧主以下男女护从如初;灵轿入门,止中庭,北向,丧主捧神主出轿,设灵座上,南向;丧主北向立,哭踊,诸子弟至,丧主率同就灵座之左,西向立,主妇及诸妇女至,就灵座之右,东向立,相向哭踊。祝命止哀,行再虞礼。礼毕,丧主以下男女出至厅事,相向哭踊无算,主妇以下入于室哭踊,再至厅事,相向哭踊尽哀。

当在墓穴处的"舍奠"一结束,祝就叫丧家全部停止哭泣,并把他们引领到灵帷前进行入葬后的"初虞"。结束后,丧主就捧起原放在灵帷案几上的牌位,放到灵轿正中,送殡的队伍也开始返回,当灵轿进入家门后,向北面对厅堂停放,丧主又把牌位从灵轿上捧下来,放到原来灵堂的灵座上,丧子面北对着牌位哭泣,接着,他的兄弟、堂兄弟先进来,大家站到灵座的东侧,面向西,再接着就是女眷进门,她们则站灵座的西侧,面朝东,大家再一次地捶胸顿足地哭泣起来。

《礼记·檀弓下》中也讲:

反,日中而虞。葬日虞,弗忍一日离也。是日也,以虞易奠,卒哭曰成事。

陈澔注:

始死,小敛、大敛、朝夕、朔月、朝祖、赠遣之类,皆丧奠也。此日以虞祭代去丧奠,以虞易奠也。

也就是讲,在灵柩入土以前的祭奠全部是丧奠,而从此日起,丧事已告一段落,祭奠已改为对祖先的祭祀了。

这里似乎并没有提到"祀土神",估计,殡葬中有"祀土神"的风俗起于东汉以后。

我在20世纪70年代扶祖母的骨灰回乡,我祖父很早就去世了,葬在家乡,"文革"开始时,绝大部分坟地被刨,我祖父的坟被平后变成了耕地,祖坟已不可能再用了。在家务农的叔叔和婶婶就找了另外一块地做墓,下葬分两天进行,先一天是迁葬,就是将祖坟打开,将尸骨收集起来后迁葬到新坟中,后一天才能下葬。家乡风俗,亲人是不能开棺面对死去的亲人的,所以,乡下有职业"拾骨"迁葬的仵作,他们会帮你完成此任务。风俗又规定,开挖祖坟时必须先要"祀土神",方式是在坟前放上供品香烛,并由死者的长子或长孙先开锄挖土,然后全部亲人撤离现场,接下来的活则由仵作来完成。我的叔叔婶婶知道,当年有几件金银器随棺下葬,如没有亲人在场,这些东西必定会被仵作们收入囊中,而他们又不能到坟地监视,就叫我这"上海人"待在现场,等着收还这些陪葬品。我清楚地记得,仵作在开墓前已在墓边上插了一面红旗,并放一把油布伞,据他们讲,伞既可以挡雨,也可以遮盖,它能盖着坟墓,当墓被打开后,尸骨的灵魂也被罩在伞下,不至于"魂飞魄散"。

根据风俗,到封土后,牌位就替代了

死者，在墓地里进行舍祭后，即由丧主抱着牌位回家，丧主还必须不停地呼喊已葬亲人的名字，一直护送到祠堂或厅堂里，当牌位放定后，这一天的正午一定要祭祀。

我是福建人，在上海也有不少亲戚和同乡，上海实行火化，火化后就多了一只骨灰盒，在"文革"到改革开放后的一段日期里，上海几乎没有公墓，除了火葬场之外，几乎找不到寄放骨灰盒的地方，于是许多家庭只得利用自己房室的墙上搭一只架子，骨灰盒就放在架子上，不知者还以为是一只"无线电"。我的家乡是侨乡，从20世纪60年代末以后，经常有老华侨回国探亲，确实有不少华侨指着搁在墙上的骨灰盒问，"这是什么东西"，当他们知道是自己亲属或长辈的骨灰盒后，立即叩首悼念，并表示出极大的不理解——被"文化革命"摧残的礼仪之邦，真的是"何礼仪之有"了。

同样，乡人还是根据乡俗，当从火葬场领了骨灰盒回家，或将骨灰盒运到家乡埋葬时，捧骨灰盒的人一定会一路呼喊亲人的名字，如上汽车或火车时，还得特地讲"现在上火车了，你要跟进"之类的话。

《左传》中有一句很经典的话——"国之大事，在祀与戎。"《说文解字》："戎，兵也，从戈甲。"戈是象形字，就是古代战争中最常用的长兵器，而戎左下方的"十"是上古文字中的"甲"，指将士着的保护身体的盔甲，所以"戎"就是兵器的总称，《周易·萃卦》："君子以除戎器，戒不虞"，即君子时刻要用兵器，以防不测。戎又引申为讨伐、征服。春秋时期，列国纷争，侯国一方面通过祭祀的方式祈祷上苍的保佑、祖先的庇护，借此巩固宗法制度，维护侯国的利益；而另一方面，强国通过自己强大的军事力量征服小国，掠夺他国的奴隶和财产，扩大自己的版图，而弱国除了通过外交、联姻的方式与强国建立和睦关系外，也必须扩军备战，打击侵略者，所以，在记录先秦的文献中，最多的记录就是祭祀和打仗。后来人们把春秋时期到秦始皇统一天下的那段时期称之"战国时期"，就是这一时期战争不断。

祭祀主要有神祇和鬼魅祭拜两大类型。《说文解字》："神，天神，引出万物者也。"又说："祇，地祇，提出万物者也。"古代科学不发达，人们认为有一种超自然的神祇在控制、操纵大自然的一切，而人只要景仰、祭祀神，神就能帮助你解决一切问题，所以，所谓的神祇崇拜用现代人的话来讲就是"大自然崇拜"。

《说文解字》："鬼，人所归为鬼，象鬼头。鬼阴气贼害，从厶。"又说："魃（魅），老精物也，从鬼，彡。彡，鬼毛。"古人以为，人死之后只是躯体的死亡，依附在躯体中的灵魂又从世俗世界转移到另一个世界，如果灵魂在另一世界得到妥全安置，他就能"安居乐业"，在适当的时候就会被安排转世投胎，重新来到人世；若他的灵魂不能及时到达彼岸世界，或到了彼岸世界后得不到妥善安置，它就成了孤魂野鬼、魑魅魍魉，所以，祭祀鬼魅实际上就是祖先崇拜。本书讲的是丧事，当然着墨点就是与祭奠祖先直接有关的内容，以及与祭祀和超度鬼神相关的风俗。

守丧和丧期内的祭礼

在相关的篇章里已经讲了，在下葬之当日，丧家返回家中，正午举行虞祭之后，丧仪即已告一段落，所有的祭奠也从原来的丧祭转为祭祀。如果出殡是接在守灵之后连续进行的话（即没有将灵柩暂厝待葬），那么，入葬离死者断气不会超过一个月，而根据礼制之规定，孝子服父母之丧为三年，在这守丧三年之中，孝子的行为规范以下分别叙述之。

《礼记·间传》中有这样一段话：

父母之丧，既虞、卒哭，疏食水饮，不食菜果，期而小祥，食菜果；又期而大祥，有醯酱，中月而禫，禫而饮醴酒。始饮酒者，先饮醴酒，始食肉者，先食干肉。

这里提到了丧期中的几个特殊的名词——卒哭、小祥、大祥、禫。以下分别说明。

"卒"就是完毕、终止、结束的意思，所谓"卒哭"就是结束哭期。风俗规定，当确定亲人断气时起，孝子就要"号哭辟踊"。同样，女眷也要跟着放声大哭，而且凡有仪礼性的活动，如小敛、大敛，

僧道的作法、超度事宜称之"道场"，做道场须有相应面积的场所，而上海住房紧张，只能在很狭小的空间作道场，"螺蛳壳里做道场"喻地方虽狭小，但布置得整洁、得体。

月朔、荐新的祭奠，以及亲朋好友来吊唁，丧家都要号啕大哭或装出一副悲伤而痛哭的样子，古人云"孝子难当"，因此，礼制也很人性化，就制定了一个"卒哭"的制度和限期，避免死了亲人还要哭煞活人的悲剧发生。

《仪礼·既夕礼》中讲：

> 三虞卒哭。

郑玄注：

> 卒哭，三虞之后祭名。始朝夕之间，哀至则哭，至此祭，止也。朝夕哭而已。

在相关的篇幅里已经讲过，当灵柩入土，封土之后就要在新坟的边上进行一次虞祭，称之"初虞"，当天上午出殡的队伍回到家里后，"日中而虞"，称之"再虞"，而入葬后的三个月又要进行一次虞祭，那就是"三虞"。"三虞"是从出殡之日算起的，古代有条件的人家，在亲人断气后，越日小敛，三日大敛，大约在十日之内就可以出殡下葬了，所以"三虞"的时间略同于"百日"，此时亲人下葬已有一段时间了，失去亲人的痛苦也随着时间的推移而有所减轻，孝子不必再做出极度苦痛的样子。"卒哭"之期相当于今日的"百日"，直到今天，许多家庭在失去至亲的百日之内不理发、不修面、不串门、不出席宴庆或娱乐场所，这也是古代"卒哭"期前孝子们必须遵守的礼制，不过，古人的礼制更严格，如《家礼》中讲：

> 斩衰，寝苦枕块，不脱经带，不与人坐焉，非时见乎母也……妇人次于

中门之内别室，或居殡侧，不得辄至男子丧次。

在"卒哭"之前，孝子只能以石块或木块当枕头，睡在草堆里，睡觉时不解衣带，而女人们也只能睡到与牌位相近的地方，绝对禁止夫妻同房。而在饮食上"流食水饮，不食菜果"，不过，《礼记》的另一章中讲，在"卒哭"前"歠粥，朝一溢米，夕一溢米"。《小尔雅·广量》中释："一手之盛谓之溢。"一溢即一把米，最多也就是今市秤一两左右，一天只能吃二三两米熬的粥。

关于"卒哭"期内孝子的饮食，《礼记·杂记下》中还有一段概念性的论述，说：

> 丧食虽恶，必充饥，饥而废事，非礼也，饱而忘哀，亦非礼也。视不明，听不聪，行不正，不知哀，君子病之。故有疾，饮酒食肉，五十不致毁，六十不毁，七十饮酒食肉，皆为疑死（陈澔注：疑死，恐具死也。）……孔子曰：身有疡则浴，首有创（疮）则冰，病则饮酒食肉，毁瘠为病，君子弗为也，毁而死，君子谓之无子。

这段文字还是比较人性化的——守丧期间应该节制饮食，但是饭还是要吃饱的，不能因此弄垮了身体。

《礼记·杂记下》还记录了子贡与孔子的一段对话：

> 子贡问丧。子曰："敬为上，哀次之，瘠为下。颜色称其情，戚容称其服。"

孔子认为，守丧首先是表达对父母的缅

怀和尊敬，悲哀只是一种情感的流露，如过度悲哀而损毁了自己的身体，那就大错特错了，所以，丧期中孝子的行为要符合悲情，而悲伤的程度只要符合丧制就可以了。

"卒哭"是丧期中一个很重要的节点，犹如今日的孝子们在父母"百日"之内不主动走亲访友，不参加娱乐活动，不出席宴庆一样，《仪礼》讲："三虞卒哭"，在通常的情况下，"三虞"就等同于"百日"，但"虞祭"是从入葬开始的，古代，由于某种原因，灵柩并没及时入葬，而是暂厝待葬，真正的葬期也许是在死后的几年。梁章钜（1775—1849），字闳中，又字茝林，号退庵，福建长乐人，嘉庆壬戌（1802年）进士，历任军机章京、礼部仪制司员外郎，江苏、山东按察使，江苏布政使，江苏、广西巡抚，两江总督等职，著作甚丰，是一位大学问家，他在《退庵随笔·家礼二》中讲："古者卒哭在既葬三虞之后，无有未葬而先行卒哭者。"看来，古人对"卒哭"的期限还是有分歧的。

《礼记·丧服小记》讲：

再期之丧三年也，期之丧二年也，九月、七月之丧三时也，五月之丧二时也，三月之丧一时也。故期而祭，礼也，期而除丧，道也，祭不为除丧也。

古代汉语中的"时"相当于现代汉语中的"季"，"春夏秋冬四时"即"一年四季"，看来，古人设丧期还是根据历法的节点而定的，古代"十三月而练"，即十三月的祭奠称之"练"。这"十三月"依然是一个可以游动的日期，众所周知，中国的农历是一种阴阳合历，以地球环绕太阳一周为一年（古人误以为是太阳绕地球转的，但并不妨碍历法的计算），一年约等于 $365\frac{1}{4}$ 日，并以二十四节候平分一年的长度，所以，如立春、夏至、立秋、冬至等节气与公元历的日期是相对固定的，如清明一般在公元历的4月5日，冬至在12月22日等，又以月相盈亏一个周期为一月，一月约等于 $29\frac{1}{2}$ 日，将两个月合在一起，分小月29，大月30，十二个月约等于354日，与一年365日有11日的误差，古人又以"十九年七闰法"，即在十九年中增加七个闰年，闰年时一年有十三个月，这样，阳历和阴历就基本扯平了。如这一年遇闰年，"十三月"的最后一天就是"期年"，也即一周年，如遇常年，"十三月"的头一天就是"期年"，所以，礼制称十三月祭为练祭，实际上就是一周年的祭奠，在现代汉语中"周年"也多用于骂人，如"明年的今天就是你的周年"，换一句话讲就是"今天你的死期到了"。

"练"的本义是指把生丝或生丝织品放入沸水中煮，使之柔软和洁白，于是"练"也指经过精加工的白色纤维织品，白丝、帛、麻、布等均可以叫作"练"。毛泽东《菩萨蛮·大柏地》："赤橙黄绿青蓝紫，谁持彩练当空舞"，这"彩练"

就是彩布，诗比喻雨过天晴，挂在天边的彩虹。

到了周年，人们的悲伤心情已基本平息，此时，孝子可以卸去原来披麻戴孝的重孝服饰，换上用细麻布做的丧服，所以被讲作"练"或"练祭"，而"练祭"又讲作"小祥"。《礼记·曾子问》：

曾子问曰："祭如之何则不行旅酬之事矣？"孔子曰："闻之小祥者，主人练祭而不旅，奠酬于宾，宾弗举，礼也。昔者鲁昭公练而举酬行旅，非礼也；孝公大祥奠酬弗举，亦非礼也。

"旅酬"又作"旅醻"，指古代祭祀礼结束后，大家一起宴饮，互相敬酒。《诗经·小雅·小弁》："君子信谗，如或醻之。"郑玄笺："醻，旅醻也。"孔颖达疏："醻酢皆作'酬'，此作'醻'者，古字得通用也。酬有二等：既酢而酬宾者，宾奠之不举，谓之'奠酬'，至三爵之后乃举向者所奠之爵以行之；于后，交错相酬名曰'旅酬'，谓众相酬也。"

曾子问孔子："祭奠时，在什么样的情况下不应该相互敬酒？"孔子回答说："听好了，在小祥时，主人举行周年祭奠时，宾主之间不应该相互敬酒，如主人向客人敬酒致谢，客人不必回敬，这才符合礼制。"

另外，在出殡之前丧家是用桑木做的牌位，这可能是一时找不到好的栗木的缘故，而到了周年练祭的时候，就应该重做一方栗木的牌位，将原来的桑木牌位埋到地下。

《说文解字》："祥，福也。"段玉裁注："凡统言则灾亦谓之祥，析言，则善者谓之祥。"祥的本义是指吉凶的征兆，吉兆和凶兆都可以被叫作"祥"，而从狭义上讲，祥专指吉祥，"十三月小祥"就是过了"练祭"，丧事也过了周年，亲人丧亲之痛已基本平息，家庭初步回复到原来幸福和睦的景象。

古代，第二十五个月的祭奠讲作"大祥"，与期年十三个月的"小祥"一样，历法不可能连续两年出现闰年，所以"大祥"就是二周年祭奠，过了"大祥"之后，孝子们以及他们的家庭又重新恢复昔日的平静，所以被叫作"大祥"。

中国的纪年有两种方法，即虚算和实算，以年龄作比喻，如除夕生的小孩，当他出生时就是一岁，当除夕的子时一过，任何人的年龄长了一岁，当然，这位除夕生的小孩也不例外，只出生两天的小孩就是两岁，所以许多地方方言把虚岁讲作"叫名"，人问"你叫名几岁"就等于"你虚岁几岁"，而这个"叫名"就是"名义上叫……实质上是……"的意思；实岁则是根据生日计算，到第二年生日才是一岁，所以，同样一个人的虚岁和实岁有可能相差半年或更长。

《礼记·王制》中讲：

父母之丧，三年不从政；齐衰、大功之丧，三月不从政……

三年之丧，自天主达。

《礼记·杂记》：

> 三年之丧，言而不语，对而不问，庐垩室之中，不与人坐焉……

古制，守父母的丧期为三年，做国君的不能上朝，做官的要辞官，即使一般的人，在三年的丧期里，可以讲话，但不宜发表言论，人家问你话，你可以回答，但不能反问，只能待在自己的家中，不能作客他人处。我想，平头百姓在三年之内遵守丧制还是可能的，如一国之君三年不从政，这个国家非乱套不可，在史书中，也不见新皇帝继死去的老皇帝后三年不从政的。

古人讲的"三年"并不是实数，而是虚数，具体地讲就是"二十七月"，它有一个专用的名称——"禫"。

《说文解字》："禫，除丧服也。"就是结束丧期的祭礼。《仪礼·士虞礼》：

> 期而小祥，曰荐此常事；又期而大祥，曰荐此祥事，中月而禫。

郑玄注：

> 中，犹间也。禫，祭名也，与大祥间一月。自丧至此，凡二十七月。

这段文字表述得很清楚，一年的祭礼叫"小祥"，二周年的祭礼是"大祥"，"大祥"之后，即亲人死后的二十七个月的祭礼叫作"禫"，从此，丧期就结束了。所以，古人讲的"三年之丧"实际上是二十七个月。

"刑不上大夫，礼不下庶人"，古代的礼制往往是针对"士"以上的人家的，老百姓是否必须遵守礼制，那是另一件事。国君"父母之丧，三年不从政"，当然，官吏如遇父母之丧也必须三年不做官，古代，官吏遇父母之丧也必须辞去官职，回家守丧，称之"丁艰"或"丁忧"，其因父丧丁艰者又称之"丁外艰"、"丁父艰"，而母丧而丁艰者称之"丁内艰"或"丁母艰"。在职的官吏在遇到"丁艰"时，除了遵守相应的守丧制度外，还必须向"有司"——即所在的机构申报，暂时辞官，回家守制，期限就是二十七月，时间从见丧日算起。

《礼记·杂记下》：

> 有父之丧，如未没丧，而母死，其除父之丧也，服其除服，卒事，反丧服。

如在丁艰期内，又遇父亲（或母亲）去世，那么前一个丁艰日即算结束，继续再服二十七个月的丧，到丧期结束后才能起复，如官吏隐瞒"丁艰"，不辞官守丧，将会受到极严重的处罚。这种制度也随着清政权的倒台而宣告结束。

【第二章】

宗法制度与守丧制度

中国的宗法制度是从原始社会后期的父系家长制演变过来的。宗法就是规定宗族内部尊卑、长幼，以及各自行为礼仪准则的法则。宗法制度下孝子必须服重孝，其他的亲属则根据与死者的亲疏关系分服不同的孝，服有五种，称之『五服』。

《说文解字》:"宗,尊祖庙也。从宀,从示。"这个"示"可以理解为供在祖庙里的"神主",也即后人讲的"牌位",人们供祖先的神主,就是祈祷祖先的庇佑,所以,宗的本义是指宗庙,也指祖先,而供同一祖先的人就是宗族。"宗法"就是规定宗族内部尊卑、长幼,以及各自行为礼仪准则的法则。

中国的宗法制是从原始社会后期的父系家长制演变过来的,到了周朝逐渐完备。周王自称天子,其嫡长子是法定的继承人,如嫡长子空缺(如已死亡)则由嫡长孙为法定继承人;长子是宗族的法定传承人,所以又叫作"宗子",宗子以外的儿子就是庶子,庶子可以通过分封的方法成为诸侯,对天子来讲,诸侯视天子为"大宗",天子视诸侯为"小宗",二者是不可逾越的;而对诸侯的后代来讲,他们祖先中最初被分封诸侯的为"始迁祖",是大宗,其后代仍以嫡长制世袭的方式传承,其长子就是侯国的宗子,其庶子则可以被封为卿、大夫等爵位,同样,卿、大夫的爵位也是由嫡长子世袭。

宗法制的主要特征就是宗族内部的嫡长制的世袭制,以及由这个制度确定了的对宗族中祭祀、婚嫁、庆吊、送终的一系列规章制度。维系这个制度的,在朝廷里是宗庙,所以古代内宫均设有一个叫作"宗人府"或"宗王府"的机构,它不是朝廷的行政机构,而相当于王室的"组织人事部",有权对违背宗法制的

王亲实行制裁,甚至有废黜在位皇帝,确立新皇帝的权力。而在一般的宗族中,由族长把持的祠堂则有很大的权力,其可以对违反制度的宗族成员作出处置。

古人十分重视丧事和丧仪,规定死者的嫡长子,也即死者的法定继承人为丧仪的主人——称之"丧主",若嫡长子空缺则由嫡长孙为"丧主",若嫡长子、嫡长孙同时空缺可由宗族和家庭中五服内亲属或邻里来替代,这个"丧主"即"孝子"。孝子必须服重孝,至于其他的亲属则根据与死者的亲疏关系分服不同的孝,服有五种,称之"五服"。

宗法制与不同的服丧礼制

《说文解字》中"服"写作"服",释文为:

服,用也。一曰车右騑,所以舟旋。从舟,艮声。古文,服从人。

许慎曾见到的古文字中"服"是写作"舣"的,就是一个人驾一扁舟的样子,舟是供人使用的交通和运输工具,所以,"服,用也"。许慎并不能确定他的分析是否正确,因为,许慎的年代大型的马车通常会有三匹或五匹马拉动,"中辕者为服马,服外马为騑马",即中间的那匹马叫作"服马",两侧的马叫作"騑马",

营业写真

走阴差（贰）

人问者多夫。愚鬼活说得祸家。判出呼小看。老四去阴差。却怪，陈忠见。得忠义。若说老夜差。镜中厚地爷去。愚浑病他。老四叫判。见王三。怂称闹晴睛。爸称

古代，女巫为巫，男巫为觋，合称"巫觋"，上海地区女巫称"师娘"，男觋称"神仙"、"神汉"，他们可以往来于阳世与阴间之间，代人传递信息，称之"走阴房"。

而其中右侧的骖马是控制行进方向的，于是"服"就成了一个多义词，马是在人的控制下行进的，于是"服"就有从事、服从、畏服等义；马、马车、舟等都是供人使用的，于是凡供人使用的东西都可以叫作"服"，如《周礼·春官·都宗人》："正都礼，與其服。"郑玄注："服，谓衣服及宫室、车、旗。"而诸多的器具中，衣服是最普及的，于是"服"又多指服装。《周易》中有轩辕氏（黄帝）"垂衣裳而天下治"的记录，就是讲，黄帝制定了穿衣裳的制度于是天下得以治理，古人穿衣有一整套的制度，而丧家在服丧期间，应该和必须根据与死者的亲疏关系穿规定的"丧服"，于是，"服"也指居丧期间。古代丧礼根据守丧人与死者的亲疏关系分作五等，每一等有守丧的时间和穿着规定的丧服，合称"五服"。《礼记·学记》："师无当于五服，五服弗得不亲。"孔颖达疏："五服，斩衰也，齐衰也，大功也，小功也，缌麻也。"

"斩"的初义是指刑罚中的车裂，即所谓的最残酷的"五马分尸"，于是"斩"的释义为砍、砍断；"衰"与"缞"通，特指丧服之一种，《左传·襄公十七年》："齐晏桓子卒，晏婴粗缞斩。"杜预注："缞在胸前。"孔颖达疏："衰用布为之，广四寸、长六寸，当心。"所谓"斩衰"就是一种宽四寸、长六寸，不修边幅的麻布，古代的尺比现在短一点，我们无法理解这宽四寸、长六寸的斩衰是怎么披在身上

的，所以"当心"二字只能理解为"缝在胸口"。而《礼记·丧服小记》中讲：

斩衰，括发以麻；为母，括发以麻免而以布。齐衰，恶笄以终丧，男子冠而妇人笄，男子免而妇人髽，其义为男子则

喪葬習俗

四九

免，为妇人则髽。

这段文字太简，直接理解有点难度，元陈
澔有注：

斩衰，主人为父之服也。亲始死，
子服布深衣，去吉冠而犹有笄繺，徒跣扱
深衣前衽于带。将小敛，乃去笄繺，著素
冠。敛讫，去素冠，而以麻自项而前交于
额上，却而绕于紒，如著幓头然。幓头，今
人名掠发，此谓"括发以麻"也。母死亦
然，故云"为母括发以麻"，言此礼与丧
父同也。"免而以布"专言为母也，盖父
丧小敛后，拜宾竟，子即堂下之位，犹括
发而踊，母丧则此时不复括发，而著布免
以踊，故云"免而以布"也。

陈澔讲的服斩衰也是用麻布，就是将
麻布带从头颈（项）向前，交叉后扎到
额头上，再向后缠绕到发髻（紒）处，犹
如现在的运动员为防止散发挡住眼睛，
用头巾扎在额头上的样子（幓音 qiao，
同幧，即古代男子束发的头巾）。看来，
陈澔注的"斩衰"并不在"当心"，而是
从项束到头上，其带子也绝不止"宽四
寸，长六寸"，而起码也得二尺以上。所
以，丧礼"五服"的制度一直沿用到近
代，但其具体的方式或使用的器具还是
有变化的。以下根据《大清通礼》之文
作解释。

《大清通礼》中讲：

丧服，斩衰三年者：父；嫡孙为祖
父及曾、高祖父承重；宗子为长子；妻为
夫；妾为君。

斩衰是五服中最重的守丧，守丧期为三
年，对象是：子女为父亲；嫡孙为他的祖
父、曾祖父、高祖父；嫡系的父亲为长子，
妻子为丈夫和小妾为夫君。

关于清代斩衰的服饰和冠饰，民国
刊印的《江苏编订礼制会丧礼服草案》
中讲：

《清律》曰：用极粗生麻布为之。旁
及下际皆不缉，上际缝向外，背有负版，
当心有衰，左右有辟领。今人竟加斩衰
于麻直身上，而裳制废矣。

又曰：冠，纸糊为材，长足跨顶，为
三细帻，俱向右，是为三襞积；用麻绳一
条，从顶上约之项后，交过前，各至耳，结
之为武；武之余绳垂下为缨，结于颐下。
今世俗用三棉蕊，不知何据，或云，取其
闭耳目声色也。

又曰：腰绖用绳为之，两股相交，两
头结之，各存麻本散垂，其交结处，两旁
各缀细绳结之。

这段文字并不难读，但涉及丧礼中不少
专用名词，解释如下：

"缉"即缝的意思，此段文字即麻布
的上下及两旁不缲边，任其毛口外露，而
只有大胸与后背的两片一定要缝，否则
就不能穿了，但接缝一律向外露出。

"负版"和"辟领"也是丧服的专
用名词，负版即披在后背的麻布，《仪
礼·丧服》："衰长六寸。"郑玄注："前有
衰，后有负板，左右有辟领，孝子哀戚无
所不在。"而"辟领"则是剪孝服的麻布

而做成像领子的样子,《仪礼·丧服》:"负广出于适寸。"郑玄注:"负,在背上者,适,辟领也。负出于辟领外旁一寸。"胡培翚《正义》:"衣当领处纵横各剪入四寸,以所剪各反折向外,覆于肩,谓之适,亦曰辟领。"不过,宋人叶梦得《石林燕语》卷五中讲:"盖丧服之制,前有衰,后有负版,左右有辟领,此礼不见于世久矣。"叶梦得已经认为古代丧服中的负版和辟领早已不流行或消失了,可想而知,清代的负版和辟领与古制相比,只是"名存实亡"的东西而已,肯定与古制有很大的差异。

"䘡"即领口;"襞积"即衣裳上的褶裥,"武"即古代冠饰上的带结。《礼记·杂记上》"委武玄缟而后蕤。"郑玄注:"委、武,冠卷也。秦人曰委,齐东曰武。"清毛奇龄《丧礼吾说篇》:"古冠名有三:曰冕,曰弁,曰武。弁与冕皆有綎、有武……以结于额下,其绳谓之武。""绥"就是毛长的样子。

"齐衰"是轻于"斩衰"的丧服,所谓"齐"就是整齐,齐衰丧服的特征就是丧服中的麻布的边幅被缝齐。齐衰是根据守丧人与死者的亲疏分为"齐衰"、"齐衰杖期"、"齐衰不杖"和"齐衰三月",丧期分别为三年、十五个月、五个月和三个月。

《大清通礼》:

齐衰三年者:母(生我者配父者);适孙为祖母及曾、高祖母承重;宗子之妻为长子。

古代中国允许一个男人娶一位妻子和多位小妾,正妻称"配",原婚的妻子为"元配",元配不在,续娶的妻子称"继配"。在家庭内部,元配的地位很高。《礼记·丧服小记》:

为母之君母,母卒则不服……为慈母后者,为庶母可也,为祖庶母可也。

这里提到了"君母"、"慈母"、"庶母"、"祖

卖香烛

庶母"几个名称，今人是难以理解，甚至是误解的。元陈澔注：

> 母之君母者，母之适母也，非母所生之母。

"君母"指正妻，正妻生育的子女称"母"，而小妾生的子女一般不能称呼自己亲生母亲为"母"的，而称父亲的元配为"母"，《红楼梦》中多有描写。陈澔注又说：

> 妾子无母者，父命之为子母，此谓慈

卖长锭

母，后者也；若庶母尝有子，而子已死，命他妾之子为其后，故云为庶母可也；若父之妾有子而子死，已命己之妾子后之，亦可，故云为祖庶母可也。

《仪礼·丧服》：

> 慈母如母。传曰：慈母者何也？传曰：妾之无子者，妾子之无母者，父命妾曰：女（汝）以为子；命子曰：女（汝）以为母。若是，则生养之，终其身如母，死则丧之三年如母。

原来，小妾没有生育子女，而另一小妾生育子女后死了，孩子就没了亲生母亲，于是父亲把这个没娘的儿子过继给那个没有儿子的小妾，这个儿子就称他的母亲为"慈母"，如一位小妾曾生育过子女，但子女死了，夫君就将另一个妾生育的子女中挑一个过继给她，称之"庶母"或"祖庶母"。所以，《大清通礼》特别指名这个"母"是"生我者配父者"，即正妻所生子女为他们的亲生母亲"齐衰三年"。

齐衰三年的还有嫡孙为祖母、曾祖母、高祖母，以及正妻为自己的长子。

《大清通礼》：

> 齐衰杖期者：父在为母（心丧犹三年）；祖父在，为祖母承重；父卒母嫁，从之寄育，为之服报。

"杖"又讲作"苴杖"，是古代丧礼中使用的丧棍。《礼记·问丧》："或问曰：杖者以何为也？曰：孝子丧亲，哭泣无数，服勤三年，身病体羸，以杖扶病也。"原来

"杖"相当于拐杖，孝子在服丧期间，丧亲的苦痛使他体力不支，服丧期又是那么地长，更使他疾病缠身，这个"杖"可以帮助他支撑身体。《问丧》又说：

> 或问曰：杖者何也？曰：竹、桐一也。故为父苴杖，苴杖，竹也；为母削杖，削杖，桐也。

《礼记》只说为父守丧使用竹制的苴杖，为母守丧使用竹制的削杖，但并没讲清人们为什么这样做，元陈澔注《礼记·丧服小记》："苴杖，竹也；削杖，桐也。"是讲：

> 竹杖圆以象天，削杖方以象地，父母之别也。流曰：苴者，黯也，必用竹者，以其体圆性贞，四时不改，明子为父礼伸痛极，自然圆足，有终身之痛也；削者，杀也，桐随时凋落，谓母丧外虽削杀，服从时除，而终身之心，当与父同。

陈澔所讲的"苴杖"是用竹制的，外形是圆的，而"削杖"是削梧桐木为之，外形是方的，中国有"天圆地方"之说，男为天，女为地；父为天，母为地，这还讲得过去，而陈澔引《流》之言——那就是一派胡言，谁也不知道在讲什么事。

"齐衰杖期"的丧期通称"期年"，实际上是十五个月，服"齐衰杖期者是：子女为先父亲而去的母亲，先祖父而去的祖母；因父亲去世，跟随母亲改嫁的子女。

《大清通礼》：

> 齐衰期不杖：祖父母（女出嫁同）；伯叔父母；兄弟；子；兄弟之子；夫之兄弟之子；适孙（适曾孙、适玄孙同），姑姊妹女子在室者；兄弟之女子；夫之兄弟之女子子在室者；姑姊妹女子出嫁而无夫与子者，姑姊妹报；为人后者为本生父母报；女出嫁，为父母；女出嫁，为兄弟之为父后者；妇为舅姑；妾为女君；继父同居者；养父母。

这里涉及亲属关系中的"中丧亲"关系，

凿纸钱

也是中国宗法制度中最复杂的亲缘关系，须作适当的说明。

"里"和"外"互为反义，不过，繁体的"里外"之"里"写作"裏"或"裡"，《说文解字》："裏，衣内也。从衣里声。"这个"裏"是指衣服的内层，我们现在仍把做棉袄、大衣的里面一层面料讲作"夹里"，"里"的反义词为"外"，而在"里"与"外"之间，与"里"相近的位置讲作

研锡箔

"表"，人们以"表里不一"比喻里外不一样就是这个理。

《说文解字》的正文不收"表"，但收了一个"褒"，这就是古代的"表"字。《说文解字》释："褒，上衣也，从毛、衣。古者衣裘，故以毛为表。"许慎似乎意识到，在茹毛饮血的年代，兽皮是制衣最常用的材料，而古代的裘皮衣服大多皮朝里而毛向外，如成语"皮之不存，毛将焉附"就是以皮朝里毛向外的裘皮衣服作比喻的。在中国宗法制度中是以男性作为血统传承的，一个家庭的血统就是以高祖、曾祖、祖父亲、儿子、孙子……世代相传，大家使用同一个姓氏，祭祀共同的祖先；同一宗族的人根据辈分称谓，而尤其到了清代以后，随着建祠堂之风的掀起，同一祠堂的人就是同宗同族，于是大家彼此以"堂"相称，长一辈者为堂叔堂伯，平辈者为堂兄堂弟，小一辈者为堂侄等。

古代，把以父族、母族、妻族其立的血缘和亚血缘关系称之"父党"、"母党"、"妻党"，合称"三党"。《晏子春秋·杂下十二》："且以君之赐，父之党无不乘车者，母之党无不足于衣食者，妻之党无冻馁者。"又把以祖父、父亲的姐妹的子女，祖母、母亲、妻子的兄弟姐妹关系建立的亲戚关系讲作"中表亲"，因为这些人与自己虽不是"堂"内亲属，但又不是离得很远的"表亲"，而是介于"堂"与"表"之间的亲戚关系；一般又把父亲的

姐妹称"姑"，姑系统的表亲为"姑表亲"，母亲或妻子的兄弟称"舅"，姐妹称"姨"，舅、姨系统的表亲称"姨表亲"，为直接的中表亲通常为"齐衰不杖"，守丧期为五个月。

《大清通礼》：

"关"在古代汉语中有官府之间互相通报、关照之义，"关亡"就是阳世派人到阴间寻找、提取相关的信息。"关亡"通常由被称之"师娘"的女巫担任。阳世的人可以通过"关亡"查询死去的亲人的情况。当然，这是一种迷信活动。

齐衰三月者：曾祖父母（女出嫁同，高祖父母以下亦如之）；族人为宗子；宗子之母、妻；同居继父有大功以上亲者；继父异居者（必尝同居）。

"齐衰三月"是较轻的丧服。这里还须强调，中国的宗法制的继承制度为"嫡长制的世袭制"，长子、长孙即"宗子"、"世子"，是世袭祖上爵位的人，他们在宗族中的地位很特殊，前面已讲过，嫡孙须为其祖父、曾祖父、高祖父服"斩衰三年"，须为祖母服"齐衰杖期"之丧，这里没有指明"嫡孙"，就是指"非嫡孙"，也即除长孙以外的孙子；同样，宗族中的宗子、宗子的母亲或妻子死了一族人也要服"齐衰三月"之丧，还有就是现在仍与自己同居一处的继父，和曾经与自己同居一处而如今又分开居住的继父也应该服"齐衰三月"之丧。

"齐衰"以下的丧服为"大功"和"小功"。

《礼记·丧服小记》：

大功者，主人之丧，有三年者，则必为之再祭，朋友虞祔而已。

这里的"主"是"主持"，"人"则是"人家的"、"他人的"，"主人之丧"就是主持他人家的丧事；"虞"也是古代祭奠名称，《释名·释丧制》："既葬，还，祭于殡宫曰虞。"意即先下葬，在返还到死者家中再举行祭奠；而"祔"按郭璞注《尔雅》讲："祔，付也，付新死者于祖庙。"即不独立举行祭奠，而是附在已死的人一起祭奠的意思。元陈澔在这段文字下注：

> "大功者，主人之丧"，谓从父兄弟来主此死者之丧也；"三年者"谓死者之妻与子也。妻既不可为主，而子又幼小，别无近亲，故从父兄弟主之，必为之主行练、祥二祭，朋友但可为之虞祭、祔祭而已。

这里又提到古代祭祀的两个专用名词，"练"是古代人死后第十三个月的一次祭奠，又称"小祥"，第十三月正好是"周年"，相当于现在的"周年祭奠"，"练"的原义是一种未经深加工的白色粗丝，因祭奠时须穿"练"做的衣服而得名，如贾公彦注《周礼》说："练，谓十三月小祥练祭。"而"祥"又分"小祥"、"大祥"，小祥即练祭，而大祥是二周年祭奠。这样，陈澔的注文就容易理解了，即"大功"是代人家主持丧仪，如一个家庭的男主人死了，在三年内死者的妻子死了，她的儿子还幼小，无力主持丧事；或他的儿子死了，而根据中国宗法制度，女人是不能主持丧事的，这家人家又没有很近的直系亲属，那只能请族内兄弟来主持丧礼，称之"大功"，如这家人家连族内兄弟也没有，那只得请朋友帮忙，这连"大功"也没有了，死者只能先下葬，祭奠就"付"到已死的男主人一起祔祭了。

《礼记·闲侍》说：

> 斩衰何以服苴，苴，恶貌也，所以首具内而见诸外也，斩衰貌若苴，齐衰貌若枲，大功貌若止，小功、缌麻容貌可也，此

衰之发于容体者也。斩衰之哭，若往而不反，齐衰之哭，若往而反，大功之哭，三曲而偯，小功、缌麻，哀容可也。此哀之发于声音者。

"枲"疑同"枲"，《说文解字》："枲，麻也。从朩，台声。""偯"是哭的余声悠长的意思。这一段文字是叙述不同丧服的人应

"乩"是通过占卜问疑，扶乩是中国一种占卜问疑的风俗。用一丁字形的木架，在其端的顶部悬一锥下垂，两人各以一指轻托架子两端，由于重心偏离，托架者必须调整姿势，于是架子会不规则抖动，下垂的锥会在下面的沙盘上划出不规则的图案，人们根据这图案来解释所要问的问题。

该有不同的悲伤样子和表情，斩衰者守丧期内一直是很悲痛的样子，而哭声是捶胸顿足、声音撕心裂肺；齐衰者，表情呆滞如麻，哭声响，但传得不远，大功者，面无表情，哭的余声悠长，但哭几声就停止了，而小功、缌麻者仅是装出一副悲痛的样子，哭的时候随人哭几声就可以了。

《大清通礼》讲：

殇大功九月七月者：子女子子之长殇中殇；叔父之长殇中殇；姑姊妹之长殇中殇；兄弟之长殇中殇；兄弟之子女子长殇中殇；夫之兄弟之子，女子子之长殇中殇；适孙之长殇中殇。

古代以"二十成冠"，"殇"即未成年而死亡，其中又以"年十九至十六为长殇，十五至十二为中殇，十一至八岁下为下殇，不满八岁以下，为无服之殇"。以上就是对这些亲属家中八岁至十九岁而死亡的人服七到九月的大功。

"不孝有三，无后为大"——这是讲中国宗法制时经常会提到的古训，古人一直为"不孝有三"中的哪三种不孝行为争论不休，实际上，古汉语以"一"喻单独，以"二"或"再"喻"多"，而"三"就是很多、全部，如成语"一而再，再而三"，也即今汉语中讲的"再三"并不是二次、三次，而是经常、一直、始终，所以，"不孝有三，无后为大"就是——可以被定为不孝的事例很多，而没有子嗣就是最大的不孝。万一有人没有儿子，可以

通过族内协商，在自己兄弟或族内兄弟中挑选一位合适的男孩作为子嗣，称之"挑"，被挑者即《大清通礼》中讲的"为人后者"，也即今人讲的"过房儿子"。以上就是为亲属中的成年人服"大功九月"之丧者。

《大清通礼》又讲：

殇小功五月者：子女子子之下殇；叔父之下殇；姑姊妹之下殇；兄弟之下兄弟之子女子子之下殇；夫之兄弟之子女子子下殇；适孙之下殇；女适人者为兄弟侄之长殇中殇；为人后者为本生兄弟之长殇中殇；同祖兄弟之长殇中殇；庶孙之长殇；夫之叔父之长殇者。

前文已介绍，八岁至十一岁死亡者为"下殇"。这段文字比较容易理解，不再解释了。

小功五月者：为人后者为本生姊妹，及兄弟之女适人者；女适人者为伯叔母兄弟侄之为人后者；为同祖姊妹适人者；女适人者为同祖兄弟姊妹；为孙女适人者；为同祖兄弟之为人后者；为人后者为本生同祖兄弟；为伯叔祖父母；为从伯叔父母；为同曾祖兄弟；为同祖兄弟之子；为兄弟之孙，夫之兄弟之孙；众子妇，兄弟子之妇；适孙妇；为夫之庶母；外祖父母；为夫之姑姊妹；女为兄弟侄之妻，夫兄弟之妻；为妾之有子为后者。

"缌麻"是丧服中最轻的一种。《仪礼·丧服》："缌麻三月者。"郑玄注："缌麻布衰，

裳而麻经带也。"郑玄的意思讲，服缌麻之丧的人，只是在衣裳的外面束一条麻制的带子。《释名·释丧制》："缌，丝也，积麻细如丝也。"也就是讲，缌麻就是一种很精细的熟麻织品。"澡麻断本，以为经，大三寸七分，要（腰）经二寸九分，布带。"《说文解字》："经，丧首戴也。"这个"经"就是丧礼中头上束的和腰间缚的麻质带子，而缌麻就是将植物纤维麻经水泡击打后成为很精细的纺织用纤维，再纺织成布。通常，缌麻服的束头带子宽三寸七分，束腰带的宽度为二寸九分，而在实际使用中，并没有严格的规定。

《大清通礼》中讲：

缌麻三月者：庶孙之中殇；女适人者为兄弟侄之下殇；为人后者为本生兄弟之下殇；同祖兄弟之下殇；从叔父之长殇；同曾祖兄弟之长殇；从母之长殇；夫之姑姊妹之长殇；同祖兄弟之夫、同祖兄弟之孙之长殇；兄弟之孙、夫兄弟之孙之长殇；为祖姑、从姑，同曾祖姊妹，同祖兄弟之女，兄弟之孙女出嫁者；为夫同祖兄弟之女，夫之兄弟之孙女出嫁者；女适人者为伯叔祖母、从伯叔父母、同曾祖兄弟、同祖兄弟之子、兄弟之孙；为伯叔祖父母、从伯叔父母、同曾祖兄弟、同祖兄弟之子、兄弟之孙之为人后者；曾伯叔祖父母、族伯叔祖父母、族兄弟，同曾祖兄弟之子，夫之同曾祖兄弟之子，同祖兄弟之孙，夫之同祖兄弟之孙，兄弟之曾孙，夫之兄弟之曾孙、曾孙；众孙妇；夫之同祖兄弟之妻；夫之同祖姊妹；夫之高曾祖父母；夫之伯叔祖父母，夫之从伯叔父母；同祖兄弟之子妇；兄弟之孙妇；夫之同祖兄弟之子妇；兄弟之孙妇；外孙、从母之子；舅，舅之子；妻之父母；姑之子婿；甥；为妾之有子女者。

中国的宗法制度是以男子的血统为基础的，嫡长子为血统之正统，服丧的礼制就是根据这样的关系来确定亲属之间的亲疏、尊卑而制定的，同样，也可以通过丧制中的丧服来分辨亲疏和尊卑关系。尽管，从法制或制度上来讲，宗法制已经废除或结束了许多年，但在民间，尤其是在宗法制生存的基础——宗族集居尚未被完全打破的广大农村地区，依然还有很深的影响，发挥潜在的作用，因此，研究、了解中国的宗法制度，在现实生活中仍有实在和现实的意义。

中国宗法制度和祠堂

与家庭、宗族关系最为密切的宗教性建筑当推"祠堂"。

按《说文解字》的说法：

祠，春祭曰祠。品物少，多文辞也。从示，司声。仲春之月，祠不用牺牲，用圭璧及皮币。

段玉裁注：

《周礼》："以祠春亨先王。"《公羊传》曰："春曰祠。"注：祠，犹食也，犹继嗣也，春物始生，孝子思亲、继嗣而食之，故曰祠。

"祠"的原义是指一种春天祭祀祖先的活动，春天既是万物复苏的季节，也是动物交配、繁殖后代的季节，所以春日祭祀祖先的目的，一则为死去的祖先送上点食品，同时祈祷祖先保佑，多生儿子，传宗接代，所以祠祭时使用的祭品不多，但祭词特别长。

"祠"义同"祀"。《尚书·伊训》中有"伊尹祠于先王"。唐陆德明释义"祠，祭也"。而孔颖达疏："祠则有主有尸，其礼大；奠则奠器而已，其礼小。奠祠具是享神，故可以祠言奠。"

祭祀的地方可能是一块空旷的地方，也可能是一处建筑物，缺少了一个象征性的祭祀对象，于是就必须人为地造出一个祭祀的对象，这就是孔颖达疏讲的"祠则有主有尸"。古人在创造汉字时多别出心裁，"主"的古文写作宔，下面像一只油灯的灯盏，而上面的一点就像油灯的灯芯或燃烧的火苗，《说文解字》释："主，灯中火主也，从宔，从、，、亦声。"对一个家庭来讲，尤其到了夜里，这油灯闪出的火光可就是一个家的核心，于是"主"也表示主人。在祭祀中"主"就成了祠的主人，古代，主通常用木制作，所以又叫作"神主"、"木主"等名，就是现在讲的牌位。《公羊传·文公二年》："丁丑，作僖公主。"何休注：

为僖公庙作主也。主状正方，穿中央达四方。天子长尺二寸，诸侯长一尺。由于牌位是木制的，露置在外的神主不易长时期保存，至今未见有先秦的牌位的发现，不过，先秦的牌位是正方形的，正中间有穿孔，并以穿孔为中心有刻痕或刻缝延伸至四方，与后来牌位的样式不太一样。

《礼记·丧大记》中讲："五十不成丧"，古人寿短，先秦以五十岁以上死亡的丧事讲作"成丧"。

祠的种类大致可以分为几大类型，一种是祭祀真神的，如汉代的地理著作《越绝书·德序外传记》：

越王勾践既得平吴，春祭三江，秋祭五湖，因以其时为之立祠，垂之来世，传至万载。

战国时越王勾践经过十年的卧薪尝胆，最终一举打败吴国，洗刷了曾被吴国侮辱的苦痛，但他不敢忘记历史，感谢上苍的保佑，在一些地方建造小神祠，定期祭祀。

另一种是为先贤建造的祠，相当于现在的"纪念堂"或"纪念馆"。如《汉书·循吏传·文翁》中记：文翁是一位读书人，精通儒学，汉景帝末出任蜀郡（今四川）太守，他就参照孔子的故乡——齐鲁一带的方式，在蜀郡创办学校，汉武帝时，蜀郡各地办校成风，使那里的风气大为改观，"文翁终于蜀，吏民为之立祠堂，岁时祭祀不绝。"

还有一种就是由家长制演变成为的

迷信者以为，通过扶乩可以与阴世中的亲人通讯、交往。

中国宗法制度的祠堂，它相当于古代的"庙"。司马光《文潞公家庙碑》中讲：

> 先王之制，自天子至于官师皆有庙……（秦）尊君卑臣，于是天子之外，无敢营宗庙者。汉世公卿贵人多建祠堂于墓所。

这种祠堂是死者为自己，或亲属为死者在墓地建的"庙"。

今人所讲的"祠堂"多指"宗祠"，它是中国宗法制度向民间扩展的产物。

中国的宗法制度的血统是以男性来延续的，中国宗法制度的另一特征就是"嫡长子的世袭制"，即长子才是宗族和家庭的统绪，是官位、财产、血统的第一继承人，所以，古代称嫡长子为"宗子"或"世子"，所谓"宗"即正宗，血脉相传，而"世"即传世。直到今天，一些僻远的农村仍以嫡长子作为财产的第一继承人，以前许多地方遵守这样的遗产或财产分割惯例。我20世纪70年代初回老家时，发现我的一位姑夫家房子很小，而他的大哥房子特别大，姑夫告诉我，他共兄弟9人，解放前析产时，根据家乡风俗，长子得了估计80%的财产，而他与其他几位兄弟合分余下的20%。实际上一直到今天，许多老人特别疼爱长孙，这也是古宗法制度的孑遗。

宗子、世子，即长子以外的儿子称之"别子"，"别子"即有别于宗子、世子统绪的分支。"别宗"就是非长子。但是，他们仍可以从继位的长子处获得封号或封地，也可以通过建立战功获得荣誉。

而郑玄注：

别子谓公子若始来此国者，后世以为祖也。别子之世适者，族人尊之为大宗，是宗子也。

郑玄讲了一件经常会遇上的事：诸侯有他的侯国，诸侯的王位和财产是以嫡长子世袭制的方式代代相传，不是嫡长子的子女可以从诸侯那里获得封号或官位，但也有的"别子"就带领自己的族人到其他地方去开创事业，他的后人就认他为"始祖"或"始迁祖"，而始祖也遵守嫡长子世袭制度，把事业传给长子，长子又传给长孙，世世代代，永远相传，于是族人就称他们的始祖统绪为大宗，长子就是宗子。

清刘大櫆《方氏支祠碑记》中讲：

古者，诸侯之适子嗣为诸侯，其支子为大夫、士者，不得祖诸侯，而名之曰"别子"……封建废而大宗之法不行，则小宗亦无据依而起，于是宗子遂易为族长。

中国的婚制为"一夫一妻多妾制"，即一个丈夫只能有一位正妻，但可以讨多位的小妾，妾的地位低下，其所生子女称之"庶子"，在家庭或家族中的地位也很低贱，如《礼记·丧服小记》：

庶子不祭祖者，明其宗也；庶子不为长子斩，不继祖与祢也；庶子不祭殇与无后者，殇与无后者从祖祔食；庶子不祭祢者，明其宗也。

"斩"即"斩衰"，即儿子为父守丧三年；"殇"即未成年死亡，"无后者"即未婚或婚后未生育子女，"祢"即宗庙。庶子死了，他的牌位进不了宗庙或祖庙，他的亲生儿子也不能与其他人那样为父守丧三年，如庶子未成年或没有生育子女就死了，他的丧礼就更简单，连通常的祭奠仪礼也可以省去。

中国有祠堂的历史始于汉代，但真正的发展可能是到了明代后期或清代初期，如宋范成大编著《吴郡志》，上海地区最早的地方志——宋《绍熙云间志》均不见"祠堂"的记录，而清代各地方志中，均将"祠堂"列为专条。王鸣盛（1722—1797），字凤喈，清代史学家、经学家，为乾嘉学派领袖人物之一。祖籍浙东，其祖迁嘉定（今上海市嘉定区）。王鸣盛在世时在家乡建"王氏宗祠"，请青浦（今上海市青浦区）著名学者王昶

（德甫）撰《王氏宗祠碑记》，原碑已佚，《青浦县志》中收录全文，其中说：

既成，邮书属予记之。予与公同姓而属已远不可考，然投分倾志三纪，于兹情谊视兄弟有加焉。今于此举，益叹公之深于礼也。曲礼云：君子将营宫室，祖庙为先，厩库为次，居室为后。盖古者士大夫各有家庙，唯庶人祭于寝耳。然古今异宜，执古制而欲行之于今，不可道也。何也？古者世官世禄卿大夫之家皆有采地，故各立庙以祀其先，有宗法以收其族。秦汉以下封建，世禄之制断断不可复行。则王制祭法所谓大夫三庙，适士二庙者，亦不可行。且所谓庙者必有门、有庭、有阶、有堂、有序、有厢、有室、有房、有寝，数者备乃曰庙。今大郡邑起为大夫者相望，每家各为三庙，势且无所容，如之何其可行也。若其可行者则有之矣，祠堂是也。夫祠本祭名，祠堂也者，犹之作室以祭云尔。其规制视庙固已杀矣，是以近代无职者亦作之，况起为卿大夫者哉！间尝绎郑氏康成于王制大夫太祖之庙，注云：太祖别子始爵者，虽非别子，始爵者亦然。疏之者曰：别子是诸侯次子，其异姓为大夫，非诸侯子孙及他国之臣，初来任为大夫者，亦得为太祖。大传注疏并同。今之起为卿大夫者，正与郑说合。王氏其先，由浙东迁于青浦，奕世载德，至公以名儒致显，位列九卿。朝廷推恩，诰封曾祖、祖、父母三代，阶皆二品。若以郑注别子论，可立三庙。今

为祠堂者，不敢附托古礼，退而自卑下之义也。

"祠堂"是传统礼制崩溃，新的宗法制形成后的产物，王昶说："其规制视庙固已杀矣，是以近代无职者亦作之，况起为卿大夫者哉！"从语词中可以感悟到，全国民间大兴祠堂之风起于离王昶并不遥远的年代。

祠堂相当于古代的宗庙"亲亲故尊祖，尊祖故敬宗，敬宗故收族，后之人尚其念之哉！尚其念之哉！"祠堂的作用就是"亲亲"、"尊祖"、"敬宗"、"收族"，即识别亲疏关系，尊敬祖辈，联络同宗感情，团结族内亲人——这也是中国宗法制的特征和宗旨。

牌位是死者的『替身』

在介绍中国古代的祭祀和丧仪中，最离不开的是"牌位"，牌位上写有它所代表的人的名号，而对一个家庭、宗族来讲，该牌位就代表着他们死去的亲人或祖宗，正如孔子所讲："敬神如神在"，人们见到牌位就如见到死去的亲人或祖宗。实际上，以前几乎家家户户客厅中部上方都有一阁或架子，这里就是陈放这个家庭已去世祖辈牌位的地方。牌位是民间的叫法，它在

古代被讲作：尸、尸主、神、神主、栗主、木主、主等名称。

"尸"的金文写作"𡰥"，像一个躺卧的人，所以《说文解字》释："尸，陈也，像卧之形。"容庚《金文编》："像屈膝之形，后假夷为尸，而尸之意晦。祭祀之尸，其陈之祭，有似于尸，故亦以尸名之。"这段文字不太容易理解，必须引一些古籍来说明。

《礼记·丧大记》："男女捧尸夷于堂。"唐陆德明注："夷，尸也，陈也。"《周礼·天官·凌人》："大丧，共夷槃冰。"郑玄注："夷之言尸也，实冰于夷槃中，置之尸床之下，所以寒尸皆依尸而言者也。"这样，容庚的这段话就容易理解了，即：尸的字形像一个人屈膝的样子，后来，人们用"夷"字替代"尸"，于是"尸"的本义就很少被使用，尸就指死人的躯体，在祭祀时，死人的尸体并不在现场，而陈放在祭祀现场的只是尸体的"替身"，于是尸体的"替身"也被叫作"尸"，现代讲的牌位实际上就是尸体的"替身"。

尸体的替身有许多种，古代祭祀中代表受祭人的活人就被叫作"尸"。《仪礼·特牲馈食礼》："主人再拜，尸答拜。""尸"怎么会答拜呢？就是因为这个"尸"是死人的替身，是活人。

《公羊传·宣公八年》：

祭之明日也。

汉何休注：

祭必有尸者，节神也。礼，天主以卿为尸，诸侯以大夫为尸，卿、大夫以下以孙为尸。夏立尸，殷坐尸，周旅酬六尸。

古代，祭奠天主时可以选一位卿作为活尸，祭奠诸侯时可选一位大夫作为活尸，而卿和大夫以下的人死了，只能叫自己的孙子作替身。而夏朝规定尸为立姿，殷朝规定尸为坐姿，而到了周朝，尸可以走动应酬客人。唐李华《卜论》中讲："夫祭有尸，自虞夏商周不变。战国荡古法，祭无尸。"战国时期是"礼崩乐坏"的年代，古代的制度被扫荡而不存。此后，用活人替代死人的活尸也不见了。

祭祀或祭奠总归要有一个对象，于是，人们就做一木牌，上面写上死者的名讳以替代死者，也讲作"尸"或"尸主"。

高高在上的"尸"——牌位不说话、不表态、不干活，但定期有人拿供品来祭祀，《孔丛子·论势》："尸利素餐，吾罪深矣。"《后汉书·五行志一》："宰相多非其人，尸禄素飡，莫能据正持重。"于是"尸利素餐"、"尸位素餐"、"尸禄素飡"都是一个意思，即只拿钱，不干活。

古代的牌位一般用木制作，而普通的木材质地松，容易损坏，于是大多选用质地坚硬、纹理细密的栗木制作，所以又称"木主"、"栗主"等。《史记·周本纪》："武王上祭于毕，东观兵于盟津。为文王木主，载以车，中军。"周文王是周武王的父亲，一直领导推翻商王朝的革命，但一直没成功，周武王继承父业，决战的时刻，他就为父亲做了一"木主"，放在战车上，率领三军前进。周武王想借父亲的英魂鼓舞士气，击溃敌军，也想借此机会，让父亲看到，他的儿子完成了他的未竟事业。至于《史记》讲的周武王"为文王木主"是用木头雕的木偶，还是就是后来的牌位，司马迁没作交代，后人也就无法知晓了。

神主的规格是有相应的制度规定的。《后汉书·光武帝纪上》："大司徒邓禹入长安，遣府掾奉十一帝神主，纳于高庙。"李贤注：

神主，以木为之，方尺二寸，穿中央、达四方。天子主长尺二寸，诸侯主一尺。

在古汉语中，在描述立体物件的尺寸时，"长"等同"高"，如古人描述关公（羽）身高时讲："关云长身长八尺"；而"方"即左右，即"宽"，《仪礼·大射礼》："大射正立于公后，以矢行告于公，下曰留，上曰扬，左右曰方。"汉代皇帝的神主"方尺二寸"，"长尺二寸"，显然是正方形的，而诸侯的神主"方尺二寸"，"长一尺"是横放的长方形的；而神主中央有穿孔，四向开缝或槽连接四角，这与后世的牌位确实不同。不论是桑木还是栗木，都经不起长期的存放，所以，我们谁也没见过早期的神主，只能通过文字的记录了解大概而已。

《大清通礼》在设灵堂的后面接着讲：

治丧具，择葬日，护丧者以表主名义

为书，遍告于有司及戚友；为墓志刻石，作神主，及主椟。

牌位本来叫作"尸"，就是死人的替身，旧时设灵堂祭奠时，放有尸体的棺柩就放在灵堂上，而且还特设一"灵座"代表死者。所以，出殡之后，灵堂上没有了尸体和灵座，才能将牌位放上去。《大清通礼》在"作神主及主椟"后面加了一段注文，说明牌位的尺寸和制作方法，抄录如下：

主用木高一尺二寸，阔三寸，厚一寸二分，剡上五分为圆首；寸之下横勒其前，深四分为领，而判其下前后为二，后者厚八分，上连于领，领下陷，中长六寸，阔一寸，深四分，穿其两旁以通中圆孔，径四分，离趺而七寸二分，前者厚四分，粉髹其面；前后合之，植于趺，趺方四寸，厚一寸二分，凿之通底，以受主身。椟有座，有盖，皆用薄板相合为之；座亦有趺，趺连于座，座足容主，盖足容座，趺足载盖。

"剡"音yǎn，即"削"的意思；"领"即人脸的下巴；"趺"即脚背，在中国的石碑中，趺通常指石碑的底座，如近人马衡《凡将斋金石丛稿》第四章释"碑"中讲："碑之正面谓之阳，反面谓之阴，左右谓之侧，首谓之额，座谓之趺。""髹"同"髤"，音xiū，即黑漆；"跗"与"趺"通，也是指脚背，这里指"椟"的底座。

牌位分"神主"和"椟"两部分组成，神主是牌位，人体最宽的部位是双肩处，与人体的高度略等于1：4，神主的宽三寸，高尺二，就是1：4，所以神主的宽高比例相当于人体宽高的比例；同样，神主的顶端削成圆弧状，相当于人的额头，其下一寸五分有刻痕，相当于人的下巴，这也相当于人头部长度与身体长度的比例。"椟"实际上是安装神主的木框，除了有良好的装饰效果外，这个"椟"就相当于房子，即神主居住的"家"，这与人们供神的"龛"是同样的意义。

不过，古人有自己的认识，宋程颐（字正叔，世称伊川先生）、朱熹等人以为："跌方四寸，象岁之四时，高尺二寸，象十有二月，博三十分，象月之日，厚十二分，象日月之辰。"此说亦通，因为古代的谶讳之说早就把人体的四肢，甚至人骨的数量与天体的日、月、星辰联系起来了。

牌位是很特殊的东西，在正常的情况下，一个家庭只会在许多年才会遇上必须做牌位的丧事（女人和小辈死亡是不做牌位的）。所以，牌位通常是由城镇里的棺材店定做的，出自职业木匠做出来的牌位有统一的规格和尺寸，所以，一个地区，甚至中国大部分地区的牌位样式是相似的，只是个别地区做的牌位的"椟"有差异，有的地区只做牌位而不做"椟"。牌位在死者断气后就开始做或购买，而将死者的名讳写到牌位上按规定则是在出殡（直接入葬或灵柩暂厝待葬均讲作"出殡"，详见本书专章）前二日。

《大清通礼》讲：

发引前二日，题主。

民国姚文枬、郁元英合编《江苏编订礼制会丧礼草案上》中有一段详细的说明，抄录如下：

族戚子弟善书者一人，于丧所家宅择静室为之。先由执事者供张桌椅及朱墨笔砚。题主者先题陷中，曰：中华民国某官某公讳某字某行几之灵。窍其左行曰：某年某月某日某时生，某省某县人。其右行曰：某年某月某日某时卒，年寿若干岁。如母、妻之丧，则陷中曰：中华民国某封某氏讳某字某之灵。窍其左行双行，一曰：某官某之女，某省某县人；一曰：某官某之妻，某省某县人。如两家同县者，则于女妻双行之下用单行顶写：某省某县人。不必分写。其右行亦双行，一曰：某年某月、日、时生。一曰：某年、月、日、时卒。而于双行之下用单行顶写，曰：年寿若干岁。

次题粉面之背，曰：某年、月、日葬于某县某乡某图某圩某号某山某向某茔某位某穴。

最后题粉面，曰：中华民国某官显孝某某府君之神主。或曰：某封显妣某氏。而其下右旁则皆曰：孝子某奉祀。其或民国无衔而前清曾有之者，则曰：中华民国公民清授某官。其他仿此。

凡中华民国字及清字均用朱书，以为尊重国家之表示。题讫，合跌，加椟，执事者捧送灵座，安魂帛之侧。主人出谢题主者。

民国的牌位题书格式与清朝相同，只是"大清"改为"中华民国"而已。

在中国几千年的封建社会中，宗族世代聚集是中国人最基本的居住形式，一个宗族有宗族的墓地，有祭祀祖先的祠堂，宗族的分支也有各自的家庙，而牌位就是已死去的祖辈的替身，所以，牌位也历经几千年而不衰、不减。随着近代城市的发展，尤其是如上海这样近代发展起来的大城市，市民中相当一部分是移民，宗法制存在的基础——宗族世代集聚的居住形式被打破。清《光绪上海县志卷二十七·宗祠》中记录，整个上海县还有大小宗祠104个，许多宗祠分布在农村，在城内的宗祠仅11处，而且全部是道光和道光以前的老祠堂，道光以后新立的宗祠很少。这些宗祠基本上建在郊区该宗族的祖茔内，著名者如郁屏翰建立"郁氏山庄"，在今法华镇路，郁泰峰建"郁氏宗氏"，在今上海体育馆处，而当时的市区几乎没出现祠堂。上海城市地价昂贵，居住条件较差；解放前，约80%的家庭是以租赁方式取得房屋的居住权的，居室狭窄也使很多上海人连放牌位的位置也没有，所以，上海城市在进入近代以后，牌位就逐渐消失了，以致今天许多高龄的上海人也没见过牌位。

人总是要死的，祭奠祖先也是必须要进行的，于是商家想出了一种办法，就是用木刻雕版印刷纸质牌位，家有丧事的人，买一张纸质牌位，填书死者名讳就可以了，丧事结束，纸质牌位也付之一炬。

上海是国内最早有照相馆的城市，王韬的《蘅华馆日记》中多次提到他与友人一起到照相馆拍照的事，其中在咸丰九年二月九日（1859年3月13日）中是这样记的：

晨，同小昇、壬叔、若汀入城，住栖云馆，观画影，见桂（即桂良，恭亲王奕䜣的岳父，历官云贵总督、福州将军、兵部尚书）、花（即花沙纳，正黄旗人，历官吏部尚书、左都御史）二星使之像在焉。画师罗元祐，粤人，曾为前任道台吴健彰司会计，今从西人得授西法画。影价不甚昂，而眉目明晰，无不酷肖，胜于法人李阁郎多矣。

王韬的《瀛壖杂志》中又讲：

西人照相之法，盖即光学之一端，而亦参以化学……法人如李阁郎，华人如罗元祐，皆在沪最先著名者。

王韬讲的"影画"即照相，早在1859年之前，广东人师从西人学会了照相，在上海县城里开了家照相馆，拍照的费用"价不甚昂"，他们还把清朝封疆大吏的照片放在橱窗里以招徕生意。

上海市档案馆编《工部局董事会会议录》的1865年11月10日会议记录接受、宣读了《警备委员会报告》，报告称："由于各洋行中抢劫偷盗事件时有发生，因此本租界的全体侨民有必要采取行动自卫"，为此专门设立一个"工部佣人验看公所"，还订立几项规定：

1. 所有西籍雇主应将其佣人送到工部验看公所注册。

2. 将为每个佣人设立一个对开登记表，内有佣人的照片以及雇主告诉注册验看员的关于该佣人品质的情况。

3. 尚未有雇主的佣人可以自己注册，注册时须交一张照片，并提供所能提供的证明材料。

照相传入上海不久就被人们理解和接受，拍照留影是时尚，而且被用于身份登记。

照相的价格不贵，而照相还能长期保存人形象，使"音容宛在"。于是，少数敢于接受新事物的人，在自己年事已高，趁容貌还像样的时候，到照相馆拍一张小照，作为自己死后的"替身"——牌位，而有的人则请画师绘画肖像，不过有时候过于写意，只表达意境，写真不真。1910年出版《图画日报·画小照》的配图文讲：

千看万看画小照，一笔不可偶了草。
部位要准神气清，方能惟妙更惟肖。
只恐虽名写真写不真，五官虽具一无神。
拿回家婆儿子不认得，多说何来陌生人。

一直到20世纪20年代后，原上海徐家汇土山湾画馆和上海美术专科学校的毕业生大量走上社会，原用于绘制"月份牌"的炭铅擦笔画被推广，一般的画师就可以根据一张一寸小照将画面放大绘制成一张较大的肖像画，于是上海的街头巷尾随时都能见到专门代客绘画肖像的画店，而这些肖像画多用于丧事，是传统牌

旧时以白纸当作"冥钞"，有了先进的印刷技术后，"冥钞"的印刷日益精良。

位的升级版。

　　早期,画工的工费较低,而放大一张12英寸的肖像照价格较贵,所以大多数百姓宁可先拍一张一寸的小照,再请画工绘成约12英寸的肖像画,而到了上世纪60年代后,放12英寸的照片的价格又比绘一张肖像画价低多了,于是许多画馆也相继关闭。丧事中使用肖像照依然是风俗,而这些"音容宛在"的肖像照也确实比牌位"先进"多了。

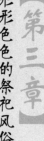

【第三章】

形形色色的祭祀风俗

古人认为，有一种超自然的神在支配大自然和控制人类社会的活动。宗法制基础下的祭祀不仅是对祖先的缅怀、感恩，更重要的是通过祭祀活动加强、拉近血缘、亲缘关系，维护和巩固亲属的和睦，团结。

《说文解字》中"示"字写作"示"，释文：

示，天垂象，见吉凶，所以示人也。从二，三垂，日月星也。观乎天文，以察时变；示，神事也。凡示之属皆从示。

古文字中的"二"即"上"字，义同"天"，即所谓的"上天"，而示字下面下垂的三竖——小则表示上天的日、月、星发射给人间的信号、预兆，所以，示就是"天垂象，见吉凶"，古文中的"见"往往与"显"相通，此句可以理解为——上天是有意识和神灵的，它显示的任何一种现象，都在告知人们，有某一种事情已经发生或即将发生，所以，"示"的一方面就是上天对人的暗示，人们只要注意观察，细心认真了解，就能读懂上天的暗示；而"示"的另一方面就是"神事也"，即人可以通过某种方式与神沟通，并得到神的庇护、保佑。凡是"示"字旁的字一定与这个"示"有关。

祭的古文写作祭，上面左方的夕即"肉"，右方的又即"手"，《说文解字》："祭，祭祀也。从示，以手持肉。"也就是说，用肉祭祀祖先或神讲作"祭"。徐灏笺："无牲而祭曰荐，荐而加牲曰祭……浑言有牲无牲皆曰祭也。"原来，祭特指有肉的祭祀，后来，有肉和无肉的祭祀都可以讲作"祭"。《说文解字》又释："祀，祭无已也。"这段文字较难理解，"巳"的古文为㠯，与"子"相近，是一个胎儿的形状，所以，巳即"嗣"，即后代的意思，"无巳"就是后代对祖先永远的祭祀。

《说文解字》中收有一个"柴"字，释文说："柴，烧柴燎祭天也。从示，此声。《虞书》曰：至于岱宗，柴。"也就是讲，柴是一种烧柴火，通过烟火上升来表示对神的崇敬的意思。《说文解字》中还收"禋"字，释文：

禋，洁祀也。一曰精意以享为禋。

郑玄注《周礼》中讲：

禋之言烟，周人尚臭，烟，气之臭闻者……三祀皆积柴实牲体焉，或有玉帛，燔燎而升烟，所以报阳也。

古人以为，有一种超自然的神在支配大自然和控制人类社会的活动，他们也知道，神在人不可及的遥远的上天，人不可能直接与神交往、交流，于是又以为，通过焚烧产生的袅袅上升的烟雾可以转达人对神的崇敬，柴是焚烧柴火的方式，向神表达崇敬之意，而禋则是焚烧食品、生活用品等，向神献上一片敬意。这种古老的风俗对后来的祭祀风俗和形式有极大的影响。

祭祀

"以祥祭为吉，未葬为凶"，古人把灵柩出殡以前的祭奠视为凶礼，"入土为安"，当灵柩暂厝或入葬以后，死者的灵魂已经归安，亲人应及时料理了后事。

出殡之后的祭祀从凶礼向吉礼转变，并逐渐变成正常的对祖宗的祭祀，周年祭祀被叫作"小祥"，二周年祭祀被叫作"大祥"就是由此而来的。

在宗法制为基础，宗族世代集中居住的中国封建社会，祭祀不仅是对祖先的缅怀、感恩，更重要的意义和作用还在于通过祭祀活动加强、拉近血缘、亲缘关系，维护和巩固亲属的和睦、团结，于是，祭祀在人们生活中永远是一个十分重要的活动。

服丧期内对死去的亲人的祭奠是根据亲人死亡日期来确定的，实际上还属于丧事的部分，而正常的对祖先的祭祀就有相对固定的日期。

《礼记·檀弓上》：

有荐新如朔奠。

孔颖达疏：

荐新，谓未葬中间得新味而荐亡者。如朔奠者，谓未葬前夕朔，大奠于殡宫者。

元陈澔注：

大户人家的祭祀祖先仪式。

朔奠者，月朔之奠也。未葬之时，大夫以上，朔望皆有奠，士则朔而已，如得时新之味，或五谷新熟而荐之，亦如朔奠之仪也。

"朔"是月相名称，是指月亮运行到太阳与地球之间，太阳、月亮、地球在一条直线上，此时看不见月亮，也就是农历的初一。也许"朔"是每月开始的第一天，至少在历法上是比较特殊的一天；也许，这一天看不见月亮，到了夜里，大地一片漆黑，伸手不见五指，犹如古代处极刑要选定在"午时三刻一过"，实际上就是"正午"（即今中午12点正），因为这时是一天太阳光投影最短的时刻，被处斩者看不见自己的投影而魂归彼岸世界；即使入葬的那天，当家人急匆匆返回家中时，也是"日中而虞"。月朔就是鬼魂的活动时间，人们就要选这一天祭祀。直到今天，许多家庭，尤其是农村的家庭中，每月的初一就是固定的祭祀祖先的日期，也有部分家庭把"望日"（即农历每月十五）作为固定的祭祀日期。

每月的朔祭也被讲作"祽"，不过，使用者太少了。

十月初一的朔祭讲作"十月朔"或"十月朝"，是一年中朔祭最隆重的日子。清翟灏《通俗编·仪节》：

（墓祭）今民间的新岁、寒食、十月朝三次。据程子《遗书》，拜坟则十月一日拜之，感霜露也；寒食则又从常祭礼。

记录北宋汴京（开封）风俗的《东京梦华录·卷九·十月一日》中讲："十月一日……士庶皆出城飨坟。"在另外的章节中也讲，到了九月的下旬，街头即有"卖冥衣靴鞋席帽衣段，以十月朔日烧献"。而记录南宋临安（今杭州市）风俗的《梦粱录·卷六·十月》中记："士庶以十月节出郊扫松，祭祀坟茔。"周密《武林旧事》中讲："十月朔，都人出郊拜墓，用绵裘、褚衣之类。"刘侗《帝京景物略》也讲："十月朔，纸坊剪纸五色，作男女衣，长尺有咫，曰'寒衣'，有疏印缄，识其姓字辈行，如寄书然，家家修具夜奠，呼而焚之其门，曰'送寒衣'。"清张英《渊鉴类函》中又讲："时俗，刻版为男女衣状，饰文五色，即以出售，农民竟以（十月）初一日鬻去，焚之祖坟，名曰'送寒衣'。"到了明朝和清朝，此风有增无减，城市有"纸扎作"专门生产、销售这种纸做的衣服，在上面印有道教的印记，还留有一些空格，人们可以将已死去的祖辈的名号、排行写在上面，就像寄信一样，到了十月初一的夜里，家家户户都在祭祀祖宗之后，在大门口一边呼喊祖辈的名字，一边烧纸衣，称之"送寒衣"。

《东京梦华录·十月一日》中讲：

十月一日，宰臣已（以）下受（授）衣，著锦袄……有司进暖炉炭，民间皆置酒作暖炉会也。

王闢之《渑水燕谈录》中讲了一则故事：

升朝官每岁诞辰、端午、初冬赐时

服，止于皂袍，太祖讶方冬犹赐皂衣，命易以夹服。自是士大夫公服，冬则用夹。

陈元靓《岁时广记》引《皇朝岁时杂记》：

朝堂诸位自十月朔设火，每起居退，赐茶酒，尽正月终。每遇大寒阴雪，就漏舍赐酒肉。

进入农历十月，北方的气温明显下降，人们已换上了冬装，孝顺的子女们不由得会想起已经去世的长辈，他们如何度过寒冬，于是民间就产生了"送寒衣"的风俗活动，烧几件纸衣给亲人。

南宋迁都临安，长江流域的十月并不算寒冷，随政府南迁的官员、宗族也将北方的风俗带到了南方。清顾禄《清嘉录》是记录清代苏州风俗的著作，《清嘉录·卷十·十月朝》中说：

月朔，俗称"十月朝"。官府又祭郡厉坛。游人集山塘，看元祀会，间有墓祭如寒食者。人无贫富，皆祭其先，多烧冥衣之属，谓之"烧衣节"。或延僧道作功德，荐拔新亡，至亲亦往拜灵座，谓之"新十月朝"。蔡云《吴歈》云："花自偷开木自凋，小春时候景和韶。火炉不拥烧衣节，看会人喧十月朝。"

上海地近苏州，向来追随和崇尚苏州风俗，"十月朝"也是上海地区最重要的祭祀节日之一，但是，上海的"十月朝"烧衣现象并不普遍，而是"开炉煮饼祭祖"，所以上海的"十月朝"又叫"开炉节"。

王韬《瀛壖杂志》卷一：

沪俗于十月朔日，开炉煮饼，献于家祠，故亦称"炉节"。至于祭厉坛，祀祖考，则各处所同。

"开炉"见于古籍，而"煮饼"是上海的特色，宋人金盈之《醉翁谈录》卷四：

旧俗，十月朔开炉向火，乃沃酒及炙脔肉于炉中，围坐饮唶，谓之"暖炉"，至今民家送亲党薪炭、酒肉、缣绵，新嫁女并送火炉。

旧时文人写的竹枝词中歌咏"十月朝"的篇章还真不少，似乎均记"开炉"之事，不谈"烧衣"故事，抄录部分如下：

秦荣光《上海县竹枝词》：

十月开炉竞饼烧，年丰赛社闹笙箫。

前村旗影斜阳里，橘绿橙黄画景描。

作者原注："十月朝，开炉烧饼祀先，名炉节。"

倪绳中《南汇县竹枝词》：

炉节欣逢十月朝，开炉祀祖饼初烧。

更看报赛丰年乐，旗影斜阳柳外飘。

作者原注："十月开炉烧饼，名炉节。乡间社赛颇盛。"

黄霆《松江竹枝词》：

茼蒿淡碧尽凝霜，修竹乡中竹叶黄。

熨贴棉衣交十月，家家菜饼献祠堂。

作者原注："修竹乡在府南。十月朝用面裹菠菜为饼献祠堂。"

上海是江南水乡，种植的粮食以稻谷为主，平时吃的主要是米饭，面条、饼食只是副食，尤其在农村里，自己家中做饼更是偶尔为之。"开炉煮饼"也是对祖先的敬重。到了近代，上海逐渐发展成为一个大都市，街头巷尾随处可以见到各种各样的饼摊，饼已不是什么罕见的食品，十月朝开炉煮饼的风俗就逐渐消失了。不过，"十月朝"至今仍是上海很重要的祭祀祖先的日子。

冬至是一个很特殊的日子，在北半球，这一天的白天时间最短，黑夜的时间最长，而从冬至开始，白天的时间一天比一天长了，黑夜的时间一天比一天短了，从这一个角度上讲，冬至也可以被定为一年开始的第一天，它也是一个重要的节日，谚曰"冬至大如年"，冬至也被叫作"亚岁"，清张岱《夜航船·天文部·时令》："亚岁，魏晋冬至日受万国百僚称贺，少杀；故曰亚岁。"古人一直把冬至视为仅次于新年的重要节日，这一天也是祭祀祖先的重要日子。《东京梦华录·卷十·冬至》中讲：

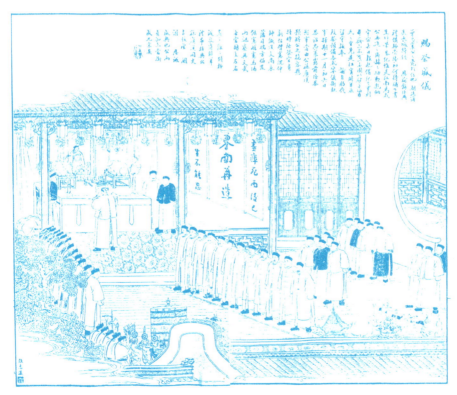

朝廷举办的祭祀曾国藩仪式。

十一月冬至，京师最重此节，虽至贫者，一年之间，积累假借，至此日更新衣，备办饮食，享祀先祖，官放关扑，庆贺往来，一如年节。

《隋书·房陵王勇传》中讲了一个关于"冬至朝拜"的故事，杨勇是隋文帝杨坚的长子，立为东宫太子，深受百官的爱戴：

其后经冬至，百官朝勇，勇张乐受贺。

高祖知之，问朝臣曰："近闻，至节内外百官相率朝东宫，是何礼也？"太常少卿辛亶对曰："于东宫，是贺不得言朝。"高祖曰："改节称贺，正可三数十人，逐情各去。"杨勇是隋文帝的长子，是理所当然的皇位接班人于是许多官僚积极投靠杨勇，每年冬至日就到杨勇的东宫朝拜，威高震主，杨坚担心太子篡权，"于是下诏曰：'礼有等差，君臣不杂，爰自近代圣教渐亏，俯仰逐情，因循成俗，皇太子虽居上嗣，又兼臣子而诸方岳牧，正冬朝贺，任士作贡，别上东宫，事非典则，宜悉停断，自此恩宠始哀'。"这位东宫太子因冬至日接受百官朝拜而被废黜了，可见，隋朝时冬至日官僚朝贺和互相祝拜之风已颇盛了。此风俗相沿日久，也影响了民间，冬至日互拜和小辈拜贺长辈成为风俗，叫作"拜冬"。

人们在"拜冬"时并没有忘记自己的祖先，在向尊长"拜冬"的同时，也要祭祀祖先。《清嘉录·卷十一·冬至团》中讲：

比户磨粉为团，以糖、肉、菜、果、豇豆沙、芦菔丝等为馅，为祀先祭灶之品，并以馈贻，名曰："冬至团"。

《清嘉录》还讲：

蔡铁翁诗："大小团圆两番供，殷雷初听磨声旋。"注："有馅而大者为粉团，冬至夜祭先品也；无馅而小者为粉圆，冬至朝供神品也。"

看来，有馅心的团子是冬至前一夜——冬至夜祭祖用的，而无馅的小圆子是冬至朝供神用的。

清秦荣光《上海县竹枝词》：

冬至花糕更粉圆，分冬酒吃闹年年。

衣冠拜贺亲朋后，内块堆盘夜祀先。

作者原注："冬至，治花糕、粉团祀先，冠带相贺，名'分冬酒'。俗语：'冬至夜里一块肉，譬如不冬至'。"

民间有"冬至不回娘家门"之谚，就是冬至那一天，出嫁的女儿不能回娘家，已回娘家的女儿也必须在冬至日赶回夫家，有的人以为冬至是白天时间最短的一天，出嫁的女儿那天回娘家，可能当天来不及回家，但《清嘉录》以为：

是夜，人家更速燕饮，谓之"节酒"。女嫁而归宁在室者，至时必归婿家。家无大小，必市食物以享先，间有悬祖先遗容者。诸凡仪文，加于常节，故有"冬至大如年"之谚。

冬至是重要的祭祀节日，所以，所有的女眷也应该在家拜祭祖先——这才是"冬至不回娘家门"的原因。

冬至祭祖也与"荐新"有关，进入

农历十一月之后，秋收入仓的稻谷已经干透，江南风俗定于冬至日前春米，叫作"冬春米"，宋朝文学家、诗人范成大写过许多风俗诗，其《冬春米》乐府说：

　　腊日储蓄百事利，第一先春年米计。
　　群呼步碓满门庭，连杵成风雷地动。
　　筛匀箕健无粃糠，百斛只费三日忙。
　　齐头圆洁箭子长，隔篱辉日雪先生。
　　土仓瓦瓮分盖藏，不蠹不腐尝新香。
　　去年薄收饭不足，今年顿顿炊白玉。
　　春耕有种夏有粮，接到明年秋刈熟。

邻叟来观还叹嗟，贫人一饱不可赊。
官租私债纷如麻，有米冬春能几家。

农家在冬至前数日开始"冬春米"，人们可以品尝到新收割的新大米了，当然也不会忘记祖先的保佑，将新米磨粉做成的团子、糕点祭祀祖先。

中国的绘画史可以追溯到遥远的古代，但是，中国长期以毛笔作为书写和绘画工具。祖先的遗容旧称"祖容"、"祖宗画"、"祖宗影神"等名，而几代祖宗画在一张图上，就叫作"代图"，如三代

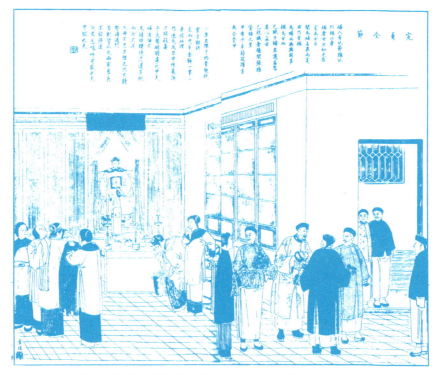

大户人家的灵堂，有人前来吊唁，家属必须陪哭。死者的画像就是"祖容"。

祖宗绘在一纸称之"三代图"，四代绘画在一起就是"四代图"。绘肖像画的价钿不菲，穷人家不会有"祖容"，小地方不会有好的画师，所以往往只有大地方的大户人家才会有"祖容"。前文引《清嘉录》中讲，冬至日"间有悬挂祖先遗容者"，有些人家在冬至的祭祀中也将"祖容"挂出来。

"祖容"大多是纸质的，少数是画在绢上的，稍有不慎，容易损毁，通常挂祖容供后辈瞻仰的活动一年仅一次，那就是正月初一，江南一带又称"喜神"、"神子"等名。

"喜神"平时珍藏，秘不示人，只有到了除夕夜里才挂出来，合家要进行祭祀和拜祭，称之"挂喜神"，有的人家只挂三天就将"喜神"收起来了，也有的一直挂到正月十五元宵夜，所以古人有诗云："若非除夕何能见，才过元宵不可留。"

拜祭祖先有许多意义，而对传统的中国家庭来说，多子多福才是最大的心愿，拜祖先中一个很大目的就在于祈祷祖宗庇佑，多生贵子，绵延后代，于是"祖容"也被叫作"喜神"。

《二刻拍案惊奇》卷二六：

伯伯过年，正该在侄儿家里住的。祖宗影神也好拜拜，若在姊妹们家里，挂的是他家祖宗，伯伯也不便。

这就是过年挂喜神的风俗。清俞樾《茶香室续抄·神子》：

舒绍言等《新年杂咏》云："岁终悬祖先像，新年辰夕设供，至落灯而罢。"金介山《落灯夜收神子》诗："若非除夜何能见，才过灯宵不可留。"自注："俗称祖先遗像为神子。"

祭祀祖先本是新年中重要的活动之一，而如今，新年祭祖的风俗已淡化，有的地区已经消失。

纸马和纸扎

纸马又讲作甲马、神马、神祃、神码等名，是一种在纸上画或印有咒语或神道鬼怪形象的宗教用品，道士作法或百姓祭祀后焚烧。严格地讲，甲马是纸马中的一种，甲马有的仅画或印有一匹马，有的则在神道像中附有一匹马，而其他的纸马中只印咒语或神道鬼怪像，因此二者在风俗上的意义和作用也有区别。

中国的造纸术发明于汉代，在纸马之前流行的是木制的马，称之"木禺马"或"木马"。马是人类最早驯服和豢养的大型畜力。在古代，马是最重要的陆路交通运输、代步和战争的重要工具。古人对马是十分爱护和敬重的。古代帝王祭祀有"太牢"、"少牢"之分，所用牺牲为牛、羊、猪，从来不用马作牺牲。

《魏书·段承根传》中讲了这样一个故事：

父晖，师事欧阳汤。有一童子与晖同志，后二年，辞归，从晖请马，晖戏作木马与之。童子甚悦，谢晖曰，吾泰山府君子，奉敕游学，今将归，烦子厚赠，无以报德，子后至常伯封侯。言讫，乘马腾空而去。

这个故事有点离奇，今日的文明人是不会相信的，但是古人却将它编入了正史。"泰山府君"就是"泰山神"，民间习称"东岳大帝"。自汉末以后，道家传说人死后即魂归泰山，受泰山府君管辖，也就是讲泰山府君就是阴曹地府的最高统治者，如今我国许多地方仍有"东岳庙"。东岳大帝的儿子奉父亲之命到俗世游学，和段晖一起师从欧阳汤，学业结束时，他希望段晖给他一匹马，可以早点回家，段晖对他的非分之想感到奇怪，但也不便直接拒绝，于是"戏作木马与之"，《魏书》没有对"木马"的大小、样子作交代，段晖也不可能去做一匹与真马相近的木马送给他，文称"戏作木马与之"可以理解为"开玩笑地弄了一匹木马给他"。想不到这"泰山府君子"竟"乘马腾空而去"。

"八仙"是中国神仙中流传最广的传说，八仙之一的倒骑驴子的张果老更是妇孺皆知的神仙人物。《三洞群仙录》卷十五引《高道传》中讲：唐张果老"常乘一白驴，日行数百里。休则迭（叠）之，其厚如纸，置于箱中，乘则以水噀之，复成驴矣。"这位神通广大的张果老的"日行数百里"的驴子肯定是一"纸驴"。而《三洞群仙录》所引的《高道传》基本上抄录了唐张读《宣室志·张果》和唐郑处海《明皇杂录》的原文，看来，大概在唐代时，原来的"木马"已被"纸马"替代了。

马是古代运载能力强，速度快的交通、代步工具，在军事上它是战车的动力，传递信息的迅捷工具，同时，信奉阴阳五行术数命算颇众的古代中国，它也被神道鬼怪学者"异化"而成为沟通"彼岸"世界的交通工具，也就是讲，彼岸世界的神道和鬼怪也是乘坐马与世俗世界沟通和往来的，这种"马"就不可能是真正的马，而是木、纸、草等材料制作的"假马"，其中以纸制作或印刷的马为最多，最普遍。《蚓庵琐语》中有一段话：

世俗祭祀，必焚纸钱、甲马。有穷窿施炼师（名亮生），摄召温帅下降，临去索马，连烧数纸不退。师云："献马已多。"帅判云：马足有疾，不中乘骑。因取来化者视之，模板折坏，马足断而不连。乃以笔续之，帅遂退。然则昔时画神像于纸，皆有马以为乘骑之用，故曰纸马也。

这又是一个神道故事，但作者由此而得出一个结论——旧时召神使鬼使用一种纸，纸上画需召的神道鬼怪，为使指令迅速传达到神鬼那里，也为使神鬼接令后当即赶来，纸上还必须另画一匹马，这马就是沟通的工具，这种纸上印有马，所以被叫做"纸马"。我认为，《蚓庵琐语》作者的分析是比较合乎情理和事实的。

众所周知，灶君（又称灶界、灶王爷等）是中国神道中极为重要的人物，他是天上玉皇大帝派驻在人间的"监察御史"，监视人们的行为：每年腊月廿四是灶君升天向玉皇大帝汇报人间善恶的日子（许多地方风俗，官吏可以提前一天，于腊月廿三送灶，故民谚于送灶有"官三民四"之说），民间定于腊月廿四送灶君升天，称之"送灶"或"祭灶"，送灶或祭灶的目的往往是拍灶王爷的马屁，故又被讲作"媚灶"。宋范成大有送灶诗，云：

古传腊月二十四，灶君上天欲言事。
云车风马尚留连，家有杯盘丰典祀。
……

灶君升天的交通工具是"云车风马"，这里的车马就是印在纸上的纸马。明朝刘侗、于奕正著《帝京景物略》：

亦二十四日以糖剂、饼、黍糕、枣栗、胡桃、炒豆祀灶君；以槽草秣灶君马，谓灶君翌日朝天去，白家间一岁事。

在灶君升天之前，人们还要拿马槽里的草料象征性地去喂灶君升天坐的马，这个"马"肯定是纸马。

古代中国是一个充满着"神秘主义"色彩的国家，至迟在春秋战国时期，阴阳、五行、术数理论在中国的思想史上占了重要的地位，《周易》就是一本记录"筮卜之事"的著作，秦始皇焚书坑儒，《周易》被认为是一本"筮卜之事"的书而未被烧毁，是一部幸存的为数不多的古籍，到了汉朝，《周易》又被列为《五经》之首而成为读书人必读，考试必用的书之一，汉代，中国的术数在知识分子的推波助澜之下越闹越凶。汉代出笼的《六壬》、《遁甲》、《太乙》是三本最重要的术数论著，这三本书均失传了，后人又编《六壬遁甲术》，在中国的占卜术和术数理论上有较大的影响，这些书对古人来讲是一本"选择"命运的书，即教人们如何驱妖避难，去凶就吉，唐代王建诗有"近来身不健，时就六壬占"，而纸马在其中也是重要道具之一。

《水浒传》中的神行太保戴宗就是一位能使用甲马作法的"半仙"，第三十八回中讲，戴宗"把两个甲马拴在两只腿上，作起神行法来，一日能行五百里。"第五十三回中讲，戴宗和李逵须在一天之内赶到几百里外的地方，这李逵认为是绝对不可能的，于是戴宗将甲马拴到自己和李逵的脚上，作法后二人升空飞行，李逵已被吓得不知所措，紧闭双眼地听天由命，不一会儿，李逵就感到已被摔到地上——目的地到了——《水浒传》是小说，故事是虚构的，但人们深信，

道士可以凭借甲马日行千里。

纸马、甲马最初就是画在纸上的马，是道士们紧急召唤天兵神将使用的法器，后来，道士们把马和所召唤的神像画在一起，也许是神道的种类很多，而马仅一种，人们把神道与马分两张纸印刷，使用时把印有马的纸粘到神道像上就可以了，后来干脆把马也省了，清人虞召隆《天香楼偶得》：

俗人纸上画神像，涂以彩色，祭赛既毕则焚化，谓之"甲马"，以此纸为神所凭依，似乎"马"也。

虞召隆记录的是他所在时代的现象，此时，纸马上确实没有印马，但它仍有"快马加鞭"迅速传达的意义。实际上，虞召隆的言词太简单，有"辞不达意"的失误。清代的纸马一般可以分为两大类，一类是祀神用的，民间称之为"神马"或"神祃"、"神模"。1909年上海环球社出版《图画日报》的"三百六十行"栏画有"卖神模"图，配文曰：

> 神模生意真蹊跷，
> 一张烂纸薄枭枭。
> 五颜六色搦几搦，
> 骗人算把神像描。
> 谢年各把神模供，
> 磕头求拜将他奉。
> 却怪送时一把火，
> 难道烧死老爷不怕罪尊重。

上海市历史博物馆收藏清末至民国江南神模近百种，数千份，基本上均是用劣质的薄型纸木版印刷，人口加彩，尺幅多在长80、宽40厘米左右，不少神模用同一块印版，套印上神的名称就成了不同的神道，这些神涉及民间信仰的诸神，如土地公公、土地婆婆、床公床母、开泉童子、蚕花娘娘、利市仙官、城隍正神、三官大帝等，一般讲，神模均印神道，在遇他们诞辰忌日或节日时供奉，礼毕后焚烧。甲马多印鬼怪，以粗质纸木版印刷，不加彩，尺幅通常为边长十厘米左右的正方形，品种不知其数，如落水鬼、吊煞鬼、丧门星、鬼门关、阴兵、阴人等，大凡人想得到的可能伤害人性命的鬼应有尽有。古代医学不发达，人们认为是鬼附身才会使人生病死亡，当某家有人患病后，算命先生告诉其家人，这是"某鬼"附身，于是给他几张印有这种鬼的纸马，回家拜祭后焚烧。

江南还有一种纸马，它不是祭礼毕后焚烧的。据《图画日报》中介绍：苏州城隍庙的大殿的城隍正神边上另外塑一"阴差"，它是阳世和阴世的"联络员"，苏州人称其为"王伯伯"，阳世的人想要与阴世的鬼联系，或阳世的人希望阴世的鬼神帮忙，只要破费几个钱买点酒菜供"王伯伯"，再到庙里买一纸马，在纸马上写上你想传递的信息，再把纸马贴到"王伯伯"身上，这位"王伯伯"就会把信息带到你想要带到的地方或"人"那里，这是一种民间信仰风俗，大多数人也明白，这是庙里想出的"花头经"，这位泥塑的"王伯伯"也不可能成为阴阳二世之间的"邮差"，于是民间就有了"托人托仔王伯伯"的说法，这句话比喻托非所托，将事情托付给一个根本不可能为你办成事的人去办理。

纸马、甲马是中国信仰风俗中流传广、影响深的风俗用品，解放后在"提倡科学，破除迷信"的号召下，首先是开设在大城市里的纸马店、神模店被取缔，并逐渐波及和影响中小城市和边远的农村，到了"文革"时，纸马、甲马与其他的风俗用品更被视为"四旧"而被大破特破，除了极边远的少数民族地区仍有纸马使用外，纸马、甲马在中国大陆基本消失，而随着"文革"的结束和中国改革开放的深入，纸马习俗又出现"反弹"，因此，纸马研究也应作为风俗学的课题加以重视。

纸扎是一门行当，上海又称之"纸玲珑"，主要制作殡仪及传统节日使用的纸制品。

纸马铺除了出售印有马的神符外，还供应其他的纸制宗教用品，《东京梦华录·卷七·清明》：

> 诸门纸马铺，皆于当街，用纸衮叠成楼阁之状。

《梦粱录·卷六·十二月》：

> 岁旦在迩，席铺百货，画门神桃符，迎春牌儿，纸马铺印钟馗、财马、回头马等，馈与主顾。

用彩纸搭成的亭台楼阁，制成的家具器皿、人物造型叫作"纸扎"，江南一带又叫作"纸玲珑"。

显然，北宋时，纸马铺除了制作、出售纸马外，还生产纸扎的。大约到了明朝以后，以纸为主要材料做的纸扎种类越来越多，需求量也越来越大，于是，以印刷品为主的纸马与以手工扎纸为主的纸扎逐渐分开经营，手工扎纸的作坊和商店一般被叫作"纸扎作"，在上海，这种纸扎又通常被叫作"纸玲珑"。

纸扎的品种，大致上可以分为两大类，一类是一般风俗用品，如祭灶时用的灶轿、灶帘、灶龛，重阳时用的纸抚等；另一类即葬礼专用的明器，其品种就可以用"五花八门"来形容，1910年上海环球社出版的《图画日报》中，《纸扎匠》配图文讲：

> 纸扎司务好手法，
> 扎神扎鬼活像煞。
> 鬼神自古本无影，
> 意想得之亏你扎。

三出花作挤魂灯，

禅灯须扎地狱门。

不图世上扎纸匠，

恍如亲身到过丰都城。

旧上海的纸扎作坊大多集中开设在小校场街和公共租界的北海路一带，解放后，纸扎被定性为封建迷信而被取缔，纸扎的人员被分散到各行各业，其中不少被安排进电影厂，成为电影道具、布景工人。

20世纪80年代开始的改革使百姓的收入大幅度提高，原来丧仪中使用的纸扎又开始出现和流行。

这里我讲一个听来的故事或笑话。我与著名主持人陈燕华（即燕子姐姐）、著名滑稽演员王汝刚在上海电视台纪实频道《往事》栏目合作做沪语谈话类节目，一次在聊"清明扫墓"话题时，王汝刚讲了一个"真实"的故事：他有一朋友的父亲已去世多年，葬在苏州的某公墓。清明节到了，这位朋友带着全家到苏州扫墓，还从上海带去不少纸扎，其中就有一纸扎的小姑娘，说是送给父亲的小保姆，此事遭到其母亲的坚决反对，母亲对儿子说："你父亲在世时就是一个花头花脑的人，你们现在给他送去一位小保姆，没过多久一定被他花头花脑地骗为老婆，他们成了一家人，我以后到了那里，算是他的大房还是二房？"最后，她的儿子还是没能烧掉这个纸扎的小保姆。

营业写真

賣神模（續）

（三百三十八）

神模生意真蹺蹊　六張色紙幾都描　五顏供描謝人算一把将求你人各色狠狠死　死一把他模彩　本　忽　他　把　神想　本　忽然　他　把　神想老爺怕難一算　神模光　却怪硶碰　紙燦燦煞都描　各色供描謝五顏人算死一把他模彩將各把求你死一

清明与上坟

清明是中国最重要的公、私祭祀节日，并越来越得到关注和重视，我国已经向联合国教科文组织申请，将中国清明节风俗列入世界非物质文化遗产，并从2008年起，清明节被列为国家法定假日放假一天。

在"清明"一词产生之前，有一个日期，风俗均与"清明"相似的节日，那就是"寒食"，它的日期是冬至日算起的第105天，所以也叫作"一百五"，南朝梁朝宗懔《荆楚岁时记》："去冬节（即冬至，我老家福建方言仍称冬至为"冬节"）一百五日，即有疾风甚雨，谓之'寒食'，禁火三日。"所以"寒食节"又叫作"禁火节"。《东京梦华录》《梦粱录》中均讲："寒食第三日，即清明节矣。"《辞海》《汉语大词典》均认为寒食节在"清明前一日或二日"，但是我们只要核对一下历书就可以知道，寒食和清明经常是同一天，只有极少是前一天的。

清明祭祖扫墓风俗的起源说法不一，大多数认为起源于春秋时期的介之推的故事。介之推是晋国的大臣，晋文公落难时，介之推随晋文公流亡各国，立下了汗马功劳。当晋文公复辟后赏赐有功之臣，"介之推不言功，功亦不及介之推"，介之推很谦虚，不肯自我吹嘘，但晋文公论功分赏时又把介之推给漏了。介之推感到很郁闷，一气之下带着自己的老母亲躲到一座叫绵上山的深山里隐居起来。晋文公知道后，立即派人上山向介之推表示歉意，请介之推出山，均未成功，于是晋文公又派人烧山，想逼他下山，而这位耿直得有点迂的介之推坚决不出山，结果被活活烧死。晋文公对自己的行为十分后悔，就在每年介之推殉难日上山拜祭介之推，而这一天正巧是清明节，后人也仿此故事，于清明祭祖扫墓，清明也被人们叫作"鬼节"。

其实在介之推的年代，"清明"一词还没出现，所以，这个故事仅仅是故事

"鬼"沪音念"ju"。"鬼迷张天师"也讲作"张天师被鬼迷"。

而已,没什么可靠性,而事实也证明,介之推与清明的故事是后人附会而成的。

"节"字繁体为"節",按《说文解字》的解释:"节,竹约也。"节原来是指竹子上的分枝和长叶子的部位,植物中竹子的茎节长得最明显,而竹子又被许多的"节"分为许多段,所以,节又引申把一件长的东西分为若干段,每一段就是一个"节"。时间也是长度,人们把一年的长度分为二十四节气后,每一个节气日就是"节"。古代,几乎每一个节气都有相应的农事和风俗活动,后来,凡是有相对固定活动的日子都可以叫作"节"或"节日"。而"假日"则是指休假的日子,白居易《春寝》诗:"是时正月晦,假日无公事。"——那一天是月底,衙门放假,没有公事要办。在汉语中,假是真的反义,同时也可以理解为次要的、非正式的,如人有双手双脚,大多数人习惯使用右手,而把左手当作"副手",于是,许多方言就把左手左脚讲作"假手"、"假脚",而对衙门来讲,上班的日子就是"工作日",而规定不上班的日子就是"假日",犹如今天你去政府部门办某事,对方规定"五个工作日"给以答复,而这"五个工作日"并不是"五天",而是"七天",因为实行一周五个工作日后,一周七天内有两个"假日",其是不算入工作日的,我想,"假日"之"假"应源于此吧。

《旧唐书·玄宗本纪》:

寒食上墓,宜编入五礼,永为恒式。

至少在唐代,寒食上坟扫墓已成风俗,所以政府将其列入常礼,作为一种制度确定下来。《旧唐书》宪宗元和七年(812年)诏:

"托人托仔王伯伯"是吴语谚语,喻把事情托付给一个不讲信誉的人,即所谓"托非所托"。这个谚语出自民间"走阴差"风俗。

常参官寒日拜墓，在畿内者，听假日往返。他州府奏取进止。

到了唐宪宗时，皇帝正式下诏：在京城的官吏在寒食节时准假一天，让他们去上坟扫墓，而州府的官吏则由地方政府上报后也准许放假一天。看来，清明放假一天的制度，在唐朝就已实行了。

春天是大地苏醒，万物生长的季节，所以春日的活动首先是劝农，不能耽误了农事，否则这一年的收成会受到影响，其次要确保大自然的生物正常繁殖和生长，提供给人们更多的食品，《礼记·月令》讲春日的活动时讲：

是月也，天气下降，地气上腾，天地和同，草木萌动；王命布农事，命田舍、东郊，皆修封疆，审端经术，善相丘陵阪险，原湿土地所宜，五谷所植，以教道民，必躬亲之；田事既饬，先定准直，农乃不惑；是月也，命乐正入习舞，乃修祭典，命祀山林川泽，牺牲毋用牝，禁止伐木，毋覆巢，毋杀孩虫、胎夭、飞鸟、毋麛、毋卵；毋聚大众……

春天里只能种植，不能砍伐杀生，后来，这种规定被固定在冬至以后的第一百五天，此时必须禁止使用火，于是在此节日到来之前，人们就必须储备一些不必火煮的冷食品，这就是"寒食"的由来。

赵翼《陔余丛考·二十四节气名》中讲："二十四节气名，其全见于《淮南子·天文》篇及《汉书·历志》。三代以上，《尧典》但有二分二至（即春分、秋分、夏至、冬至），其余不经见。"也就是讲，二十四节气名称的正式确定是在汉代。当时，中国的政治、经济、文化中心在黄河流域，因此二十四节气的名称大多是根据此时的气候特点来定的，依次为：立春、雨水、惊蛰、春分、清明、谷雨、立夏、小满、芒种、夏至、小暑、大暑、立秋、处暑、白露、秋分、寒露、霜降、立冬、小雪、大雪、冬至、小寒、大寒，这些名称也大致上反映出黄河流域一年四季气候变化的特征和特点。据《月令七十二候集解》解释："清明……物至此时，皆以洁齐而清明矣。"这是古人对"清明"一词的释义。

唐朝，清明是重要的祭祀日，住在城里的人都要出城扫墓，而宫廷里早在半个月前就开始忙碌起来了，先要派人到陵园中做准备，到了清明那天，浩浩荡荡的队伍就向郊外的墓地进发，一派庄严肃穆。

旧时，江南一带大多把扫墓讲作"上坟"，如记录清代苏州地区风俗的《清嘉录·卷三·上坟》中讲：

士庶并出，祭祖先坟墓，谓之"上坟"。间有婿拜外父母墓者，以清明前一日至立夏日止。道远则泛舟具馔以往，近则提壶担盒而去。挑新土、烧楮钱、祭山神、奠坟邻，皆向来之旧俗也。凡新娶妇，必挈以同行，谓之"上花坟"。新葬者，又皆在社（指社日）前祭扫，谚云"新坟不过社"。

这段并不算太长的文字里记录了清明上坟的不少信息，"间有婿拜外父母墓者"，说明古时女婿是不必为已故的岳父母上坟的，因为他们之间只是通过婚姻建立的亚血缘关系，而不是同宗同姓关系。到了清后期，偶尔也出现了女婿上岳父母坟扫墓的现象；上坟的日子通常从"清明前一日至立夏日止"，清明通常在阳历的4月5日，立夏则多在5月6日，上坟的时间跨度约一个月。上海是一个大城市，上海人的墓地大多设在相近的苏州、宁波等地。据估计，近几年每年清明前后就有四百万以上的人，集中在清明的几天赴墓地扫墓，给道路交通带来极大的压力，不少家庭的扫墓队伍上午从上海

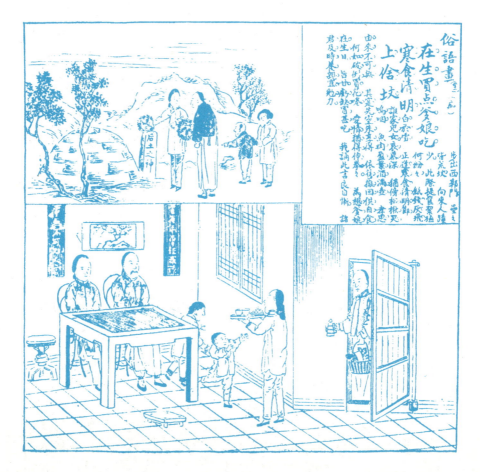

出发，下午还没赶到墓地，以致还影响了正常的生活秩序，所以，如能将传统的扫墓时间约定作宣传，应该讲还是有益的。

《说文解字》："社，地主也，从示、土。""社"就是一方的土地神，土地神是一虚幻，没有具体形象的神，《论语·八佾》："哀公问社于宰我，宰我对曰：'夏后氏以松，殷人以柏，周人以栗'。"何晏引孔安国注："凡建邦立社，各以其土所宜之木。"上古，又以二十五户为"社"，每一个社里就有一棵树作为"社主"——也即土地神。大概到了北宋以后，民间的风俗活动就出现了真人扮土地的现象，《东京梦华录·除夕》："至除日，禁中呈大傩礼，并用皇城亲事官诸班直戴假面，绣画色衣，执金枪龙旗，教坊使孟景初身品魁伟，贯全副金镀铠甲，装将军，用镇殿将军二人，亦介胄，装门神；教坊南河炭丑恶魁肥装判官，又装钟馗、小妹、土地、灶神之类，共千余人，自禁中驱祟，云南薰门外转龙湾，谓之'埋祟'。"这些门神、土地、灶王爷等都是宫廷的戏班和民间艺人装扮的，到了南宋以后，一些地方的土地庙就塑有土地的形象。明朝郎瑛《七修类稿·卷十四·土地》中讲，明朝以后的土地形象大多为席地而坐的，而且这与明开国皇帝朱元璋有关：

　　太祖常微行，遇一监生，同饮于酒家，奈坐已满，回观唯有土神之几，太祖遂移神于地曰："且让我。"因对饮，问生曰："何处人？"生曰："重庆。"帝因出对曰："千里为重，重水重山重庆府。"生对曰："一人成大，大邦大国大明君。"帝甚喜。散后酒主复移土神上坐，是夜梦神曰："皇帝命我不可上坐。"方疑之，则闻朝廷召昨日饮酒监生与官矣，然后知太祖焉，故今天下土地多坐于下。

"社日"就是祭土地的日子，古代以干支纪日，而古人又把干支与五行挂起钩来，如《礼记·月令》中讲："中央土，其日戊己，其帝黄帝，其神后土"，天干中的"戊"和"己"在天干甲乙丙丁戊己庚辛壬癸中处于"中央"，属"土"，是"后土"，即土地神的日子，所以古代以"立春后五戊为春社，立秋后五戊为秋社"（《岁时广记·社日》）。立春一般固定于公元历的2月4日。"立春后五戊"大概相当于3月20日，即春分的前后。大概到了明朝中期，"社日"被固定在二月二日，土地也被叫作"土地公公"，《清嘉录·卷二·土地公公》："二日为土地神诞，俗称土地公公，大小官廨皆有其祠。官府谒祭，吏胥奉香火者，各牲乐以酬。村农亦家户壶浆以祝神厘，俗称田公、田婆。"（北方的二月二日节称为"龙抬头"，也是土地诞辰的节日）。

　　"立春后五戊"相当于春分前后，正是植树的季节，而旧时暂厝后入葬的日期大多选择在冬至进行，而冬至是寒天，种下去的树木不易成活，所以"新葬者又皆在社前祭扫"的一个很主要的原因，就是在光秃秃的坟山上补种一些树，而过了"社日"之后，补种的树的成活几率又小多了。

《清嘉录》还引《姑苏竹枝词》云：

衣冠稽首祖茔前，盘供山神化楮钱。

欲觅断魂何处去，棠梨花落雨余天。

又引《吴歈》云：

拖尾飘飘挂纸钱，出城都是上坟船。

黄原落叶何曾扫，胜地名花别有缘。

江南水乡多河道，远行以舟楫为主，一到清明，城里的人摇着小船到城外扫墓，场景一定很壮观。

上海也留下不少关于清明上坟扫墓的竹枝词。清同治顾翰《松江竹枝词》：

清明共把祭筵开，寒具青团满案堆。

芳草夕阳归较晚，家家都说上坟来。

清乾隆李行南《申江竹枝词》：

担盒人从上冢回，城西城北纸灰钱。

菜花黄处香风起，掩映春妆兜子来。

作者原注："清明上冢，名'标插'。坟墓多在西北城外。"乾隆时上海人把清明上坟讲作"标插"，现在的沪语中似乎已无此词，"兜子"又叫作"兜"、"兜担"、"兜轿"等名，是一种只有座位而不设轿厢的便轿，实际上就是将躺椅或椅子绑上轿杠的便轿，与四川人讲的"滑竿"是相似的东西。上海的县城很小，城墙的周长仅九华里，所以妇女上坟，只须坐兜子就可以了。

清张春华《沪城岁时衢歌》中讲：

东风绿卷墓门烟，摇曳晴郊五色线。

西北郭前三十里，年年马鬣起新阡。

作者原注："四郊，东滨黄浦，其西、北、南皆冢墓也，可耕者仅十之三四。"自清康熙开放海禁后，上海迅速成为沿海的贸易港，城市人口迅速增长，大量的耕地就成了坟地。

又讲：

江乡令节重三元，春露秋霜慰九原。

听澈莺啼寒食路，草坛风紧腻晴暄。

作者原注：

清明扫墓，必以草坛。其形如瓮，圆方六角，大小不一。出郡城者较小，自南汇来者，最为轻灵。而吾邑所为稍重笨，然能多贮冥锭。蒸火燎原，望见烟起，知其子若孙展墓也，故邑人能仿其式而不忍改。

这里提到的"草坛"又讲作"草甏"，是一种用稻草编制的口和底略小，腰腹圆大的"坛"。以前，中国是"银本位制"国家，白银是货币的本位，是通货；白银价贵，于是又以铜元作为辅币（今中国币制中"圆"或"元"是货币基本单位，而"角"和"分"为辅币单位），白银被浇铸成固定重量、成色、形状后称"元宝"，中国古代有钱庄或票号，但不开展储蓄业务，百姓也不敢把钱放到钱庄里。于是，一些富裕的家庭为防盗，就将现银装入甏里，再把甏埋入地下，这种放钱的坛就叫作"钱坛"、"钱罐"等名。古人认为在俗世的彼岸有一个阴世世界，并认为通过某一种方式可以沟通，其中最简单的方式就是火烧，阳世的东西经火烧后就可以随着袅袅香烟抵达彼岸世界，到了清明节，冥器作坊就制作"草甏"出售，人们又将已折好的纸锭放入草甏中，点上火焚烧，等于给死去的亲人汇上一大笔"现款"。

1909年上海出版的《图画日报》在"营业写真"栏绘有"扎草甏"的画，其配文曰：

松江草甏滴溜圆，扎成多少稻柴圈。

甏中冥锭用火化，据云阴世可以变银元。

二月开场三月至，清明草甏刚上市。

家家扫墓买来烧，不信烧个草甏便算顺孙与孝子。

上海清明烧草甏之风是极盛的，它只是一种风俗，寄托人们对已故祖先亲人的缅怀和纪念，实在没有必要对旧习俗说三道四。

扎草甏和烧草甏旧俗在上世纪30年代逐渐在上海市区已消失，约60年代后，在全市消失，进入80年代后又在郊区的部分地区"死灰复燃"，其中又以南汇近海一带最盛，读者如感兴趣，不妨择清明到南汇踏青，一定可以在近海的公墓附近，见到许多的草甏摊、长锭担。

古人迷信，认为正常死亡的人，只要依据常规安葬，并经僧道作法事超度后即能将死者的灵魂在脱离肉体后魂归彼岸世界，死者在那里安上了户口，可以安居乐业，在适当的时候又能重新投胎、新生。但是，"匹夫匹妇强死，其魂魄犹能凭依于人，以为淫厉。"所谓"厉"就是厉鬼、恶鬼——非正常、自然死亡，或抱怨屈死的人的灵魂是难以或无法回归彼岸世界，回到他本来应该去的地方的，由于没有归宿，这个灵魂就成了"流浪汉"，是孤魂野鬼，就有可能流窜到人间，依附到生人的身上作奸犯科，使人得病，瘟疫流传，社会混乱，而只有建立公共的或国家的祭祀，超度他们，安抚他们，安置他们，才能减轻和消弭厉鬼的危害，所以，在战争纷乱的春秋战国时期，有的人通过战争封侯立爵，升官发财，而更多的士兵在战争中受伤阵亡——这太不公平了。生者可以通过经济补偿的办法给死者的家属以抚恤，而对死者的抚恤，那只能是祭祀。古人认为冤屈而死而又得不到抚恤的灵魂会化成恶鬼——历来报复人类和社会。《左传·成公十年》中讲了一个有趣的故事：晋侯族灭了赵氏家族，赵氏的祖先就化作厉鬼报复晋侯，于是晋侯经常梦见披头散发的厉鬼，捶胸顿足地斥骂道："你残害我的子孙，是个不仁不义的畜生，我已请示了上天，要向你索命。"梦醒后，他就叫桑田巫，巫的圆梦几乎与晋侯所梦一样，于是晋侯向各地征求良医和巫师，都治不了他的病，于是晋侯出重金聘请秦国名医缓，而在缓还没到达时，晋侯又做了一个梦，梦见两个小人在对话——"公梦疾为二竖子，曰：'彼良医也，惧伤我，焉逃之？'其一曰：'居肓之上，膏之下，若我何？'"秦医缓到晋国后，认真查看了晋侯的病情，他告诉晋侯："疾不可为也，在肓之上，膏之下，攻之不可，达之不及，药不至焉，不可为

也。"不久晋侯就死了，而成语"病入膏肓"即出典于此。

祭厉是封建社会的一件大事，在每年固定的日子里要祭祀，到了明朝，祭厉的规模更大、更盛。有一种说法讲，朱元璋登基做了大明的开国皇帝后，经常梦见曾追随他打天下而阵亡的将士向他索讨抚恤，于是朱元璋下令，全国县以上的地方必须建一城隍庙，建一厉坛，乡镇则多立小庙以祭祀阵亡将士。

而江南地区则以为，朱元璋诏告天下，大祭厉坛则出自上海的一个故事。

元末，在上海西郊野鸡墩（今北新泾以西）的地方居住着一位叫钱鹤皋的富翁，他是吴越王钱镠的后裔。当张士诚占据苏州时，他听信张士诚的劝说，"结士诚故将韩复春、施仁济等，招集流亡，得万余人"。元至正十七年（1357年）张士诚降元，做了平江省开府，钱鹤皋也做了行省郎中，当朱元璋消灭元军登基做了皇帝后，钱又与张士诚合力对付朱元璋，不久，钱又被朱元璋大将徐达活捉，并押京师处斩。临刑时，钱鹤皋依然出口大骂朱元璋，并讲，我死之后也定化作厉鬼弄得你全家不太平。钱被斩首后，"血注如喷，顷化为碧"，——他的鲜血喷出来后就变成了绿色。朱元璋相信钱已化作厉鬼危害天下，于是"恐为厉，因令天下设坛，祭鹤皋等无祀鬼魂。"当初朱元璋下令在全国建造城隍庙，其原因之一就是祭元祀鬼魂。钱

是上海人，所以上海城隍庙的"三巡会"最热闹而隆重。

据《同治上海县志》中记：

邑厉坛。旧在县北。明洪武三年建，嘉靖二年知县郑洛书重修。今其地为西人租去。每岁清明、中元、十月朔县䮾城隍神诣坛赈济，权于西门外同仁辅元堂义冢庐舍举行。同治七年，社稷坛既迁，乃以旧基改建厉坛。正屋五楹，东西厢各三楹，外为垣。

上海县的厉坛建于明朱元璋洪武三年，就是朱元璋杀钱鹤皋，怕其化作厉鬼为崇的那年，旧址在上海县城北郊。上海开埠后，厉坛被划进租界，不能再到厉坛赈济了，于是每年的三巡会就暂时借西门外的同仁辅元堂义冢中举行。同治七年（1868年），原来的社稷坛移他处重建，于是人们又在原社稷坛处重建新厉坛，这样，每年的三巡会又在那里举行了。

我们只要查到原来的社稷坛位置就可以知道新厉坛的地点了。《同治上海县志》中是这样讲的：

社稷坛……初在县西南徐家浜，明洪武二年移置县西北。

可见，从明洪武年开始，上海的社稷坛就在上海县城外的西北方向了。《光绪上海县续志》中还有一条记录：

"邑厉坛。在西门外社稷坛旧基。光绪二十六年划入法租界，宣统元年官绅公议变价充改良监狱。每岁三巡，县䮾城隍神诣坛赈济，仍在同仁辅元冢地仁元堂举行。"

光绪二十六年（1900年）前的法租界西界在周泾，即今天的西藏南路，1900年法租界扩张，打铁浜以北以东的地区被划进法租界（当时称"新界"），这条打铁浜后来被填筑为白尔路和白尔部路，也就是今天的：自忠路、顺昌路、太仓路和重庆中路。显然，这个厉坛和位于连云路的"新城隍庙"位置是一致的，笔者手头有一份《光绪上海城厢租界图》，该图的精度虽不高，但其所标出的厉坛位置和今"新城隍庙"位置也是一致的。

有了皇帝的"诏告天下"，有了相应的祭祀和宗教活动场所，就会有相应的祭祀制度和风俗。在阳间，知府、知县是一个府、一个县的最高行政长官，在阴世，府城隍、县城隍就是阴曹地府的地方长官，而城隍庙则是阴曹地府的衙门，所以，各地的祭厉坛活动通常是由地方政府组织的重大祭祀活动，城隍是泥偶，不会开口说话，祭文则由地方官代城隍宣读。

《沪城岁事衢歌》在描述上海"三巡会"时咏：

清明报赛到城关，毂击肩摩拥阓阛。

五里羽仪人静肃，路由岁岁掣红班。

作者有一段注文：

邑厉坛，令宰有举祭之典，每岁于三元节遵行之。县䮾城隍神主坛，俗谓"三巡会"。舆马骈集，旌旆灿然，亘四五里，俨然宪卫也。皂隶中著名者为红班。先一日，举明日所经历揭庙门为路由签，书出入某门，于神前掣之，必由红班编定。

"羽"即飞禽的羽毛，引申义有飞升之义，道士修炼的最高境界就是羽化飞升成为一仙人，所以道士被叫作"羽士"，高道称为"羽客"，而"羽仪"就是道教道场的排场和仪礼，"五里羽仪"就是指巡会的排场首尾相接达五里之长，上海县城墙长仅9里，直径约3里，这"五里羽仪"应该有点夸张，但其规模确实也是够大的。

诗中讲到的"红班"全称"红衣二班"，实际上是城隍庙道教的居士组织，他们自称是城隍的"罪人"，并立志死心塌地为其服务，并以此方式"赎罪"。在道教重大活动中他们身着红衣（表示血衣），故称"红衣二班"，简称"红衣"。与一些城邑的城隍一样，上海城隍的俗身是元末明初的上海人秦裕伯，他逝世后被朱元璋封为上海县城隍正堂。所以，上海城隍庙既是上海秦氏的宗庙，又是上海地方最高的土地庙，所以，上海城隍正堂的像与大多数寺庙里供的"丈二和尚摸不着头脑"的巨像不一样，是一种与真人等高的"衣架像"，即只有头像是木雕或泥塑的，身体只是一个空架子，城隍的后裔或庙里的道士一年四季会给城隍换时令衣裳，而当巡会时，也可以轻易将城隍像抬出庙门，放到专用的轿子上。

明代的上海县下辖高昌、长人、新江三个乡，所以，上海的城隍庙里也相应设立高昌乡司、长人乡司、新江乡司，分管这三个乡的阴曹地府，另外还设一"财帛司"，它相当于阴世的财政局，职掌上海县阴曹地府的税收、财政。巡会开始的前一天，"红班"们要确定巡会的出发时间和途径线路，在途经的地方贴上"路由签"，其暗藏的目的是提醒居民注意，到时夹道相迎。通常，巡会开始时，"红班"将城隍正神及"四司"抬上轿子后，前有鸣锣开道，肃静讳避，中有舆马并集，旌旄灿然的"羽仪"，最后就是追随的人群，队伍沿方浜边上的小路出城门，直赴厉坛，然后由上海知县或知县的代表宣读《祭厉坛文》，礼毕，按指定的路线返回城隍庙。

厉坛被划进法租界后，三巡会仍照旧在厉坛进行，一直到宣统元年（1909年），上海县绅才决定将厉坛地产变卖，所得经费用于改良监狱，于是以后的巡会活动又改到同仁辅元堂义冢中举行了。从宗教意义上讲，厉坛的功能是与城隍庙一样，是超度亡灵的地方，所以，厉坛也是城隍庙的附属机构。当法租界扩张后，并没有立即拆除厉坛，其仍是上海人进行超度亡灵的地方。尤其是1924年中元节城里的城隍庙被大火烧毁后，所有的宗教活动被迫中止，于是，大批的信徒就到原厉坛活动，部分道士也移到那里主持宗教仪式了，厉坛就成了"新城隍庙"。当1927年城里的城隍庙修复后，人们又回到原来的城隍庙。城里原祭祀用猪头一只、鸡一羽、鱼一尾，合称"猪头三牲"，沪音"牲"同"生"，沪语"猪头三"是"猪头三——牲（生）"的藏尾语，喻初来上海、对城市生活不熟悉、很陌生的"阿木林"。图为上海的公祭。

来的城隍庙又被叫作"老城隍庙"。

《沪城岁时衢歌》中又讲：

底事江城里巷嚣，迎神不惮路迢迢。

清明谒墓中元暑，会里偏宜十月朝。

"三巡会"例于清明、中元、十月朔（初一）三次举行，但是，清明节家家户户忙于为自己的祖先扫墓，而七月十五的中元节恰逢盛暑，参加或观看巡会的人也经不起烈日曝晒，祭祀用供品也容易变质，于是，"会里偏宜十月朝"，农历

十月初一的巡会成为"三巡会"中最隆重和最闹猛的巡会。

1924年举行中元巡会时，由于火烛不慎，城隍大殿中的烛台被人推倒，立刻引起失火，整个城隍庙一片火海。事后，以黄金荣、杜月笙、刘鸿生、钱新之等上海闻人和工商界人士成立了"城隍庙董事会"，集资重建城隍庙，城隍庙工程于1927年完工。为防火灾，新的城隍庙建筑已全部改为水泥建筑。

上海的城隍庙今仍为上海宗教开放场所，道教仍希望恢复昔日的三巡会活动，而至于如何恢复，何时恢复，则是一个大问题。

附：

临港新城上午为普通百姓公祭

每年3月的第三个周五定为临港公祭日

本报讯（记者　潘高峰）向生命致敬！今天上午，上海首次为普通百姓举办的大型公祭活动，在南汇临港新城先人纪念广场举行。上午10时，震人

心魄的鼓声缓缓响起。击鼓九通之后，主祭人用高昂的声音诵读祭文，讲述了"遵市大略，建港立城，为民造福，为世千秋"的经过。全场500多名来自上海市区及南汇4镇的干部群众全体肃立，三鞠躬。此时，和平鸽腾空，平安鼓响起。

两年前，南汇区泥城镇、书院镇、万祥镇、芦潮港镇的百姓面临一个艰难的选择——临港新城建设将影响到散落在乡间的祖坟。入土为安是传统观念，"动土"被视为不祥，但为了支持建设，当地百姓们还是同意将祖先坟墓集体迁移。海港陵园为此专门辟出30亩土地作为当地先人纪念广场，建造了全国首座最大的集体节地树葬区，近两万祖坟落户海港陵园。

在临港新城建设中，当地百姓突破传统束缚，两万祖坟化为全国最大的集体节地树葬。为了纪念当地祖先，感谢百姓对新城建设的支持，当地政府在福寿园海港陵园为这些祖先竖起纪念碑，刻上他们的姓名，以示永久的纪念。

两年之后的今天，政府在当地先人纪念广场首建纪念墙，同时举办"临港公祭日向生命致敬——临港新城当地先人纪念广场公祭仪式"，并决定将每年3月的第三个周五定为临港公祭日。这是全国首个为百姓而设的公祭日。

自从清明成为国定假日后，清明节应该怎么过，一直是公众关注的话题。不少学者认为，除了传统的祭扫亲人、踏青游玩外，清明节应在对中国文化传统的继承和发扬上作更多探索。这次临港公祭，保存了传统的祭典主要程序，又注入了富有时代气息的内容，同时对引导百姓错时祭扫、集体祭扫、文明祭扫也起到了示范作用。

（原载2009年3月20日《新民晚报》）

中元节·地官诞辰·盂兰盆会

中国道教尊天官、地官、水官为"三官"，其职能为天官赐福、地官赦罪、水官解厄，并以"三元"配"三官"，即上元正月十五是天官的诞辰，中元七月十五是地官诞辰，下元十月十五是水官诞辰，于是这三个"十五"都成了道教神道节日，要举行各种风俗活动，其中又以七月十五地官诞辰的活动最隆重和热闹，这一天也被叫做"中元节"。唐朝王建《宫词》："看着中元斋日到，自盘金线绣真容"——眼看中元的斋祭日要到了，大家忙着为自己祖先的肖像画上加彩。看来，中元作为重要的祭祀日，在唐代或唐代以前就已经出现了。

记录北宋风俗的主要著作之一的《东京梦华录》，其卷八"中元节"中讲：

中元前一日，则买练叶，（"练"是古代居丧十三月而举行的一种祭奠仪式。《周礼·春官·大祝》："言甸人读祷付练禄，掌国事。"贾公房《疏》："练，谓十三月小祥拜祭。"练叶是一种祭祀用的树叶。）享祀时铺衬桌面；又卖麻谷窠儿，亦是系在桌子脚上，乃告祖先秋成（秋天丰收）之意；又买鸡冠花，谓之"洗手花"，十五日供养祖先素食；才明，即卖穄米饭，巡门叫卖，亦告成意也；又买转明花菜、花油饼、馂馅、沙馅之类，城外有新坟者，即往拜扫。禁中亦出车马诣道者院

谒坟。本院部官给祠部十道，设大会，焚钱山，祭军阵亡殁，设孤魂之道场。

从这段文字中可以知道，北宋的中元祭祀有两种，一种是家庭祭祀，目的是告诉祖先，在祖先的保佑下，今年的收成不错；另一个即由官方组织的"公祭"，祭祀在战争中阵亡的将士。

《东京梦华录·中元节》又讲：

七月十五日，中元节。先数日，市井卖冥器，靴鞋、幞头、帽子、金犀假带、五彩衣服。以纸糊架子盘游出卖。潘楼并州东西瓦子亦如七夕。耍闹处亦卖果食

农历七月半被叫作"鬼市"，各地会举行出会活动，超度无祀的亡灵。

种生花果之类，及印卖《尊胜目连经》。又以竹竿斫成三脚，高三五尺，上织灯窝之状，谓之盂兰盆，挂搭衣服冥钱在上焚之。构肆乐人，自过七夕，便般"目连经救母"杂剧，直至十五日止，观者增倍。

中元节也被叫作"盂兰盆会"，一过了七夕（农历七月七日），汴京城里的乐人就开始搭台演出"目连救母"杂剧，到七月十五演出和观看人数达到了高潮，民间的纸马铺赶印了许多《尊胜目连经》，赶在中元节前出售，在街上，人们又把竹竿斫成三五尺长，用三根竹竿做成一个支架，上面架一只盆状之物，叫做"盂兰盆"。

宋朝高承《事物纪原》中讲：

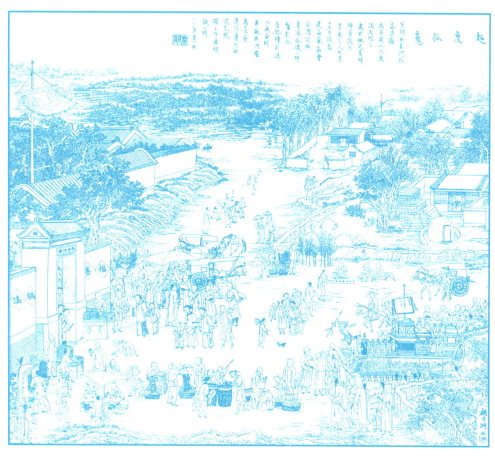

清北京的农历七月十五超度孤魂

今世七月十五日，营僧尼供，谓之"盂兰斋"者。按《盂兰经》曰：目连母亡，生饿鬼中。佛言：须十方僧众之力，至七月十五日具百味五果，以著盆中，供养十方大德。后代广为华饰，乃至割木割竹，极工巧也。今人第以竹为圆架，加其首以荷叶，中贮杂馔。陈目连救母画像，致之祭祀之所。失之远甚矣。

《事物纪原》以为七月十五日的"盂兰盆会"是一佛教节日，佛经《盂兰经》讲：一个叫目连的人的母亲死了，他梦见母亲死后投身于饿煞鬼群中，他想方设法去解救母亲，后来经佛的指点，只要在七月十五日供一只放着"百味五果"的盆，就可以解救母亲于水深火热之中，于是七月十五就成了佛教的节日。莲子是荷花的果实，后人误"连"为"莲"，又以荷叶做盆，盆上设计"目连救母"的画像，这与佛经的本意相差太远了。

清代昆山人顾张思《土风录》对中元节的盂兰盆会考证：

七月十五日寺僧设盂兰盆会。按：宗懔《岁时记胜》引《盂兰盆经》云：目连救母，于是日具百味五果以著盆中供佛。《释氏要揽》云：盂兰，华言解倒悬也。宋本《颜氏家训·经制篇》云：有时供斋及七月半，盂兰盆望于汝也。是六朝时已行之也。

如顾张思的引文没有差错，七月十五的盂兰盆会在南北朝时就已出现了。

宋代陆游的《老学庵笔记》中也有独到的见解：

故都残暑，不过七月中旬，俗以望日（即十五）具素馔享，先织竹作盆盎状，贮纸钱，承以一竹焚之，视盆倒所向以占气候。谓向北则冬寒，向南则冬温，向东、西侧则寒温得中，谓之盂兰盆，盖俚俗老媪辈之言也。

陆游从民间的"老媪辈"那里听到，中元节的"盂兰盆会"是用来占卜当年冬季气候的。

总而言之，中元节的盂兰盆会风俗在北宋已十分盛行，大部分人认为这种风俗始于南北朝，而且与佛教的"救难"有关。但是，我们已无法知道，中元节的道教"设大会，焚钱山，祭军阵亡殁，设孤魂之道场"，与佛教的盂兰盆会哪一个发生得更早一点，究竟是道教影响了佛教，还是佛教影响了道教。

中元节在中国岁事中是一个十分重要的节日，与全国的其他城市一样，上海中元节的活动有道士的"打醮"和和尚的盂兰盆会，刻刊于道光十九年（1839年）的上海人张春华撰《沪城岁事衢歌》中讲：

赛神恰值月澄霄，城市灯红和管箫。

岁岁周泾远绕郭，孟秋十五看青庙。

作者原注：

七月十五日祭赛如清明节。溽夏初过，烈日犹酷，邑神之随从者，大多以夜分为良。郭外绕西北者为周泾庙，必由此进城，谓"看青庙"。

今天的西藏南路便是旧时的周泾，它是上海县城（城墙的位置相当于今中

在经济高度发展的社会里，民间把超度视为信仰，是必须遵循的风俗，而神职的僧道则把其当作职业，是赚钱的手段。

华路和人民路）西城墙外的一条河流。每年七月十五，盛夏刚过，气候仍十分炎热，上海人必定要举行盛大的"赛神"活动，道教把城隍庙里城隍下属的"官员"——高昌乡司和长人乡司（即"邑神之随从者"。上海县下有两个乡，分别是高昌乡和长人乡，高昌乡司和长人乡司相当于两乡在阴曹地府的"乡政府"）的神像抬出来，从南北出城，绕到西城外的周泾庙进城。

上海人秦荣光《上海竹枝词·岁事》中也讲：

盂兰盆会盛中元,水陆莲灯合市喧。

地藏欣开今岁眼,棒香遍地插黄昏。

作者原注:

兰盆会,沪市最盛。闽、广商荐亡,以饭为山,祀毕施丐。月晦大尽,为地藏开眼,遍地插香,俗称"地灯"。

词中讲的"水陆莲灯"是江南中元节很普遍的风俗活动,"水陆"即"水陆道场"之省,"莲灯"可能是《事物纪原》中"加其首以荷叶,中贮杂馔。陈目莲救母画像"的又一次变化,人们在荷叶上插一支小蜡烛,或用纸叠成小船,在小船上插一支小蜡烛,把它们点燃后放入小河或池塘里,用以祭奠无"家"可归的冤魂野鬼,正因为这些冤魂野鬼没有归宿,有可能闯入人间,散布瘟疫。毛泽东诗《送瘟神》"借问瘟君何处往,纸船明烛照天烧",就套用了中元点水灯的风俗。

1930年出版的吴祥翰著《上海小志》中特地写了"广肇山庄醮事"和"药业公所醮事":

广肇山庄醮事

社会旧俗,无论大小各业,每年必于七月间举行盂兰盆会,俗称"打醮"。或

上海的广肇山庄。旧址在今上海火车站一带。今天目西河旧名广肇河,即以该山庄得名。

延僧人，或雇道流，少则一日，多则三日，诵经礼忏，并作种种法事，有公所或会馆者即在公所会馆中举行。寓沪之广帮客商，每年七月十四、十五、十六三日必在新闸路广肇山庄内大建此会，遍处悬灯结彩，而陈设之古玩珍品、名人书画，尤极繁复，并有粤中名手巧制之活动人物灯彩，栩栩如生，以资缀点。亦必务极奢华，一会之费，动辄万金，届时不特百粤衣冠，座中必集，而吴娃楚艳，亦莫不宝马香车，络绎而至，流连至东方既白，始行返旆言旋，如是者三日夜，顾极一时之盛。当道恐发生事端，故必派勇协同该山庄丁役分头巡缉，以免滋扰。嗣该处圈入租界，迁在今址，而此热闹之盛会亦不复举行矣。

药业公所醮事

当时药业中人借醮事以举行赛灯会，流行于南市一带，其盛况亦有可得言者。盖醮事临了之夕，各业中人例必提灯游行，随以锣鼓，后复异以无数纸锭，沿途焚化，云以赈济乏祀孤魂，而药业则于此夕更兴高采烈，踵事增华。沪上药业共有数十家，每家必有一起，每一起中间必有龙舟台阁、奇灯异彩，靡不夸富斗丽，各逞奇巧，如是者长及数里，所经之处观者塞途，亦一时之盛会也。李越缦云此亦足助太平之观。

吴祥翰作为中国民俗学家，对像上海这样的大都市里仍盛行这种充斥封建迷信色彩的风俗活动，有自己独到的见解，在今天看来，其评判还是有它的合理性和积极的一面，不妨抄录如下：

按迎神赛会，或斥之为迷信，不知"神权"二字此中亦有绝大之神秘作用，足以济政治法律之穷，且时代如果太平，人民亦尚殷富，此等事提倡固非政体，干涉亦杀风景，一任社会自生自灭可也。顾炎武云：蚩蚩之氓，其畏王铁不如其畏鬼责，唯明明棐常、鳏寡无盖，则王政行于上而人自不复有求于神，故曰："有道之世，其鬼不神。"且方俗所重，虽雷霆万钧之力不能止之，其势当罢，亦莫能复之。民俗大抵如此，君子治民在无生事，无效之条教号令徒贻笑而长奸，甚无谓也。

中国中元节的"盂兰盆会"风俗在宋代随佛教传入日本，今天，盂兰盆节在京都一带仍为庆祝丰收、祈祷吉祥的重要风俗节日。而在中国，恐除年岁已长者外，知道盂兰盆会曾是中国中元节重要风俗的人，也许已经不多了。

羹饭为鬼食

在现在的丧仪中，当亲朋好友在出席追悼会，即将离开会场时，丧家就会将3粒成串或装袋的糖果，以及一小包云片糕塞到他们的手中，人们认为丧事是凶事，殡仪馆或火葬场也是不吉之地，馈赠几粒糖果和一包糕点，无非就是祈愿和保佑亲朋好友以后的生活如糖果那样地"甜甜蜜蜜"，而"糕"音谐"高"，祝愿人们"高寿高兴"。一般性的同事、朋友在参加追悼会后就离开，不少人会到热闹而又繁忙的商场兜一圈，目的就是借助人气消除从火葬场带来的"煞气"；而与丧家关系密切的亲戚朋友会留下来，或随车先到丧家家中，或直接上饭店，因为有一场丧家代表亡故的亲人酬客的"豆腐饭"在等待大家享用。而随车到丧家家中去的人，那里已经备好用红糖或加红枣煮的糖茶招待客人。实际上，许多地区都流传这样的风俗。

以糖粥祭神、驱邪的风俗古已有之。据《玉烛宝典》、《金谷园记》等古籍中：帝高阳氏的儿子活着的时候就喜欢吃粥，穿破衣衫，人们叫他"穷子"，有点类似于上世纪50年代后中国人的"穷光荣"思想。他的忌日是"正月晦日"（即正月底），这一天人们就要烧粥，焚烧破旧衣服来祭祀他，还沿街不断高呼："送穷！送穷！"于是这一天就被叫作"送穷日"。唐代大文豪韩愈的《送穷文》是留存至今的"送穷"范文。该文在序中讲，该文写于"元和六年正月乙丑"，可见"送穷日"是在正月，韩愈所送之"穷"共五种，它们是：智穷、学穷、文穷、命穷、交穷。韩大师的《送穷文》源于社会生活风俗的——送穷，但其境界远远高于风俗的本来意义。

韩愈的《送穷文》中还讲："主人使奴星结柳作车，缚草为船，载糗舆帐，三揖穷鬼而告之。"送穷已不再是煮粥烧衣，高呼"送穷"，而是用柳条做成车辆，用草扎成航船，用栀车，草船装载干粮，再"三揖穷鬼而告之"。这种风俗似乎与后来丧仪中的"纸扎"有密切的关系（关于"纸扎"在以前的文章中有专门介绍）。

南北朝人写的《荆楚岁时记》是记录长江中游地区岁时风俗的著作，其中讲："冬至日，量日影，作赤豆粥以禳疫。"据隋朝杜公瞻注："共工氏有不才子，以冬至日死，为疫鬼，畏赤小豆，故冬至日作赤豆粥以禳之。"我们实在没有必要太相信如帝高阳氏之子，共工氏有不才子之类的原始神怪故事，不过，用豆粥之类的食物来祭祀亡灵确实古已有之，而且是十分风行的风俗。

我的老家是福建沿海的农村，以前这里交通落后，经济很不发达，所以保留了许多古老的风俗习惯。1971年，我们扶祖母之灵柩（实际上是骨灰盒）回家乡下葬，就经历了一场使我辈"上海人"感到十分复杂而又古怪的葬礼，其中，凡是参加墓穴建造的族人，返回村庄后一定有大锅大桶的糖粥招待，殡仪那天，出殡归来者也必须到我家喝上糖粥，而乡人就称这种粥为"豆粥"，据说这是为了防止"棺材煞"的侵犯。明末清初上海人姚廷遴著日记体自传《历年记》中记：明崇祯十三年（1640年），其父亲亡故，"先做功德三日，开丧两日，排五糖饭执事。"这"五糖饭"显然就是丧仪中的"豆粥"。

解放后，迅速增长的城市人口使上海人的住房越来越紧张，遇丧事，一般在殡仪馆举行殡仪，然后直接赴饭店吃"豆腐饭"，糖粥是没得煮和没得吃了，于是只能以携带、分发方便的糖果替代，部分丧仪，在殡仪与"豆腐饭"之间还有一段空余的时间，一些人在殡仪结束后会随丧家之车返回主人家，此时，大多数主人家会备有"糖水"供客人饮用，这"糖水"应该就是古代"豆粥"之变吧。

古代，做孝子是一件要求很苛刻的事。《礼记·檀弓上》中讲：

曾子谓子思曰："伋，吾执亲之丧也，水浆不入于口者七日。"子思曰："先王之制礼也，过之者俯而就之，不至焉者，跂而及之。故君子之执亲之丧也，水浆不入于口者三日，杖而后能起。"

曾子对孔伋说："我做孝子时，七天滴水不入口。"孔伋回答说："关于先王制定的礼仪制度，如果标准定得太高了，可以降低一点标准再执行，如果标准定得太低了，那可以提高一点标准执行，所以，你以先王制定得太高的标准，做孝子的七天内不吃饭、不饮水，那实在没有必要，也不一定符合先王制礼的原则，做孝子只要三日不饮不食，而且必须借助杖能行走才对。"曾子本想借此来证明自己不但是一个孝子，而且是执

行先王礼制的"标兵"，想不到反被更讲礼制，而且能"活学活用"的孔伋触了一鼻头灰。引用这个故事只是想说明，古代丧礼中并没有大吃大喝的行为。《檀弓上》中还讲：

邻有丧，春不相，里有殡，不巷歌。

春即春米，会发出响声，如邻居家有丧事，为了表示对死者的哀悼和邻居的吊唁，不要无端发出太重的响声；而如遇村庄里有人家出殡，作为乡里，也不应大声喧哗。

我查阅了《礼记》、《仪礼》一直到《大清通礼》中关于丧礼的资料，确实没找到有丧事开始到出殡结束有"吃豆腐饭"的风俗或制度，倒是在"三月卒哭"之后，才有酬谢亲朋好友的规定，说：

祔祭于卒哭之明日行之。奉神主配食于祖先，礼毕，复于灵座。祭毕，内外举馂，丧主、主妇不与；护丧者代丧主为书，使人遍谢来宾吊赙者。

"祔祭"就是把神主拿到神庙或祠堂里，依附到祖先的牌位里一起祭祀。祔祭规定在"卒哭"（相当于"百日"，见相关章节）的次日进行，奉牌位到祠堂里与祖先一起祭祀，结束后再将牌位奉还到原来的牌位基座上。祭祀结束后，除了丧主和主妇外，大家开始分享祭祀的食品，而有专人代表丧主和主妇，向在丧仪中前来吊唁和赠送礼物的宾客至谢。看来，丧仪中有吃豆腐饭的，但那得等到死人断气的百日之后。

古代有"刑不上大夫，礼不下庶人"之说，古代的礼制是为士大夫以上的阶层群体制定的，许多贫穷的百姓根本无法参照礼制生活，制度也规定庶民不必遵守那些繁复的礼制，古代，天子七月后葬，卿大夫五月而葬，士三月后葬，三月之后就是"卒哭"之期，所以士以上的人三月后出殡，结束就可以吃豆腐饭了；而庶民在人死后不久就出殡了，一般百姓之家就在出殡结束后安排豆腐饭，酬谢前来吊唁、送殡的亲朋好友。

豆腐饭本无对食品有何规定，也许是受了佛教的影响，豆腐饭以素食为主，其中必备的是一海碗豆腐羹，所以有的地方又叫作"豆腐羹饭"，也称为"羹饭"。

在铁器大量使用之前，中国使用的炊具主要是陶器。陶器干烧很容易爆裂，所以，早期中国的食品以糊状的羹食为主，如汉楚之争时，项羽扣压了刘邦的父亲，并威胁道：你刘邦如不妥协，就将你父亲杀掉煮了吃。刘邦是绝对的混蛋，回答说：好呀，不过你不要忘了分我一杯羹。古代，稻米一般被熬成粥吃，也就是羹，祭奠死者或亡灵的饭食就是"羹饭"，如《水浒传》中，武松回到家里，得知哥哥武大郎已经死了，"武松叫士兵去安排羹饭。武松就灵床前，点起灯烛，铺设酒肴。"这里的"羹饭"就是祭奠死者的饭菜。

古代没有冰箱，所以当祭祀结束后，就必须将祭祀的食品吃掉，上面引文中讲的"祭毕，内外举馂"，《说文解字》："馂，食之余也。"这个"馂"就是吃剩下来的食品。《礼记·曲礼上》："馂余不祭。"朱熹注："馂余之物，不可以祭先祖。"当祭祀结束后，虽然所祭食品纹丝未动，但也算是先祖吃过了，也是"馂"，所以活人分享祭祀食品也讲作"馂"。看来，中国丧礼中"羹饭"也由来已久。因为这些食品是生人供奉给死者的，而死者享用后，又回敬给前来吊唁的宾客，当作是死者对宾客的酬谢。于是乎，送殡者理所当然要吃这一顿饭，尤其是酒过三巡后，送殡时的哭丧早已被忘得干干净净，许多地方的豆腐饭比吃喜酒还要闹猛。

羹饭也用于祭祀无主亡灵，冤魂野鬼。古人迷信，当人生病而找不到病因时，就误以为是被恶鬼缠身所致，于是请道士写一"路引"在住宅相近的路口摆上羹饭，目的是贿赂鬼神，放弃对病人的迫害，当鬼魂离开病人后，病自然也就好了。1910年《图画日报·上海社会现象》中就绘有"病家送羹饭之迷信"一画，配画文说：

沪俗有等无意识之人，倘遇家人疾病，并不延医调治，唯酷信巫觋之言，谓有阴人或阴兵、野鬼等求食作祟，于是祀以酒醴，焚以纸钱，及草船、芦筷、冥衣、冥箱等物，送诸远方，谚语谓之"送羹饭"。相沿已久。近虽世界日进文明，而此风卒未革绝，抑知徒耗金钱，实与病者无益。

上海是一个大城市，多的是流民瘪三，于是，病家刚将羹饭摆好，鬼魂未享，就被"赤佬"（沪语：指鬼或流民，义与瘪三近）捷足先登，哄抢而食之，于是沪语有"抢羹饭"一词，可以理解为与鬼争食、饥不择食，或争食时难看的吃相。

作者还自拟了一"路引"（路引在相关篇章中有专文介绍），颇好白相，抄录如下：

大力鬼王，为给发路引事。照得自阮瞻作《无鬼论》而我辈鬼族几共入于无何有之乡。乃近有东方病夫领崇鬼国，于是

我辈复生，气焰乃炽。今据该病夫恳祈前来，知鬼犹求食，既以牲醴酬献，并愿约奉衣服冥资等物，求请发给路引，俾得尔辈远去他方。为此准词。合急发给路引一道。尔辈执此，无论男鬼女鬼老鬼小鬼新鬼故鬼冤鬼怨鬼强鬼恶鬼色鬼赌鬼酒鬼烟鬼冒失鬼促狭鬼替死鬼讨命鬼溜打鬼浪荡鬼等种种鬼魂，俱宜各归鬼穴、返鬼巢，与尔鬼夫鬼妇鬼子鬼孙，迷鬼混，打鬼掤（打掤系沪语俗语，即寻开心、开玩笑的意思）、说鬼话；鬼作乐、鬼开心，勿得再在阳世弄鬼。致千鬼谴所，过一切鬼途、鬼谷、鬼门关、鬼弄堂，一律凭此路引放行，须致路引者。

右给发送一切鬼魂准此。

这种"送羹饭"的风俗与一千多年前韩愈《送穷文》中所讲的"主人使奴星结柳为车，缚草为船，载糗舆粮，三揖穷鬼而告之"的"送穷"风俗太像了。由此，我们可以深信，在落后的农耕年代，一种风俗被延续千年而不变是完全可能的。

【第四章】

丧具的源起与发展

丧具是丧事、丧仪中必须具备的器具，以及相关的器物。在孔子以前，殡葬中只做地下的坟，没有地上标识的墓，丧具的起源与发展，在丧仪中又有何意义，与今天的丧具有了什么样的发展与变化非常值得探讨。

丧具就是丧事、丧仪中必须具备的器具，以及相关的器物。孔夫子讲："古者，墓而不坟"，也就是讲，在孔子以前，殡葬中只做地下的，用于埋葬尸体的墓，而没有位于地上，用以做墓之标识的坟，理所当然，有墓在先而做坟在后，那么，中国有"坟"又始于何时，又是怎么发生的。这些都是值得研究的课题。

坟是墓的标识，是墓的装饰，既然是装饰，于是又有了坟的形式、规制，以及附带的附件，如埋于地下的墓志，位于地上的墓碑，它们又发生于墓、坟之后，它们又是怎么出现而又是如何发展，在丧仪或丧事中又有何意义，这也是很值得研究的。

古文字中"草"写作 ψ 或 ψψ，像草生长的样子，后来被写作屮或艸，现代出版的许多大型汉语字典中"草字头"要索6笔的艸。"葬"字古文写作，即艸中间一个"死"字。《说文解字》：

葬，臧也。从死在艸中。一、其中所以荐之。《易》曰："古者葬，厚衣之以薪。""葬"就是把死人用许多草藏起来的意思，《周易》讲：古代的葬法，就是用许多

的柴草把尸体裹起来。看来，原始的葬法是不用棺木的，而是用柴草裹尸再埋入地下，不过，从近代以后发掘的许多古墓葬来看，早期的墓葬中确实是没有棺木的，但是也不见有用柴草裹尸体的痕迹，所以可以设想，古代的葬法是：当人死了之后，人们为了不让尸体暴露于外，先用柴草将尸体包裹起来，当真正入土时，就只有尸体入土，这样就解释通了。

《说文解字》中释："莫"写作，释文是："莫，日且冥也。从日在艸中。"当夕阳西下，太阳慢慢地落到地平线之下，生活在黄土高原的人就会感到，太阳在草原中消失了，于是"莫"就是天快黑了的意思。《礼记·间传》：

故父母之丧。既殡食粥，朝一溢米，莫一溢米；齐衰之丧，流食水饮，不食菜果；大功之丧，不食醯酱，小功、缌麻，不饮醴酒。此哀之发于饮食者也。

文中的"莫"即黄昏的意思，"溢"是一升的二十四分之一相当于今20克。当父母的棺木暂厝之后，做子女的才能喝一点粥，但又不能吃得太多，只能早上吃一溢，黄昏吃一溢。古代的孝子确实是很艰难做的。

"莫"字后来被改为他用，于是人们又造了一个"暮"字，指黄昏的那段时间，而在人的年龄上，暮又指暮年，即老年人。中国长期实行土葬，人死后入土为安。于是，"墓"即指埋葬死人的穴。

"坟"的繁体为"墳"，它也是兼会意和形声为一体的字。《周易·贲卦》："白贲，无咎。"王弼注："以白为饰而无患忧。"《尚书·汤诰》："天命弗僭，贲若草木。"孔传："贲，饰也。"清段玉裁《说文解字注》：

贲，饰也。《易·象传》曰："山下有火，贲。"《序卦传》："贲，饰也。"

"贲"的本义就是装饰、修饰。如古代的勇士叫作"虎贲"，它的原义是指戴着虎形面具或身上以虎形图案装饰的战士，他们是古代的御林军，当然是勇士。而"坟"则是地面上的装饰物，用来标识墓的。所以，"坟墓"是由"坟"和"墓"的组词，如将"坟"和"墓"单独使用，二者是有区分的——坟是指坟墓的地上部分，而墓是指坟墓的地下部分。

在生产力低下的原始社会，"衣食蔽体果腹而已"，衣服最重要的功能是遮掩身体，食品只是一种填饱肚子的东西，而当生产力达到一定的水平后，衣服的功能除了"蔽体"之外，它的另一个重要功能就是装饰，同样，食品也不单纯是为了填饱肚皮，还是供人享受的"美食"。同样，建筑物也是如此，原始的建筑肯定是以功能，即遮风挡雨，供人居住、是第一位的，而非功能性的建筑的装饰是其次的。所以，在古代的殡葬中，埋葬尸体的墓是最重要的，而作为墓的装饰或标识功能的——坟，是次要的。

《礼记·檀弓》中有这样一段叙述：

孔子既得合葬于防。曰："吾闻之，古也墓而不坟，今丘也东西南北人，不可以弗识也。"于是封之崇四尺。孔子先反，门人后，雨甚。至。孔子问焉，曰："尔来何迟也？"曰："防墓崩。"孔子不应三，孔子泫然流涕曰："吾闻之，古不修墓。"

孔子的父亲去世后葬在防那个地方，当孔子的母亲去世后，他就将母亲合葬在父亲的墓里。孔子是一位很守旧的人，但他仍感慨地讲："我知道古代的人只做墓而不做坟的，可是，我孔丘是一个闯荡天下的人，如果我不在父母的墓上做坟以为标识，也许我以后就找不到父母的墓的位置。"于是，他就在父母的墓上修建了四尺高的坟。做完坟后孔子就先回家了，他的门人却过了很久才回来，而当时的雨又下得很大，孔子就问："你怎么这么久才回来？"门人回答："你父母在防的墓出现了崩溃现象，我在那里修墓呀！"孔子听后不作声，过了很长一段时间后就痛哭流涕地讲："我听说，古代的人是从来不修墓的。"

《周易·系辞下》：

古之葬者，厚衣之以薪，葬之中野，不封不树，丧期无数，后世圣人易之以棺椁。

看来，商朝，甚至到了西周的早期，当时的殡葬习俗中是只做墓而不修坟的。最初可能就是生产力低下的原因，因为做坟要花去许多的财力和人力，到了后来就成了一种习俗和制度。

《礼记·檀弓》中又讲：

葬也者，藏也。藏也者，欲人之弗得见也。是故衣足以饰身，棺周于衣，椁周于棺，土周于椁，反壤树之哉。

这段话的大意是：葬就是藏的意思，而藏的目的就是使人看不见，找不着；所以埋葬的基本要素就是——先给死人穿上得体合适的衣服。再把死人放进棺材里，这个棺材正好能容得下这个人，再把棺材放进一个椁（今俗称"外棺"）里，然后放到事先挖好的墓穴里，再回填泥土后在上面种上树，整个殡葬活动就结束了。我们知道，历史上的商纣王是一个十分残暴而又糜费的暴君，到了商王朝的中后期，生产力已经发展到相应的水平，纣王过着以酒为池、以肉为林的极度挥霍的生活。然而从留下的古籍中确实找不到商朝帝王大兴土木，营建陵寝的记录，也几乎没有后人盗挖商朝帝王陵墓的记录。直到19世纪末，人们才在今河南安阳发现了商朝遗址——殷墟，这也许就是因为商朝殡葬习俗——墓而不坟的缘故。

中国的宗法制度的一大特征就是一支宗族长期定居在一个地方，通常宗族有自己的祖茔，死去的族人统一埋葬在自己的祖茔里，人们不必担心找不到祖宗的墓，而孔夫子是一位云游天下的学者，他的父亲死后也只有墓而没有坟，当他为父母合葬后，他担心当他几年后从外地回家乡而找不到自己父母的合葬墓，就违礼地在墓上做了坟。也许，孔子并不是最早为父母的墓上做坟的人，但是，孔子是一位圣人，他的一举一动，一言一行均被后人仿效，于是，从此以后，坟和墓成为配套的"坟墓"而蔚然成风。

荀子（约公元前313—238）是战国时代的伟大思想家和文学家，政治上主张尊王道，举贤能，比较重视民心的倾向，在殡葬中提倡"简葬"。《荀子》中有一名言——"葬田不妨田"，后人理解为"所葬之田，不妨农耕也。"古代殡葬只做地下的墓而不做地上的坟，不会影响农耕，而当荀子提出"葬田不妨田"时，说明当时由于地面上的坟太多而侵占了耕田。大概在荀子的年代，墓上做坟已经是一种广为流行的风俗了。

《礼记·檀弓上》：

孔子之丧。有自燕来观者，舍于子夏氏。子夏曰："圣人之葬人，与人之葬圣人也，子何观焉！昔者夫子言之曰：'吾见封之若堂者，见若坊者矣，见若覆夏屋者矣，见若斧者矣。从若斧者焉，马鬣封之谓也。今一日而三斩板而已封，尚行夫子之志乎哉！"

孔夫子葬礼后，有些燕国的人打老远赶来观瞻孔子的坟墓，子夏接待了他们，并对他们讲：孔圣人帮他人办葬礼和今日我们帮孔子办葬礼是一样的，这有什么可值得观瞻的！以前孔子曾讲过："我见过的坟大致上有四种，一种四方形而高，很像建筑的四方形；一种南北略长，东西略窄，下大上平像河堤；一种很像房子的屋顶，还有一种上面很薄，基础较宽大而像一把斧头。以后，你们给我做坟墓时，只要参照像斧刀的那种做，而且还可以做得简单一点，能像马鬣那样就可以了。"所以孔子的坟做得很简单，坟是用板筑的（板筑是建筑术语，就是在筑墙时，先用木板围成外墙面，向木板里填土、夯实后将木板拆掉），一天之内换了三次板，坟就做好了。但是还不知是否符合孔子的想法。

看来，孔子时代的坟很多，但形制大致上分四种，而且都是以方的为主。《周礼》虽然被后人确定是王莽为篡政而伪编的古书，但是该书依然保留了许多先秦的典章故事，仍不失为研究先秦典章礼制的重要著作。《周礼·冢人》引《春秋纬》说：

天主坟高三仞，诸侯半之，大夫八尺，士四尺，庶人无坟。

后人关于"一仞"等于几尺的说法很不统一，《汉书·食货志》："有石城十仞。"唐颜师古注："应劭曰：'仞，五尺六寸也。'师古曰：'此说非也，八尺曰仞，取人申臂之一寻也。'""仞"相当于一个人双臂展开的长度，实际上，人双臂展开的长度大致上相当于这个人的高度。古代黄河流域的汉民身高大致在1.70米左右，那么"三仞"大致上相当于现在的5公尺。天主的坟高5米，诸侯"半之"，就是2.5米，大夫"八尺"，应该是一仞，

即1.70米，士四尺则相当于80厘米。而老百姓只能做墓，连修坟的资格也没有。

古代，坟墓还有许多不同的称谓，下面结合坟墓的不同称谓来解释坟墓。

《管子·侈靡》：

巨瘗培所以使民贫也，美垄墓所以文明也。

《战国策·齐策四》：

有敢去柳下季垄五十步而樵采者，死不赦。

"瘗"的本义是埋，音 yì，今镇江的焦石是长江上的一个礁岛，在礁岛的崖上有被叫作"瘗鹤铭"的摩崖石刻，署名"华阳真逸"撰，是中国最早的大字摩崖石刻。《瘗鹤铭》就是作者为埋葬饲养多年的鹤所写的文章。后来瘗也指坟墓，如《后汉书·独行传·范式》："时式出行适还，省书见瘗，怆然感之，向坟揖哭，以为友死。"又如，《搜神记》卷十五："我死当复生，埋我，以竹杖柱于瘗上，若杖折，掘出我。"《搜神记》虽然是一本"子不语"的小说集，但是它是保存至今为数不多的晋朝著作，著作中的一些故事被后人广为引用，谎话被讲了一千遍也变成了真理，后来许多地方的丧俗中，死者的直系亲属的下一代在出殡时必须手持一根竹杖，叫作"哭丧棍"（我老家仍称"竹杖"），到坟地后插入死者坟墓的四周。旧时出殡一般选在清明前举行，不少竹杖入土后会存活，使墓地成为一小竹林。《二十年目睹之怪现状》八四回：

"言夫人忽发奇想,叫人到冥器店里定做了一百根哭丧棒。"我老家直到今天,出殡时仍有孝子持竹杖的风俗,这种竹杖一般为新竹,被斩成一尺长短,形状与上海水果店出售的被斩断后扎成捆的甘蔗很像,所以,乡人到上海后感到很不理解,上海人怎么新年时走访亲属,会以丧事中的"哭丧棍"当礼品送人。

"培"同"窖",指在地下挖的用于储藏东西的洞穴。但是,古代"窖"多用于洞穴,而"培"多指墓穴,于省吾在注《管子》时说:"近世之发现商周古墓,多于地下架木为室,'巨瘗培'者,谓增大其瘗埋之地室也。"这一分析是很有见地的。

战国时代,建坟之风颇盛,坟墓也形成相应的规制,"垄"同"垅",原来指耕地四周略高于土地的丘,既用以分割地块,也用于保护耕地内水分不流失。古代在做坟墓时,墓地大多选择在平缓的山坡上。为了防止雨季山水下冲而损坏坟墓,通常会在坟的上面围一环状的垄,既可以防雨水冲刷,又可以确定墓区的范围,现在中国南方的墓大多有环坟而建的垄。《管子》这段话的意思是——大兴土木兴建地下的墓是一件劳民伤财的事,而用那些钱去为帝王或立有战功的臣子兴建地上的坟,就可以起到宣传他们丰功伟绩,教育后人的作用。

坟墓又叫作"夜台"或"长夜台"。昭明太子《文选·陆机〈挽歌诗三首〉》之一:"按辔遵长薄,送子长夜台",这是陆机中年丧子写的一首挽歌;李白《哭宣城善酿纪叟》:"夜台无晓日,沽酒与何人。"李白喜饮酒,当他得知他经常去沽酒的老头儿死了,就写下了这首诗。李周翰注:"坟墓一闭,无复见明,故云'长夜台'。"

古代,帝王的墓地称为陵寝、陵墓、陵园等,规模很大,而老百姓的坟仅是用土垒起来的"小山",形状与馒头相似,于是被叫作"土馒头"。唐人王梵志《城外土馒头》诗:

城外土馒头,馅草在城里。

一人吃一个,莫嫌没滋味。

这首"打油诗"写得生动有趣,古代的坟墓大多建在城外,一只只像馒头那样放在那里,而城里的人就是这些"土馒头"的肉馅,死了以后就被葬到"土馒头"里。

范成大《重九日行营寿藏之地》诗中有:

纵有千年铁门限,终须一个土馒头。

一个人生前再辉煌,最终仍免不了葬入坟墓,此诗句后被《红楼梦》引用,成为名言、名句。

而上海人则把墓地叫作"坟山",单只的坟讲作"山"或"文墩头"。《清代日记汇抄》收录了一些上海人或路过上海的人的日记,其中上海人姚廷遴的《历年记》所记始于明崇祯元年迄清康熙三十六年(1628—1697),几十处记录他家建坟、扫墓,其中如:

纵有千年铁门限，终须一个土馒头。

余同母亲避难在黄窑（又作黄姚，在今上海市宝山区的长江边，据说有黄姓和姚姓人居住而得名，该地已被长江水冲塌，已不存在）湾之西，外祖家坟山山，山在镇北六七里之地，周围多大河及危桥僻路，料兵马难至。

上海是一马平川，除在离上海县城百里之外的松江、青浦有几座高仅几十米的小山外，生活在上海的古人根本看不到山，而那个"土馒头"又确实像一座小山，

于是被叫作"坟山"。连近代侨民在上海建的公墓，侨民的墓多为十字架，没有"山"，但上海所有的侨民公墓也一律被叫作"外国坟山"。

坟只是一个小土墩，于是上海人又把坟讲作"坟墩头"。以前，上海浦东的路名不少是以山东省的行政地名命名的，其中就有一条以山东文登命名的"文登路"，而这条"文登路"用上海方言念，与"坟墩头"的发音很接近，居住在"文登路"

的人总感到自己住在"坟墩头"。1994年在拓宽延长"文登路"时，经有关部门批准，这条"文登路"就改名为"东方路"了。

盖棺论定说——棺椁

人类从摆脱"野蛮时代"到步入"文明时代"经历了一个漫长的历史时期。此时，生产力依然低下，所以对尸体的处理还只能采取简单的掩埋方式。孔夫子讲"古者墓而不坟"是很有见解的，因为，当时的人类还没有足够的财力和能力去做"非功能性的装饰"。不过，孔夫子也不一定知道，人类是什么时候开始在墓的上面再做坟的。

《周易·系辞下》：

古之葬者，厚衣之以薪，葬之中野，不封不树，丧期无数。后世圣人易之以棺椁。

把这段文字译成白话——古代的殡葬，用柴草层层地盖到尸体上，把尸体掩埋到离村宅不远的荒野，上面既不堆土，也不植树，人们也不规定守丧的日期。到了后来，圣人才改变了原来的殡葬方法，开始使用棺材。从西方人的社会调查和人类学研究，以及许多纪录片中依然还能看到，现在某些原始部落仍保留着这种殡葬习惯和风俗，部落中的人死后，人们就为他挖一个墓穴，铺上厚厚的树枝和柴草，把尸体放入墓穴后，再盖上柴草，再回土掩埋。现在欧美的丧礼中，亲朋好友到墓地与死者告别后，即将手持的鲜花抛入墓穴中，然后回土掩埋。从现代关于社会学的研究中就有这样的结论，即不同地区和不同种族的原始民会有许多相同或相似的风俗。不过，《周易·系辞》也没有表明，这"后世圣人易之以棺椁"中的"圣人"是哪一个年代的哪一位"圣人"。即使到了今天，我国的考古工作者已经发掘到数以千计的先秦古墓，但是仍无法知道，中国殡葬中使用棺木始于何时。

《庄子·人间世》中有这样一段话：

把灵柩运出家门，寄存到外面合适的地方，等待出殡叫作"暂厝"

宋有荆氏者，宜楸、柏、桑，其拱把而上者，求狙猴之杙者斩之；三围四围，求高名之丽者斩之；七围八围，贵人富商之家求樿傍者斩之。此材之患也。

文中的"拱"是指人两手掌相合，"围"则指人两手臂合抱的圆周或直径。这段文章的大意讲——宋国有一荆氏家族，以种树为业，当树长到一碗口粗时，就被养猴子的人买去做拴猴子用的木桩；而长到三四围的树，就被有钱人买去盖房子、做家具，最大的树又被贵人富商们买去做"樿傍"。这"樿傍"实际上就是一种棺材。成玄英流《庄子》：

樿傍，棺材也。亦言：棺之全一边而不两合者谓之樿傍。

后世常见的棺材是用巨木锯成板材后加工制作的，是一只足以容纳一具尸体的长方形"箱子"，上下、左右、前后由六块板拼成，所以棺材在一些地方被叫作"六块板"，如小说《文明地狱》："可以说是电闸失灵，是事故。大不了破费几个钱儿，买一副六块板呗。"江南民间也有一个说法，棺材的盖板可以脱下的，殓尸时盖上后用"棺材钉"钉死，固定的棺材板是底板和左右三块长板，前后各一块短板，成语以"三长二短"喻遭遇不幸，这"三长二短"即出自棺材的三块长板和两块短板——此只是民间的一种说法，读者不必当真。而古代的"樿傍"就是用一种特别粗大的树木镂空它的树心做成的"全一边而不两合者"，就是没有拼接的棺材，这种方式似乎与古人"独木舟"的做法很像，也许，它就是从"独木舟"演变过来的。

刘向《说苑·反质》：

昔尧之葬者，空木为椟，葛藟为缄。

尧是上古时代的圣人，后人尊他为"三皇五帝"之一，而他实际上只是传说中的一位介于父系氏族社会向阶级社会转变过程中的大部落酋长。所谓"空木为椟，葛藟为缄"就是掏空树心做成箱子，用麻布捆扎尸体。《周易·系辞》中讲的"后世圣人易之以棺椁"，也许此"圣人"就是尧。

在很早以前人们就发现福建的武夷山地区的悬崖的山洞里有许多已殓尸的棺材，有的还在悬崖上打木桩，将棺材搁在木桩上，称之"悬棺"。后来，又在广西、贵州、湖北的山区也发现大量古人留下的"悬棺"，其中不少悬棺的棺材就是"空木为椟"。但是，现代的研究人员把过多的精力放在研究在原始的条件下古人是怎么把棺木运到悬崖上的，很少人注意到"悬棺"中的"樿傍"。

古人相信"灵魂"的存在，只要灵魂返回到躯体上，死去的人就可以复活，于是在殡葬中也十分注意尸体的防腐和保护。如阿拉伯民族将尸体进行处理后做成"木乃伊"，事实证明，木乃依可以保存千年而不腐烂。而中国的古人则注重对尸体的密封而防止尸体腐烂，显然，靠单只的"樿傍"或棺材是达不到这种目的的。于是，有条件的君主、诸侯、贵族们就开始使用套棺，就是在小棺材的外面再套大棺材。《礼记·表大记》中讲：

> 君大棺八寸，属六寸，椑四寸；上大夫大棺八寸，属六寸；下大夫大棺六寸，属四寸；士棺六寸。

陈澔注：

> 君，国君也。大棺最在外，属在大棺之内，椑又在属之内。是国君之棺三重也。寸数以厚薄而言。

中国殡葬中有棺材的历史大概始于尧的时代，以后逐渐推广，经夏朝、商朝的发展，大概到周朝形成制度。《礼记·檀弓上》中有这样一段话：

> 有虞氏瓦棺，夏后氏堲周，殷人棺椑，周人墙置翣。周人以殷人之棺椑置长殇，以夏后氏之堲周葬中殇、下殇；以有虞氏之瓦棺葬无服之殇。

陈澔注：

> 瓦棺，始不衣薪也；堲周，或谓之土周，堲者，火之余烬，盖治土为砖而四周于棺之坎也；殷世始为棺椑，周人又为饰棺之具……

在现代汉语中，"瓦"通常指盖在屋顶上的瓦片，而在古代汉语中，"瓦"泛称经高温烧过的，定型而且坚硬的土质物体，如瓦罐、瓦盆等，今盖房子用的砖古代也称为"瓦"。"瓦棺"实际上就是在地下挖好长方形的墓穴后，再将柴草放入穴中，点燃后燃烧，其四壁经高温后成了坚硬的"泥壁"，有了这层"墙"后，

墓穴不会很快倒塌，现在出土的许多早期墓葬中经常能见到墓穴有焚烧痕迹的墓。由于有了"瓦棺"，人们才开始放弃"厚衣之以薪"的方法，至于此种葬法是否起源于"有虞氏"，那就是另外一件事了。

《淮南子·汜论》："夏后氏堲周。"高诱注："夏后氏，禹世无棺椁，以瓦广二尺，长四尺，侧身累之以蔽土，曰堲周。"所谓"堲周"就是用砖砌成的墓穴。上世纪80年代时，上海市文管会考古部在青浦重固镇福泉山古文化遗址的上层发现一唐代墓葬，该墓四壁就是用青砖砌的，里面没有棺木，它就是古代的"堲周"，但它与上古的"堲周"没有关系，唐代的青浦地区是一十分落后的地方，此种葬法也许只是穷人的无奈。而大概到了商朝以后人们才使用棺材以及保护棺材的"椁"。

古代男子以20岁为成年，称"二十而冠"。未成年而死亡者称"殇"，其中，16—19岁的青少年殇者称"长殇"，12—15岁的少年殇者为"中殇"，8—11岁的殇者为"下殇"，7岁以下死亡的为"夭折"，只能称之"无服之殇"，而出生3个月内死亡者连"殇"也轮不到了。周朝开始，人们以殷人的棺材埋葬"长殇"者，以夏后氏的"堲周"埋葬"中殇"和"下殇"者，用有虞氏的"瓦棺"埋葬"无服之殇"，而初生儿死亡就可以任意处置。当时既无计划生育的概念，也没有避孕的措施

和手段,妇女主要通过延长婴孩的哺乳期来延迟月经的到来,从而达到避孕的目的。在缺医少药的农村,婴儿的死亡率也是很高的,历史上我的老家,婴儿死亡后不会举行任何的丧事活动,只将婴孩扔到一种竹编的畚箕上,找一块空地埋了就是,直到今天,乡人仍以"拿畚箕"作为很恶毒的骂人的话。这也许就是两千多年前葬法的孑遗。

周朝,诸侯的棺有三重,最外面一重是大棺,用八寸的厚木板做成,中间的一重叫作"属",用六寸厚的木板做成,里面的一只叫作"椑",用四寸的木板做成;而大夫的棺为二重,士只能是一重,这可能是一种等级制度,也可能仅是一种殡葬的现状,试想一下,做有三重棺木的墓得花多少的钱,一般的"士"能做得起吗!

椑又叫作"櫬",南朝王筠《仪礼郑注句读刊误》:

櫬,附身棺也,依《御览》引补……天主之棺四重,诸公三重,诸侯再重,大夫一重,士不重,其亲身一重谓之櫬,亦谓之椑。

《说文解字》:"親,至也。从见,亲声。"段玉裁注:"《至部》:'到者,至也。'到其地曰至,情意恳到曰至。"又说:"亲,父母者,情之最至者,故谓之亲。""親"的简体字为"亲",就是能"看得见,摸得到"的近距离,现在的房地产商把造在近河处的住宅讲作"亲水",河边的平

台讲作"亲水平台"就取此义,在人伦或近感上,父母、子女、兄弟姊妹是血缘关系最近的人,彼此当然就是"亲人"。又如,古代,贴身穿的内衣讲作"襯",就是最贴近身体的衣服的意思,直到今天,不少人仍习惯把内衣裤讲作"襯衫襯裤","親"被简化为"亲",而"襯"被简化为"衬"。椑是直接葬尸体的棺材,所以它又叫作"櫬",一些字典又将其简化为"櫬"。

《礼记·檀弓上》:

君即位而为椑,岁一漆之,藏焉。

这里的"君"指诸侯。从诸侯继位开始就可以为自己准备棺材了,而且每年还应该将棺材油漆一次。看来,中国风俗中生人在生前就为自己添置棺材,早在两千年前的周朝就开始了,这大概与中国葬礼太繁复,帝王和贵族之家的葬礼太隆重有关。根据《礼记》、《仪礼》等古籍规定的丧礼程序,人死的当天要"小殓"——即给死者沐浴换衣,"越三日而殓"——过了三天后将尸体放进棺材里,接下来就要等墓做好后再行葬礼,这个过程也许三个月,也许是几年。在农耕社会里,没有太多的棺材店,所以如果没有生前为自己准备好的棺材,人真的要死无葬身之地了。

《后汉书·皇后纪下·孝崇匽皇后》:

元嘉二年崩,以帝弟平原王石为丧主,敛以东园画梓寿器。

东汉恒帝的皇后突然死了,弄得大家手

忙脚乱，汉桓帝就任命自己的弟弟平原王刘石全权操办丧事，皇后没有为自己备一口棺材，于是只能临时从皇宫中专门为皇室成员做棺材的东园中选一口棺材。李贤在这里有一段注文：

梓木为棺，以添画之。称"寿器"者，欲其久长也，犹如寿堂、寿宫、寿陵之类也。

看来，棺材被叫作"寿器"、"寿材"、"寿棺"、"寿木"诸名，至迟在汉代就开始了——生前为生人准备棺材，并不是触自己的霉头，要自己早一点"困棺材"，而是祈祷自己平安长寿。

先秦时期，大概只有贵族才在生前为自己准备棺材的，到了汉代以后，生前为自己准备棺材之风逐渐盛行，于是，家家户户都存有棺材，《小尔雅·广名》中讲：

空棺谓之槥，有尸谓之柩。

《义证》解释这段文字就更清晰了：

槥，字从木、从亲，故为亲身之义……或因待罪，或由豫备，皆设而未用已有槥名，故空棺谓之槥也。

有的人犯了死罪，等待秋天服刑杀头，也有的人已经生了重病，不久即将离开人世，家属们就要事先为他们准备好棺材，这种还没葬人的空棺就叫作"槥"。

空棺又叫作"长生木"。清吴研人《俏皮话·借用长生木》中讲了这样一个笑话——"某甲染时疫死，其家人至市上买棺，苦无佳者，不得已归而熟商之。闻某富室之主人，备有长生木在，便往求借用，许以事后照样奉还一具。"以前，只有商业性的棺材店出售或代客加工棺材，谁也不会到他人家中借棺材的，所以吴研人把这当作"俏皮话"来讲。

我家乡方言把生前做的空棺叫作"喜板"，我的祖母很年轻时就去了日本，并在那里与祖父结婚。1945年双双回国，父母在上海定居，而祖母则带着我的姑妈和小叔回了老家。因为我的老家还有一幢当时还算不错的楼房，后来我的祖母又被父亲叫到上海，我就一直听祖母唠叨，她自己在家乡有一口不错的"喜板"，可能自己是用不上了。当时自己年纪还小，一直不能理解老人们对"喜板"的珍重。到了"文革"初期，我的不少亲人、同学、朋友插队落户去了农村，许多人第一次回上海后最津津乐道的事就是"喜板"，农村大多是平房，家家户户有一个客厅，许多客厅的后面被搭成简易的阁搂，而就在阁楼上就停放着几口棺材，自1956年上海实行火葬后，小青年们就从来没有看见过真正的棺材，而如今一下子看到那么多的棺材，而且还得睡在离棺材不远的地方，害得他们整夜做噩梦，后来他们还发现，农民们会把粮食等食物藏在棺材里，于是还经常趁主人不备，掀开棺材板去偷一些粮食。

旧时一律实行土葬，棺材是必备的凶具，于是几乎所有的城市、乡镇都会有棺材店，棺材是方的，做棺材的木匠一般被叫作"方作匠"。1910年出版的《图画日报》绘有"方作匠"画，配画诗云：

　　方作司务无他妙，全凭一点心田好。
　　香楠独幅与圆心，一漆眼光看不到。
　　偷工莫做薄皮材，皮薄须防要豁开。
　　倘与贪夫临死睡，莫教伸出手儿来。

诗套用了"棺材里伸手——死要钱"这一谚语。上海县是元朝至元二十九年（1292年）设立的，一直到明嘉靖三十二年（1553年）才兴建城墙，上海是一个小县城，城周仅九华里，城楼也很窄，仅能容几个人平行通过，于是上海就有一句

　　上海城是圆城，如出殡队伍沿城墙走，兜了一圈就又回到了原地，沪谚"城头上抬棺材"谓"有兜有转"，喻讲话时不断重复同一内容。

很特殊的谚语——"城墙上抬棺材——有兜有转"。这是比喻，如果丧家想借道城墙上的路出殡，一旦出殡中抬棺材的人走过了头，由于城墙太窄而无法调头，于是只好再环城上兜一圈回到老地方；而沪方言中把"绕圈子"或不断重复地讲一件事讲作"有兜有转"。

而广东人最想升官发财，棺材在粤语中与"官财"谐音，在广东的一些旅游景点或纪念品商店就出售形式各异、制作精美的小棺材，此作为一种吉祥物，祝君"升官发财"，不过不少以非法手段获取官职，发了不义之财的人大多提前"进了棺材"。

墓志、墓志铭

在讲墓葬时，就必须讲墓志和墓志铭，其与墓碑或神道碑的形制和作用相近，是刻有死者生卒年月和生平事迹的刻石，所不同者，墓碑立于坟前，是坟墓的标识，所刻文字是供生人观瞻的；而墓志和墓志铭则埋入墓中，如不打开墓，后人是永远看不到的。古人深深地认为，在世俗世界的彼岸一定还有一个"阴曹地府"，一个人死了，只是从世俗世界去了阴曹地府，而这个阴曹地府有许多"鬼"（古人称"人死为鬼"），以及有像世俗社会一样，有统治和管理"鬼"的层层政府

机构，所以，这墓志或墓志铭就有一点像俗世迁移户口时一级地方政府开给另一级地方政府的关于迁户口人的介绍信，这当然要写明迁户口人的姓名、生卒年月，以及简历了。

墓志与墓志铭犹如墓碑与神道碑是同一类东西一样，但是二者还是有区分的，因为"志"只是记录、记载的意义，而"铭"还是一种文体的专门术语，三国时曹操的儿子曹丕是一位文学家，他的《典论·论文》中讲：

夫文不同而末异，盖奏议宜雅，书论宜理，铭诔尚实，诗赋曰丽。

大意是讲，不同的文章应该使用不同的文体，如写给皇帝的奏章和建议应该写得典雅、文气一点；论文则可以理直气壮，像铭、诔之类的记录文章应该实事求是，而诗歌则可以夸张一点、华丽一点。所以，"墓志"一般只记录死者生平，而"墓志铭"的文末有一段"铭文"，一般使用四字一句的韵文来概括全文，对死者表达赞扬、颂唱、悼念之意。

一般认为，墓志产生于东汉，墓志铭则更晚一些，其产生和发展与东汉时壮大的强调神鬼论的道教有密切的关系。早期的墓志多为砖刻，即烧到一定尺寸的方砖，然后将文字刻到砖上，后来才使用石刻。近人马衡先生《凡将斋金石丛稿》卷二：

墓志记年月姓名及生平事迹，系之以铭，故又谓之墓志铭。其文亦所以表

章事迹，与神道碑相类。然其石藏之圹中，以防陵谷之变迁，与神道碑立于墓前，与人以共见者，用意微有不同。其制始于东汉，《隶释》载《张宾公妻穿中文》（建初二年），即圹中之刻。清光绪末，峄县所出之《临为父作封记》（延熹六年），亦出自圹中，为后世墓志之权舆。同时孟津又出汉砖百余，皆志罪人之姓名、籍贯、刑罚及其年月，为丛葬罪人之志。其年号自永平至熹平凡历百余年，知志墓之风实始于东汉之初，历魏、晋、宋、齐、梁、陈皆有行之者。然其时立石有禁，故砖多石少。北朝魏齐之际，此风最盛。隋唐以后，遂成为典礼矣。

马衡（1881—1955），字叔平，自号"凡将斋主人"，浙江鄞县（即宁波）人，长期任职故宫博物院，任理事、副馆长、馆长等职，郭沫若称其为"中国近代考古学的前驱"。马衡先生见多识广，他也有独到的见解。墓志是安放在"圹"里的，解放以后，仅上海地区出土各类墓志约几十方，确实都是在"圹"里的。但是马衡先生认为神道碑是露置地面上的，它可能会被损毁、偷盗、搬移，使神道碑起不到标识的作用，而藏入地下的墓志将永远与墓共存，即使山川发生了变化，它仍会与墓在一起。早期的墓志"砖多石少"，其原因也不必是"立石有禁"，北方多花岗岩，石质坚硬，而汉代的冶炼技术还很落后，铁的硬度很差，所以在花岗石上刻字并不是一件容易的事，人们自然选择砖刻啰，实际上一直到明代，许多墓志仍选用质地较软，用以刻字的砖材或青石。

《凡将斋金石丛稿》中还讲：

隋墓志上承六朝，下开唐宋，其形制文体，渐成定式。唐墓志流传独多，式亦最备。宋墓志之数，不逮唐之十一，元又不逮宋之半，于此可以知风俗之奢俭矣。

根据后世的古墓发掘作出结论唐墓中的墓志最多，宋墓中的墓志不及唐朝的十分之一，而元朝又仅为宋朝之半。而根据事实情况来讲，到了近代，越是早的古墓保存下来的就越少，显然，墓志在唐朝达到了顶峰，后来就越来越少了，马先生认为唐朝的殡葬很奢侈，后来的殡葬比较简朴，这又是一个讲不通的结论。古代实行土葬，仅用于墓的开支就很大，而做一方墓志的费用也许仅占做墓费用的十分之一，如使用砖材，价格就更低廉了，所以仅根据墓志是不能作出殡葬"奢俭"的判断或结论的，而恰恰是殡葬的风俗在悄悄地发生变化，因为墓志相当于死者到阴曹地府申报户口的介绍信或证明书，后来另一种被叫作"买地券"的殡葬用品替代了墓志，当然后来墓葬中使用的墓志就越来越少了。在下一节会详细谈论这个问题。

唐朝的墓志形成了相对固定的形制和撰文格式，许多名门望族都希望请名人捉笔撰写墓志铭。《隋书·郑译传》中记了一个很有趣的故事：

上令内史令李德林立作诏书，高颎戏谓译曰："笔干。"译答曰："出为方岳，杖策言归，不得一钱，何以润笔。"中国使用毛笔，写字前必须注水研墨，毛笔沾墨水后才能书写。于是古人把请人捉笔而支付的费用讲作"润笔"（相当于今稿费），据记载，唐朝许多文化人为润笔而代客书写墓志的现象是很普遍的，柳宗元就不知替多少人写了墓志，赚了不知多少的润笔。有些文人也会将自己写得较满意的墓志收入自己的文集里，后来的一些地方志也会收录当地人的墓志。我想，马衡先生讲唐代的墓志最多，也许就是这一原因。

今上海地区古称"云间"，据说出自《世说新语》，三国东吴名将陆逊被奉"华亭侯"，奉地即今上海市松江区，陆逊的儿子叫陆抗，而陆有两个儿子，就是被中国文学史尊为"西晋二陆"的陆机（士衡）和陆云（士龙），他俩长期混迹于洛阳的文人骚客中。一天，陆云与京城名士荀隐（鸣鹤）在张华家相遇，由于二人素不相识，于是张华讲："今日相遇，可勿为常谈。"于是陆云执手曰"云间陆士龙"。荀隐立即回应道："日下荀鸣鹤。""日下"即"天主脚下"，喻京城，而"云间"为"天边"，即穷乡僻壤之地，当时的上海地区确实属于"远在天边"的地方，这一对句成为名对而广为传颂。于是，陆云的故乡就被叫作"云间"，南宋绍熙年刻印的

一部今上海地区的地方志就叫《云间志》或《绍熙云间志》。该志就收录了唐景云二年（711年）的《大唐故朝议大夫护军行黄州司马陆府君墓志铭》，由于上海地区留下的唐代著录实在太少，这一类的墓志就成为了解、研究早期上海的珍贵史料；而其格式也与唐代定制的墓志铭相同，特抄录如下：

大唐故朝议大夫护军行黄州司马陆府君墓志铭

朝议郎行右拾遗靳翰撰

君讳元感，字达礼，吴郡吴人也。昔者舜嗣尧历，协帝初以辟门；田育姜姓，宾王终而有国。其后偉侯于陆，开锡氏之原；作相于吴，纂承家之秘。立德之绪，莫京于代。曾祖庆，梁，官至娄令；入陈，三辟通直散骑侍郎，皆不就。祖士季，陈，桂阳王府左常侍；隋，越王府记室；皇朝、太学博士、弘文馆学士。父谋道，皇朝周王府文学详正学士。并茂称奕代，余庆资身。擢慧叶而增芳，飞灵波而益浚。去官辞辟，语默称贤；函席曳裾，文儒继美。君生而敏慧，长而温良。识聪朗而唯深，体矜重而不野。宗族爱而加敬，乡党狎而愈恭。始以资宿卫，解褐韩王府参军事，以丁忧去职。服阕，值国讨狄，军出定襄，戎幕择材，君为从事，文武吉甫，斯之谓与。寻为婺州龙丘丞，赞贰有能，风俗时变。迁睦州建德、和州历阳二县令。育人去杀，训物齐礼。子游弦歌，武城叹其焉用；仲康鸟兽，中牟称其

仁及。寻加朝散大夫，除黄州司马。到官未几，以神龙三年七月二十日遘疾而卒，春秋七十有五。天不与善，神无福谦，不其悲哉！粤景云二年三月初一日，葬于昆山，礼也。初文学府君以擅班固《汉书》，敷授舒王侍读。君少传其学，老而无倦，此《易》所谓"干父之蛊"，《诗》所谓"聿修厥德"者也。嗣子南金等哀号弗及，孝思率至，卜兆是营，封树特永。忧陵谷之变，托词颂休，铭曰：

箫韶仪凤，观国宾王，我祚光兮！东有齐士，南入吴乡，我族昌兮！自君嗣业，履素含章，我誉藏兮！内游藩邸，外扫戎场，我才扬兮！为丞与令，化洽三方，我人康兮！天子命我，我朱孔阳，佐于黄兮！美志未极，盛图云亡，诉穹苍兮！硕德休问，地久天长，永无疆兮！

上海地区一直到唐天宝十年（751年）才在这里置华亭县，县治即今松江，在建华亭县以及以后很长的一段时期里，上海仍只是濒海的穷乡僻壤，所以能留到今日的唐代的东西实在太少。不过，在解放初期，在上海县诸翟镇附近发现两座唐代古墓，并发现两方砖刻墓志铭，由于刻痕太浅，一些铭文已看不清了，抄录如下：

《唐故陈府君墓志铭并序》

府君讳琳，颍川人也。故祖讳□□，父讳沛维。府君温良志性，□窥名利，遁迹丘园。何期□□□征，降钟斯祸，年六十一以太和四年（按公元830年）九月

六日命终。至十一月十二日□□□施氏同葬于（文阙）

《唐故施氏夫人墓志并序》

夫人吴郡人也。故□讳小光。适陈□氏之门。□夫人雍雍和睦，四德无亏。年六十一，以大和四年（按公元830年）十月十五日终，至十一月十二日迁奉合葬苏州华亭县北七十里北平乡。故（文阙）哀号擗踊（文阙）三年（文阙）迁移故（文阙）铭记（文阙）魂兮不（文阙）

施氏墓志铭中讲，这对夫妻，"迁奉合葬苏州华亭县北七十里北平乡。"古代，"乡"是县下的行政区域，华亭县建县于唐天宝十年（751年），当时属苏州，华亭县治即今松江，距今出土地的诸翟也差不多"七十里"，而古籍上找不到上海历史上有一个"北平乡"，而《云间志》中有"北亭乡在县东北八十里，四保十六村，管里三。"据此判断，这里在唐代叫"北平乡"，大概到了宋代才改名"北亭乡"的。

2006年6月8日，在上海市嘉定区江桥镇附近的江华支路某施工工地上发现两个古代墓葬，并发现刻有《明故奉议大夫登州府同知李新斋配程宜人墓志铭》（有关部门至今未公布墓志铭的原文）的一方石碑，随后又在边上发现两座墓，可以初步断定这里是李氏的宗族墓群。近几年上海建设飞快，出土明墓也不少，但是，同时出土的宗族墓，及有墓志铭者不多，所以，这次发现引起了社

会多方面的关注。许多人希望知道墓主李新斋以及其宗族的事迹。

在《康熙嘉定县志》和《康熙嘉定县续志》的"人物"卷中均没有收录"李新斋"。而在"选举"卷中"举人"栏里可以查到"李汝节，字心斋"，而在"进士"栏中记录得更详细：

世宗嘉靖三十二年癸丑科……李汝节。浙江安吉州知州同知。历刑部员外郎，山东登州登州府同知。

这证实了《墓志铭》中的"李新斋"即《嘉定县志》中记的"李心斋"，也即李汝节。他是明嘉靖三十二年（1553年）举人，老友上海师范大学历史系教授吴仁安在《明清时期上海地区的著姓望族》一书中有李汝节的简单介绍：

李汝节，字道亨，嘉靖四十四年（1565年）乙丑进士，授职安吉州知州。汝节因平反了吴春的冤案而触犯了当地一个土豪，结果调任顺德府同知。其后李汝节升任刑部员外郎，但那个土豪亦已入朝为官，散布流言蜚语中伤汝节。于是李汝节又被降为饶州通判，调任通州同知。任内治绩卓著，事迹传入朝廷，赐金。后因病归乡而死。

《康熙嘉定县志》第十二卷"坟墓"中记载：

登州府同知李汝节墓。在十二都称之圩。

户部左给事中李先芳墓。在十二都称之圩。

翰林院庶吉士李名芳墓。在十二都称之圩。

李先芳是李汝节的儿子，而李名芳是李先芳的堂兄弟，是历史上赫赫有名的、与唐时升、娄坚、程嘉燧合称"嘉定四先生"的李流芳的亲哥哥。明清时期，江南的行政区划一般是县下设乡，乡下设保，保下设图（吴淞江南一般称"图"，北岸一般称"都"），如元代设上海县时，上海县"计领长人、海隅、北亭、新江、高昌凡五乡，计保二十有五，领图五百二十九。"（《上海县竹枝词·建置》）到了清代，由于割出原上海县的土地设为青浦、南汇县，上海县下领长人、高昌二乡，领图二百七十个。而"图（都）"下的地方以"圩"来划分，再取《千字文》中的字为名。《康熙嘉定县志》收有手绘的"嘉定全景图"，可以清楚地看到，"十二都"就是在南翔镇与真如镇之间的地方，今江桥镇就在"十二都"境内。

《康熙嘉定县志·选举·举人》："万历十年壬午（1582年）科。李先芳，字茂实。汝节子。"李先芳是李汝节的儿子，《人物》中记：

李先芳，字茂实。万历己丑（1589年）进士。初官中书，擢为给事中。上尝诮让冢宰，疏言待大臣当以礼。有武臣谋柄锦衣事，疏言其家贵盛，炬赫勋戚，无与比物，忌大满，宜折其萌芽。常州人挽输至京米未入仓，横遭严谴。疏言："小民道途劳困，直以官吏需索过当，不满其意，故被重劾，愿上裁之。皆不报而在廷，以为知大体。缅甸在西南彝中未尝侵叛，会与三宣构怨，小相攻杀而侥幸者自诡缅不足平，可借以为功，遂用二十万众，劳费数岁，云南骚然。先芳奏言，蜀之播，滇之洱，本皆不足勤王师，乞敕边臣，无敝所恃，以事无用。事平之后，人益思其言，迁四川参议，未半岁而卒。潽折之著会也。赞成其议。今祀乡贤。

清代职官中"给事中"的官品位不算高，但权颇高，清中央政府吏、刑、礼、户、兵、工六部各试"给事中"一名，左、右给事中各一名，负责部里向上的奏疏和对下批文的审核，"户部给事中"用现代的话来讲就相当于中央财政部监察委员会主任兼办公室主任。当年，皇帝不满"冢宰"（相当于宰相）的批评，就叫李先芳转述，李先芳也多次上疏，为朝廷和百姓做了不少好事和实事，后来他调派担任"四川参议"，实际上就是皇帝特派到四川处理民族矛盾的官员，不过他上任半年就因病逝世。

李先芳有两个儿子，即李绳之（受伯）和李宗之（彝仲）。他的一个孙子叫李陟，《康熙嘉定县志》有传：

李陟，字瞻慎。先芳之孙。天才骏发，于提抱时即受书母氏，发未燥为诸生，所交皆三吴名士。喜为英丽之作，脍炙海内。结坛倡社，以声气自任。不幸改革时为乱民所害。士论哀之。

文中的"改革"即"鼎革"、"革命"，指清灭亡明朝。嘉定民众抵抗南下的清兵，屡败屡战，遭到清军三次杀戮，史称"嘉定三屠"。《康熙嘉定县志》不可能真实记录这段历史，文中称李陟"不幸改革时为乱民所害"，实际上暗指他在"嘉定三屠"时被杀害。

《康熙嘉定县志·人物》中记：

李名芳，字茂才。先芳之从弟。万历壬辰（1592年）进士。天资绝人，十余岁已能驰骋文词，若鸾翔凤翥，云霞烂然。吴兴董宗伯延致浙东、西知名士于家塾，名芳年十三与焉试。宜兴令闻其异才，召面试之，顷刻数千言，宏丽无比；更命赋七言诗，清华秀整，叹以为王子安、李长吉之流。年二十七举进士，选为翰林院庶吉士。明年卒。所著有《李翰林集》。子宜之，亦有隽才，以诗名。

《礼仪·丧服》："从父姊妹。"郑玄注："父之昆弟之女。"《集韵·用韵》："从，同宗也。"从弟就是"同族兄弟"，即俗称的堂兄弟。

在明代嘉定人物中，李流芳与唐时升、娄坚、程嘉燧被合称为"嘉定四先生"，是嘉定名流和贤达，理所当然被收入《康熙嘉定县志·人物》，"李流芳，字长蘅，名芳之弟。"李流芳自然与李先芳也是堂弟兄。

李名芳仅二十八岁就逝世了，只留下一个3岁的儿子，叫李宜之（缁仲）；李流芳的儿子叫李杭之（僧筏）。《康熙嘉定县志·人物》在"李宜之"条中讲：

鼎革之际，乡兵拘乱，几灭其族，三子被歼。从金陵归，已无家，假居东城，抑郁以死。

在"李杭之"条中讲：

己酉（1645年）六月，为乱民所害。

1645年是清朝立国的第二年，也就是"嘉定三屠"发生的那一年，李宜之的儿子和李杭之遇害，也说明是在抗清斗争中牺牲的。

从地方志的零星记录中可以知道，嘉定的这支李氏宗族始兴于曾任山东登州府同知的李汝节，盛于其第二代，代表人物为李流芳、李先芳、李名芳。而在第三、四代时，由于清兵入关，这支李氏宗族的主要成员参加了反清斗争，而在"嘉定三屠"时被戮杀。所以，江桥遗址虽然可称是李氏宗族墓。但实际墓穴不会太多。嘉定李氏在嘉定历史上有其应有的地位，所以，当古墓被发现后，如何保护这些坟墓和出土文物，应该而且必须引起重视，千万不要再做缺失人文精神的"原地填埋"了。

悼词和诔、谥的关系

在中国传统人生礼仪中，丧仪是最主要、最隆重和最繁复的礼仪，《礼记·檀公》就是专门记叙丧仪的篇章，于是，丧仪也有了相对固定的程式。在当今的丧仪中，丧仪通常在殡仪馆的礼堂里进行的，丧仪由主持人主持，先奏哀乐，默哀三分钟，然后由单位代表或死者生平好友致悼词，家属致谢词……在古代汉语中没有"悼词"一词，这说明，"悼词"是后来产生的丧仪礼之一。实际上，追溯"悼词"的起源，也许与古代的"诔（lei）"最相似。

许慎《说文解字》：

诔，谥也。从言，来声。

谥字是一个专门用词，指帝王、贵族、大臣、士大夫死后，经中央政府认可，依其生前事迹、功德给以评定后给予的称号。据记载，谥作为制度起源于周朝，秦始皇时废除不用，汉朝又重新恢复，并一直使用到清朝结束。如《左传·宣公十年》："（郑人）改葬幽公，谥之曰灵。"《史记·萧相国世家》："孝惠二年，相国何卒，谥为文终公。"即相国萧何

死后，皇帝谥他为"文终公"。谥号一般赠给对朝廷、社会作出贡献的官吏。但也有一种特例，某人只是"太平绅士"，为社会或地方作出特殊贡献，但他没有官职，就无法给谥号，于是经民众举荐，地方政府认可给以谥号，此称为"私谥"。如清末上海人秦荣光（1840—1904），他是社会贤达，著作甚丰，一生热心地方公益事业，创建三林书院（即今浦东的三林塘），于是地方上私谥他为"温毅先生"。

谥字从言从益，而这个益就是"益美之词"的意思，所以，谥往往是给死者稍高的评价。如近代抗英将士陈化成是江南水师提督，相当于今天的南京军区总司令，当英军入侵吴淞口时，他亲自率士卒坚守吴淞炮台，最后战死沙场，后来皇帝谥他为"闵忠公"，这个"闵"通"悯"，即同情、可怜、护爱的意思，表示皇帝对他身先士卒的壮举表示怜悯，并祈祷他安详的意思。

段玉裁《说文解字注》："诔，谥也。当云所以为谥也。"段玉裁认为许慎"诔，谥也"的解释过于简单，容易引起误解。于是他又重新释文，认为诔与谥有同义的地方，但诔是分析和解释，加封谥号的原因。

《礼记·曾子问》：

贱不诔贵，幼不诔长，礼也。

郑玄注：

诔，累也，累列生时行迹，读之以作

谥。谥当由尊者成。

从以上的史料分析，诔是一种文体，多用于歌颂和表彰死者，总结死者生平事迹；诔通常由地位比死者贵，年龄辈分比死者高的人撰写，当众宣读后，再由更高贵的人根据诔文给死者谥号。《周礼》的注文中也有相似的记录：

人之道终，于此累其行而读之，大师又帅瞽矇之而作谥，瞽史知天道，使共其事，言王之诔谥成于天道。

这段文字的大意讲：当一位贵族死了，就要给他的生平有一个总结和评价，并当众宣读诔文，大师又领导瞽矇根据诔文给死者拟定一个谥号，而负责档案的瞽史要对谥号的合理性作出决定，然后向帝王报告，说对死者的诔文和谥号是符合"政策"的。

《礼记》中还有一段关于诔文的叙述：

鲁庄公及宋人战于乘丘，县贲文御，马惊败绩。县贲文曰："他日不败绩而今败绩，是无勇也。"遂死亡。圉人浴马，有流矢在白肉。公曰："非其罪也。"遂诔之。士之有诔，自此始也。

鲁庄公与宋国在乘丘的地方发生兵刃之战，县贲文驾驶战车指挥作战，他的战马突然受惊而不听指挥，鲁国在这次战争中失败了。事后县贲文很自责，说，以前打仗从不失败，而这次却打了败仗，这全是我的过错。说完就自杀了。

庄公知道这件事后，说："这次战败不是县贲文的过错。"就亲自撰写诔文表彰县贲文，"士之有诔，自此始也"。这段文字说明了作出重大贡献的士大夫也可以撰诔文表彰。

虽然诔文没有固定的格式，但诔文是介绍死者生平、评估死者人品与对社会作的贡献，并借以表示对死者悼唁的文章，诔文要求——尚实（崇尚史实）、缠绵、悽怆并带有歌颂的语调。

诔和谥是古代中央政府给死亡的帝王、贵族、达官等最终的评价和封号，后来，地位并不高，但为国家或社会作出特殊贡献的"士"也可以获此殊荣。《晋书·郗超传》中记："及死之日，贵贱操笔而为诔者四十余人，其为众所崇贵如此"——郗超人缘太好了，当他死后，竟有四十余人为他写诔文以缅怀和悼唁，这确是破了纪录。而从这记叙中，我们也可以知道，写诔文已不是政府的特权，任何人都可以捉笔为任何一位死者写诔。古代，代人书写墓志（铭）、诔文是可以收取笔润的，于是，富裕之家邀请名家为死去的家属撰写墓志（铭）、诔的情况很多，现在保存的许多文人集子中还专辟"诔"一章。

董侃《论语义疏》中讲："诔者，谓如今行状也。"宋人吴曾《能改斋漫录》卷二"行状"中讲：

自唐以来，未为墓志铭，必先有行

状,盖南朝以来已有之。按,梁江淹为宋建平王太妃周氏行状,任时、沈约、裴子野皆有行状。

与诔一样,行状是在撰写墓志铭前,先撰写的关于死者世系、籍贯、生卒年月和生平概略的文书,只是,诔的档次较高,通常由官方确定,而行状则多由死者生前有密切关系的人,如亲友、门生、故旧来撰写。不过,"文革"中对逝世官员会冠以评价,如"伟大的无产阶级革命家"、"无产阶级革命战士"、"毛泽东的好学生"这些都类似于古代谥号的复活。

版卞孝萱、唐文权编《民国人物碑集传》收有民国人物碑记、墓表、墓志、诔、行状、传记等一百七十余种,其中就有原上海图书馆馆长顾廷龙为其岳丈王同俞撰《清江西提学使王公行状》,为叶景葵(揆初)撰《杭州叶公揆初行状》等。

诔、行状均是封建社会丧仪中由于追述死者生平事迹的文书,谥则是追赠给死者的荣誉。随着中国封建制度的崩溃,传统的丧仪也发生很大的变化,尤其是解放后,传统的、繁冗的丧葬的仪式已经受到很大的冲击。以致今人已不知诔、谥、行状是什么东西了。代之而起的应该是悼词,政府的主要官员、社会名流逝世后悼词有政府的专门机构拟定撰写、发布,它应该是旧时"诔"的延续和变

墓碑起源于丰碑

不论是文学作品,影视画面和现实生活中,都可以见到坟的前方竖着一块长条状的石碑,上面刻着墓主的名字,有一些更大一点的墓,还会在墓侧单独立一块更大的碑,上面镌刻记叙墓主生平事迹的文字,这些碑均称之"墓碑"。"古者墓而不坟",到了后来,人们担心时间长了找不到自己祖先的墓,就在墓的上面再建一种标识物,那就是坟,而在坟墓上立碑应该是更晚的事了。

许慎《说文解字》:

碑,竖石也。从石,卑声。

这段文字实在太简了——碑是一种竖着的石头。南朝梁王筠《仪礼郑注句读刊误》解释说:

古碑有三用:宫中之碑,识日景也;庙中之碑,以丽牲也;墓所之碑,以下棺也。秦之纪功德也,曰"立石"、曰"刻石",其言碑者,汉以后语也。

王筠以为,古代的碑可以分为三个大类,一种是竖在宫里的碑,它是一种原始的时钟,人们可以根据太阳照到碑后留下的投影来判断时间,如《仪礼·聘礼》:"东面北上,上当碑南陈。"郑玄注:"宫必有碑,所以识日景,引阴阳也。"另一种是竖在庙里的碑,古代十分重视祭祀活动,尤其是帝王和贵族之家,遇上重大的祭祀,就有数以百计的亲属、臣僚们骑

着马或驾着马车从各地赶来，而这种碑相当于后来的"拴马桩"，是用来拴牲口的。《礼记·祭仪》："既入庙门，丽于碑。"孔颖达疏："君牵牲入庙门，系著中庭碑也。"现在一些古迹中还保留刻有"文武百官到此下马"的石碑，就是古代庙里石碑的遗制；还有一种坟墓上的碑，它是古代下葬棺材用的，至于秦始皇为了歌功颂德曾刻过不少"功德碑"，如《史记·秦始皇本纪》："始皇东行郡县，上邹峄山。立石，与邹诸儒生议，刻石颂秦德。"这种石碑先秦叫作"刻石"或"立石"，其被叫作"碑"是汉代以后的事。

本篇要讲的就是"墓所之碑，以下棺也"。

先秦时期，天主的墓四重，诸侯的墓三重，大夫的墓二重，士无重。做墓是一项浩大的工程。以二重的墓来讲，做墓先要挖一个足够大并足够深的坑，称之"圹"。这个"圹"字从土、从广，就是很大的土坑的意思，《周礼·夏官·方相氏》："及墓，入圹，以戈击四偶。"当圹做好后，还要有专人下到圹里，把圹的四周夯实，防止圹倒坍；然后就石圹里做外棺，这种外棺在古代又叫作"椁"。

《说文解字》：

椁，葬有木郭也。

段玉裁注：

木郭者，以木为之，周于棺，如城之有郭也。

最初的"椁"是用木材做的，后来的王

公侯爵或豪富之家也使用石材，如《汉书·楚元王传》："嗟乎！以北石之石为椁，用纻絮斮陈漆其间，岂可动哉。"古代没有水泥，一般用泥土或石炭为建筑的黏合剂，接缝处容易渗水，于是不论石椁或木椁，用生漆浸的麻绳填充到掊缝里，这样就不易渗水了。椁很大，往往是直接在"圹"里施工完成的。

实际上古代的"椁"也不小，通常是用四寸的厚板做成长约1.8米，高宽约80厘米的"大箱子"，在葬了尸体以及陪葬品、填充物后，估计在200千克以上，所以，殡葬时将棺材抬到墓地，并安全平稳地将棺材放进"椁"里也不是一件容易的事。

《礼记·檀弓下》：

季康子之母死，公输若方小敛，般请以机封。将从之。肩假曰："不可。夫鲁有初，公室视丰碑，三家视桓楹。般！尔以人之母尝巧，则岂不得以其母以尝巧者乎！则病者乎！噫！"弗果从。

"公输若"是鲁国的贵族，"般"即公输般，又作公输班，即被后人尊为木匠祖师爷的鲁班。"肩假"是人名。这段文字的大意是：鲁国贵族季康子的母亲丧事，公输若主持殡葬仪礼，能工巧匠鲁班刚发明了一种可以搬运棺材的机器，就向公输若建议，是否就用这台机器来为季康子之母下葬。公输若与公输班是同族中人，公输若也同意了公输班的建议。此时一位叫作"肩假"的人立即提出反对，批评道:"根据鲁国的制度,'公室视丰碑,三家视桓楹'鲁班!你拿人家母亲的丧礼来尝试你的机器,为什么不用你自己母亲作试验呢?!你是不是有病啊!"最终,公输若只得否定了鲁班的建议。郑玄在"公室视丰碑,三家视桓楹"下注:

> 丰碑,斫大木为之,形如石碑,于椁前后四周树之,穿中于间,为鹿卢,下棺以纤绕。天主六纤四绕,前后各重鹿卢也。

"纤"是拉船前进或牵牲口的一种很粗的绳索,"穿"就是在物体上打的洞,而"鹿卢"即"辘轳",一种起重用的搅盘,中国北方的地下水位较低,井很深,为方便打井水,会在井口上装一用于提水的绞盘,这就是辘轳。这段文字可以译成:丰碑就是一种用粗大的木头做成的碑,形状与石碑相似,竖立在椁的前后四角;在丰碑的上方中间钻一圆孔,是安装辘轳用的,用粗的绳子把棺材放进椁里。天主的葬礼使用六根纤,四根丰碑,前后都装有辘轳;诸侯为四根粗绳,二根丰碑,讲作"桓楹";大夫只有二根粗绳,二根丰碑;一般性的士只有二根绳而不用丰碑。

如今,中国偏远地区仍实行土葬,下葬时用两根粗绳子通过棺材的底部,四个人各执绳子的一端,将棺材抬起后,松开绳子棺材就慢慢地进入墓穴中,在现在的一些西方电影中也能见到这种"下棺"的镜头,一般人的棺材不是太重,四个人用二根绳子足以使棺材抬起、放下,不必使用起重设备,所以古人讲"士二纤无碑",而地位高和富裕人的棺木既大又沉,单靠绳索是抬不起来的,于是,人们先在椁的四角竖粗大的木桩,实际上就是辘轳的支架。天主的棺材特别大,特别沉,就在椁的四角各竖一根丰碑,再用横木对穿上端的孔使其固定,再在横木上装上三只辘轳,通过辘轳就可以容易地将棺木"吊"入椁中;而诸侯和大夫的棺材略小一点,只需在椁的东西各竖一根丰碑,再用横木相接,在横木上装两只辘轳或一只辘轳就可以了。

中国近代著名考古学家马衡的《凡将斋金石丛稿》中对碑的演变有一段总结性的叙述:

> 汉碑之制,首多有穿,穿之外或有晕者,乃墓碑施鹿卢之遗制。其初,盖因墓所引棺之碑而利用之,以述德纪事于其上,其后相习成风,碑遂为刻辞而设。故最初之碑,有穿有晕,题额刻于穿上晕间,偏左偏右,各因其势,不必皆在正中,碑文则刻于额下,偏于碑右,不皆布满。魏晋以后,穿、晕渐废,额必居中,文必布满,皆其明证也。

马衡先生的这段分析告诉我们,丰碑最初是用巨木制作的,后来也用石制;丰碑只是下棺时安装起重设备——辘轳的一个支架,下葬结束后就被拆除,也可以重复使用,它顶端的"穿"在安装和使用过程中会因磨损而出现毛口——"晕"。后来人们在丰碑上刻上文字来歌功颂德，今天人们把记功颂德的巨大石碑，或对社会作出巨大贡献者讲作"丰碑"即出典于此。汉代早期的"功德碑"就是利用旧丰碑而刻的，这些碑的顶端大多有一大大的洞，有的洞周还有磨损的痕迹，碑额也刻得很不规则，有的刻在"穿"的左边，有的则刻在"穿"的右边，就是哪里有空白就刻在哪里。后来，陈放在墓里的碑叫作"墓碑"，而用于记录事情的叫作"石碑"或"碑刻"，用于歌功颂德的叫"功德碑"，而用以纪念某人某事某物的就是"纪念碑"。

墓里的碑大致上分为两个大类，一种是竖在坟前或坟后的碑，称之"墓碑"，孔夫子当年为他的父母做合葬墓时，担心自己是一个整年在外游学的"东西南北人"，怕以后回家找不到父母的墓，于是在墓上封土作坟，作为标识，孔夫子是一个"书呆子"，他如果在墓上竖一块石碑，不是更简便，更明了了吗！这种碑大多由死者的子女为死者立的。《礼记·檀弓上》说：

生曰父、曰母、曰妻。死曰考、曰妣、曰嫔。

所以，墓碑上尊称父为"先考"、母为"先妣"，中国古代的宗法制为"嫡长子的世袭制"，规定长子是家族的第一继承人，而次子为第二继承人，庶子，即妾所生之子是末位继承人，以前富家往往娶有一妻多妾，也往往是多子女家庭，而立碑人一般就是长子，如长子已去世，则由长孙，如长子去世而又无长孙，则由第二继承人顶位。墓碑长期露置于野外，所以大多使用质地坚硬的花岗石，通常不着色，后来的墓碑文字涂以漆，习惯上使用黑漆，唯姓氏规定用红漆，因为人的名字属于个人的，人死后他的名字也消失，而姓是宗族的符号，它永远与宗族共存。

另一种叫作"神道碑"，一般立于主墓一侧，有的则放在祠堂里，上面镌有记载死者生平事迹的文字。据记载，汉代杨宸题《太尉杨公神道碑铭》是有记录的最早的神道碑，而据宋高承《事物纪原》中讲，神道碑起源于秦汉，死有功业，生有德政者皆可以立碑，而到了晋朝以后，神道碑作为墓的附件迅速普及。谁也无法统计中国有过多少神道碑，还保存下来多少神道碑，好在古代许多著名的神道碑是由名人写的，不少名人还将自己写过的碑铭集中收在他们的文集里，我们可以通过文集查到一些碑已不存在的碑文。2005年10月，上海沪北共和新路2999号工地（此地原为上海造纸机械厂）发现镌有文字的巨大石碑，而该地在解放前是"广肇山庄"，是旅沪广东人的商业性墓地，但墓碑为残碑，残段高2米，宽1.05米，碑文中可以看到"海军上将"、"章炳麟"等字样，应该是近代一位海军将军的墓碑，后来确定是章太炎（炳麟）1919年为在广州遇刺的广州护法军政府海军总长程璧光上将墓碑。在《章太炎全集》中找到碑的全文，可确定该碑文由孙中山先生侍从秘书、著名书法家田桓书写，著名金石家黄鼎镌刻。碑文虽长，仍抄录如下：

赠勋一位海军上将前海军总长程君碑

君讳璧光，字恒启，自署曰玉堂。其先吴人，宋熙宁间有广平侯正谊者，经略广州，其后著籍为香山人。考讳培芳，以商走美洲数年，亡其资。是时君九岁，著敝衣决履持蒲席度海往省。居二年，考丧，以榇归葬。年十六，入马江水师学堂，卒业，充扬武舰见习生，稍迁至广丙舰管带，广甲、广乙、广丙者皆广东舰队也。以赴北洋会操，任君为领队。会日本战事起，君上书北洋大臣李鸿章，请率舰赴前敌，许之，即进抵大东沟，以护陆军东行者。敌以军舰十一艘来犯，为单鱼贯陈，海军提督丁汝昌令作燕尾陈御之。日本船仗皆蜂锐，而中国炮重迟，不能制。未几，陆军尽败。诸舰退保威海卫，犹日鏖战不已。君立广甲舳首应战，自朝至日中，腹被弹，血渐中衣过半，不知也，卒以援绝为敌人围攻，将士皆没。未几，得遣归。君闲居二年，复起为监造军舰专员，海天、海圻皆君所就也，累迁海军部第二司司长。宣统三年，副贝子载振使英吉利贺新君，以海圻行。既致命，复赴美利坚、墨西哥、古巴慰问侨人。中国军舰至远西自此始。

民国元年，清祚已斩，而君方自远西归。临时大总统袁世凯召欲用君，时海军总长刘冠雄不称职，君辞。二年春，始应命为顾问，寻改陆海军统率处参议。君知世凯欲更名号，阳为柔谨，日粃鸟灌园以自晦。与人书，自恨不速死。世凯亦知君终不为用。四年秋，命考察全国兵工厂。君已行，逾二月，世凯遂称帝。五年夏，副总统黎公继任为大总统，以君为海军总长，始君尝为广甲帮带，黎公以管轮属君，甚相得也。自威海卫败归，时临时大总统孙公名尚微，方有所规划，以医自隐。君尝求治疾，孙公即要君同任光复事，君诺之。事泄，亡命海外，而弟奎光以系狱死，故君与孙公称布衣交。黎公既践位，锐意完葺海军。知非君无可恃者，又时袁氏余孽犹在，举事数不如意，亦欲倚君为心膂，用自强，以是委任甚专。君既视事，尽罢前总长昏制，正身率物，日召诸将以奢惰相成。故是时诸部皆窳败，而海军事独起。国务总理段祺瑞者，故袁氏爱将也，新得政，横甚，欲借远略以专兵秉。六年二月，始与德意志绝交，四月，又议宣战。为国会所持，祺瑞恚，遍召督军附己者会京师，与国务员杂议，皆书册称从总理命，次及君，君曰："当服从民意。"祺瑞不怿，然无如君何，即留所召督军，令上书请解散国会，又购市间乞儿以公民名入议院击议员，众大凶。君闻，即夕辞职，诸总长亦相继去，未得请也。而国务院遂空，黎公乃免祺瑞，以外交总长伍廷芳代之，众始定。

未几，安徽省长倪嗣冲以安徽反，浙江督军杨善德、省长齐耀珊、河南督军赵倜、省长田文烈、师长张敬尧、直隶督军曹锟、省长朱家宝、师长范国璋、山东督军张怀芝、福建督军李厚基、省长胡瑞霖、湖北督军王占元、奉天督军张作霖、吉林督军孟恩远、黑龙江督军毕桂芳、陕西督军陈树藩、山西督军阎锡山，皆以其地拒命。嗣冲以倪毓棻为北伐司令，率兵薄丰台，曹锟等亦各以兵来犯。君见事亟，即部第一舰队司令林葆怿率舰驻大沽口以待之，群叛已会师天津，设总参谋处，以徐世昌为大元帅。六月四日，君入见黎公，曰："叛军陵迫，大总统宜避其锋。西南诸省暴力所不逮，璧光愿率舰队奉大总统南下，号师剪逆，请速定计。"黎公不能决，君固请，始遣君出集舰队以俟事变。君闻命，逾宿即行，九日至上海，召林葆怿与诸舰长议讨贼为天下倡。时孙公已先导说海军将佐，未成言，君至，与孙公谋，以军饷属之。十二日，解散国会令下，两广始自主。七月一日，张勋以故清帝溥仪复辟，黎公逊于日本使馆。君闻变，即遣三舰奉迎，以电书致日本公使，请护黎公至天津。公使不肯，乃与上海护军使卢永祥宣檄以讨张勋。会总统府幕僚金永炎来，言黎公已辞职，以印致副总统冯国璋于江宁矣。君固请黎公毋退，且致国璋书，言大总统尚在，号令未绝，欲以阻国璋。七日，国璋宣布代理大

总统职，君复以电书诘之，国璋竟不从。于是腾书讨贼，先以海琛应瑞奉孙公赴番禺，而自率葆怿及前外交总长唐绍仪以七舰从之而南。当是时刻冠雄及海军上将萨镇冰数以无线电阻海军南行，凡五六至，卒不能动。八月，君部七舰抵番禺，自是两院议员来赴者几百人。九月，国会非常会议选孙公为大元帅，两广巡阅使陆荣廷、云南督军唐继尧为元帅，稍军政府焉。

张勋之变，冯段皆知情，至是勋虽败，国人不欲奉冯氏，尤恶段祺瑞首乱。凡隶于军政府者，广东、广西、云南、贵州四省，皆称护法，不仞冯国璋位号，其后湖南、四川皆奉牒如律令，卒以西南一隅，抗僭伪全制之力者，自君始也。军政府既建，君以海军总长赴邕宁见荣廷，广西始发兵援湖南。十月，援长沙。君还，与滇军军长李烈钧、粤军军长陈炯明东略福建，会琼崖矿务督办龙济光受北廷命，称两广巡阅使，以水师向汕头。君闻，即还师迎讨之，以三舰分截北海闸坡崖门。龙氏军不得进，卒以大挫。时军政府之兴四五月矣，然拥虚名，群帅未尝受方略。孙公在番禺，广西诸将尤不怡。各省分峙，无适为枢纲。唐继尧、李烈钧欲起西南各省联合会以凝之，君始附其议，久之知其无远图，心不慊，其议卒寝。七年二月，始议改建军政府，以政务总裁易元帅，孙公尚持重，久亦不能远众议。议未定，广东人欲以君为督，而

君由是殇矣。

初海军治所在海珠，地迫狭，君时时屏导从出游，或戒以自重者。会易督议起，飞书狎至，君皆不省。二十六日莫，以事乘小艇渡江，及岸，贼突至，举铳击之，中肋穿匈，遂卒。年六十。护法诸省闻之，知与不知皆失声恸。军府及广东将吏以令购贼，竟不能得主名。配邓夫人，妾梁，子耀楠，女适江浦张铸。九年一月，葬宝山八字桥之原。二月，建铜像番禺。君临变倜傥有大节，而处官廉，虽至辅政，未尝增服器。卒之日，遣孙公所资海军银币不在经费者二十三万，耀楠悉反之海军部，承君志也。其后徐世昌盗国，南北乞盟，曹锟、张作霖复段祺瑞，更四五年未定。十一年夏，大总统黎公复位，赠勋一位海军上将，而章炳麟为之碑。铭曰：

乾德之衰，北辰其颓，国命邅回。彼骄以桀，盗之槎蘖，乱我法契。蹶哉夫子，奋衣卓起，于三千里。谂动而鸣，如霆如霆，群贼震惊。篡夫独夔，我褫其气，以贞名器。发自江浦，挺彼大武，莫余敢阻。虎门之隈，四方是蔡，暨于坤维。乃践邕宁，出其胜兵，以临洞庭。乃截儋耳，寇不出涘，踠迹而止。大业未登，旻天载梦，为奸所乘。夫子之亡，盗言浸剛，出师否臧。百舻湫久，苔蛤胶糅，届沙则胕。虽则否臧，大龟烝湘，群舒于襄。庚以五年，巨灵噭天，法统再延。觥觥铜桌，扬休且烈，式是百粤。

仡此鸿冢，桓表有竦，书其神勇。

历史留下来的关于程璧光上将的资料不多，而关于他被刺的原因和过程更多的是猜测，而章太炎撰程璧光墓碑可以补史料之不足。

始作俑者——俑

"始作俑者"是一句成语，喻某种坏事或恶劣风俗的肇始者。此语出自《孟子·梁惠王上》：

仲尼曰："始作俑者，其无后乎！"为其象人而用之也。

许慎《说文解字》释："俑，痛也。从人，甬声。"这段文字大简，不太易理解。段玉裁注：

此与《心部》"恫"音义同。《礼记》、《孟子》之"俑"，偶人也；俑即偶之假借字。如"喁"亦禺声而读鱼容切也。假借之义行而本义废矣。《广韵》引《埤苍》说："木人送葬，设关而能跳踊。故名之俑。"

"俑"与"恫"是异体字，而《孟子》中的"俑"是"偶"的假借字，这个假借字使用多了，于是它作为"恫"的异体字反而被人们遗忘了，而"偶"就是傀儡，就是用泥土或木头等材料做的假人。段玉裁还引用了古籍《埤苍》中的释文——"木人送葬，设关而能跳踊，故名之俑"，意思是：古代人用一种木头做的人作殉葬，这种木头人里设有机关，会像真人一样跳踊，所以被叫作"俑"。我猜测，《埤苍》中讲的会跳踊的木头人就是"傀儡戏"，也就是现在的木偶戏，在送葬时使用，葬礼将结束时就把俑作为殉葬品埋入墓中。"仲尼"即孔子，"始作俑者，其无后乎！"就是——那个发明用假人作为殉葬的人，他一定会绝百代！

从现代的社会学、人类学和考古成就可以证明，在原始社会的后期和奴隶社会的早期，奴隶主杀死奴隶殉葬是十分普遍的现象，当奴隶社会向封建社会过渡时，一方面是"人文主义"的思想占了上风，以活人殉葬被视为非人道的行为而受到批判和阻止，而更重要的是随着生产力水平的提高，奴隶是创造财富的"机器"，也是财富的象征，用活人殉葬是一种很不划算的事，于是，以活人殉葬之风气逐渐淡薄。但是积习难改，如不用真人殉葬，那必须设计出一种"代用品"，于是就出现了以俑代人的葬俗，想来，"始作俑者"是社会风俗，而不是哪一个具体的人。

《礼记·檀弓下》：

孔子谓为明器者，知丧道矣，备物而不可用也，哀哉！死者而用生者之器也，不殆于用殉乎哉。其曰明器，神明之也；涂车刍灵，自古有之，明器之道也。孔子谓为刍灵者善，谓为俑者不仁，不殆于用人乎哉。

现代人阅读古代汉语有一定的难度，注释如下，"明器"即"冥器"，即专门为随葬而制作的器物；"涂车刍灵"，郑玄注："刍灵，束茅草为人马，谓之灵者，神之类也。"陈澔注："涂车，以泥为车也，束草为人形，以为死者之从卫，谓之刍灵，略似人形而已。"这段文字可以译为：孔子认为，先要懂得明器的使用，才能知道丧礼的意义，而如今，办丧事的人备了许多的明器，而这些明器是不能用的，这是多么可悲的事啊！活人使用的东西拿去给死人陪葬，这与用活人殉葬一样地不可理喻！陪葬品之所以被叫作明器，就是一种神灵之器。用泥土做的车，草扎的人马作陪葬，这是自古就有的方式，为什么不照这种方式做呢？孔子还说，用涂车刍灵的方式陪葬比较好，而用木俑的方式是一种不人道的行为，因为用木俑陪葬与用活人殉葬没有什么区别。

现代出版的辞书一般把"明器"释为"专为随葬而制作的器物，一般用陶或木、石制成。"此释文不够全面。"涂车"是泥或陶制的明器它不易腐烂，通常用于随葬，已出土的秦始皇兵马俑应该属于"涂车"类，而"刍灵"则是草扎的人或动物，用于葬礼时的祭奠，礼毕后焚烧。古人以为，被烧的明器会随袅袅上升的烟雾，追随死者进入另一个世界。草扎的刍灵是焚烧的，即使没被焚烧，它也早已腐烂了，不可能保存至今，我们只能通过文献了解它的存在。

《庄子·天运》中讲：

夫刍狗之未陈也，盛以箧衍，中以文绣，尸祝齐戒以将之；及其已陈也，行者践其首背，苏者取而爨之而已。

唐陆德明释："刍狗，结刍为狗，巫祝用之。"

《老子》：

天地不仁，以万物为刍狗；圣人不仁，以百姓为刍狗。

注："结刍为狗，用之祭祀，既毕事则弃而践之。"刍狗就是一种草扎的狗，用于祭祀或祭奠，古人之所以选择狗，这可能与狗是主人的伺从，忠于主人有关。在祭祀或祭奠前，刍狗可是神灵，可威风着呢，人们为它穿上漂亮的衣服，放进装神灵的筐里，祭祀人恭恭敬敬地向它礼拜。而当祭祀一结束，它就被扔在一边，任人踩踏，缺柴烧的人家又捡去当作柴火，用它烧饭炒菜。这就是迷信和信仰的威力。

据报道，近期电脑中流行一种叫作"巫毒"的咒人的"游戏"，即在电脑中设计一偶人，再把你想诅咒的人的姓名、籍贯、性别、出生年月等信息打到偶人身上，再用恶毒的方法诅咒它，被诅咒者也许真的会倒运。实际上这种诅咒方法古已有之，不过不叫"巫毒"，而叫"巫蛊"。"蛊"是由"虫"和"皿"合成，孔颖达《礼记正义·王制》释："蛊，是虫食器皿。"青铜器皿是古代高档生活用品，青铜容易被锈蚀，这是表面氧化的结果，而古人不懂化学，误以为是被一种"蛊"的虫吃了。

《汉书·武帝纪》《江充传》中讲了一个故事：汉武帝时，方士、神巫多聚京师，女巫可随便出入宫中，她们教宫中人在各处埋木偶以消弭灾难。当时适逢武帝病重，江充对武帝讲，你的病是有人在宫中作巫蛊而引起的，于是武帝派江充在宫中调查和搜查。而江充与太子据的关系很坏，于是江充向武帝谎称，"于太子宫得木偶六枚，上以针刺"，武帝真的以为是太子在害他，太子据则有口难辩，只得逃出宫外，起兵捕杀江充，最后兵败自尽。这就是中国历史上有名的事件——"巫蛊之狱"。

看来，古人深信"刍灵"可以祭奠亡灵，也可以算计活人。

从考古发掘的实际情况分析，从春秋战国至唐朝的近千年间，以泥制的"涂车"作随葬经久不衰，在全国的博物馆的展厅里摆满了唐代以前的陶俑木偶，其中秦始皇的兵马俑到了登峰造极的地步，也许是草扎的"刍灵"造型简单粗糙，当汉代造纸术发明后，"刍灵"就被织品、纸张替代，《旧唐书·李勣传》中有这样一段话："明器唯作马五六匹，下帐用幔布为顶，白纱为裙，其中著十个木人，示依古礼刍灵之义，此外一物不用。"所谓"示依古礼刍灵之义"，就是略表示这是仿效古代的刍灵的意思。

据《玉烛宝典》《金谷园记》《荆楚岁时记》等古籍中记载，上古的帝高阳氏有个小儿子，他生前脾气怪异，喜欢穿破旧的衣服，人们就叫他为"穷子"，而他死后则化为厉鬼，随时会流窜到人间，躲到人们的家中，专门做惊吓小孩、传播瘟疫的勾当，人们为了讨好"穷子"，超度他的亡灵，就定期焚烧破旧衣服，还沿街呼喊："送穷！送穷！"这一天就被叫作"送穷日"或"烧衣节"。各地的"送穷日"或"烧衣节"的日期不尽相同，归纳起来主要集中在：除夕、正月晦日、清明、农历六月六、中元（农历七月十五）、十月朔（农历十月初一）等，而这些日子基本上是传统的祭祀祖先的日子。开始，百姓确实是烧破旧衣服的，古代人生活并不富裕，不见得每年有不能穿的破旧衣服，后来也演变成"剪纸五色，作男女衣，长尺有咫，曰寒衣，奠焚于门，曰送寒衣"。"剪纸为衣，以施鬼之无衣者，曰冥衣"。

墓葬中的买地契

买地契又叫买地券、买地莂，是一种古代殡葬风俗中常见的"伪券"，即如现代风俗中的"冥钞"不是真钞一样，是一种仅用于丧仪的假券。

一般以为，买地券脱形于东汉的"镇墓文"。汉代是中国道教的发生和发展年代，中国道教的第一部经典——《太平经》就出现于汉代，《太平经》的作者就自称"吾乃上辞于天，亲见遣，而下为帝王万民具陈，解万世承负之词也；吾者，我也，我者即天所急使神人也"。汉代道教的一大贡献就是把原始宗教中的神和鬼世俗化、人格化，从而产生了中国一个个有具体职务和职能，有生平事迹的可亲可近，有血有肉的中国神道人物，而道士则成了可以介于天人人鬼之间的天师，他们可以向人间转达天帝的旨意，也可以左右和调遣鬼神的活动，而镇墓文几乎就是转达道士（天师）对鬼神的一道训示令。

山西出土的东汉熹平二年（173年）张氏镇墓文是目前所知最早的镇墓文之一，其文如下：

熹平二年十二月己巳朔十六日庚申，天帝使者告张氏之家二丘五墓、墓左墓右、中央墓主、冢丞冢令、主冢司令、魂门亭长、冢中游击等；敢告移丘丞、墓佰（墓佰）、地下二千石、东冢侯、西冢伯、地下击殖卿、耗里伍长等。今日吉良，非用他故，但以死人张叔敬，薄命蚤（早）死，当来下归丘墓。黄神生五岳，主生人录；召魂召魄，主死人藉。生人筑高台，死人归深埋，眉须以落，下为土灰。今故上复除之药，欲令后世无有死者。上党人参九枚，欲持代生人，铅人持代死人；黄豆瓜子，死人持给地下赋；立制牡厉，辟除土咎，欲令祸殃不行。传到，约束地史，勿复烦扰张氏之家。急急如律令！

镇墓文的大致意思是：某年月日，

天帝使者告示张氏之坟相邻的其他坟主，移文阴世中的官吏，张氏宗人张叔敬死了，他将从阳世转阴世，随葬的部分物品是给你们的礼品，部分是向阴世政府交纳的赋税，他已向阴世报到并成为合法的"公民"，阳世的地方官吏不得再去烦扰他。

从法律角度上分析，镇墓文只是"天帝使者"签发给死人的一份阴世的合法居住证，而不是阴世土地、房产的产证，于是，到了后来，这种镇墓文就逐渐被"买地券"替代。历年出土的买地券数量较多。著名者有《吴·浩宗墓券》（黄武四年）、《晋·杨绍基墓荊》（太庚五年）、《朱曼妻薛墓券》（咸康五年）、《宋·王佛女墓券》（元嘉九年）、《唐·乔进臣墓牒》（元和九年）等，统览这些不同年代和地点的买地券，其格式和内容大同小异，首书死者名讳，死亡时间，次书买地四至及证人等，而四至及证人大多是缥缈之词。北宋官修的《重校正地理新书》中收有一份买地券的范文，抄录如下：

　　某年月日，具官封姓名，以某年月日殁故，龟筮叶从，相袭地吉，宜于某州某县某乡原安厝宅兆，谨用钱九万九千九百九十九贯文，兼五彩信币，买地一段，东西若干步，南北若干步；东至青龙，西至白虎，南至朱雀，北至玄武；内方勾陈，分掌四域；丘丞墓伯、封步界畔；道路将军，齐整阡陌；千秋万岁，永

无殃咎，若辄干犯呵禁者，将军亭长收负河伯。今以牲牢酒饭，百味香新，共为信契。财地交相分付，工匠修营安厝以后，永保休吉。知见人、岁月主、保人、今日值符。故气邪精不得忏客；先有居者，永避万里。若违此约，地府主吏自当其祸，主人内外存亡，悉皆安吉。急急如五帝使者女青律令。

《重校正地理新书》是一部官修的地理书，立即成为地理先生（即风水先生）必读的实用地理手册，于是在此后的若干年中，地理先生写的买地券大多以该书收录的买地券为范文，买地券的书写格式和内容也成了千篇一律的套文。

周密，字公谨，号草窗，原籍山东济南，流寓浙江吴兴，南宋后年曾任义乌知县，宋亡不仕，注重民俗资料的收集和研究，著作颇丰，其中《齐东野语》、《武林旧事》等至今仍被视为研究民俗学的重要资料。其《癸辛杂识别集下·买地券》中讲：

　　今人造墓，必用买地券，以梓木为之，朱书云："用钱九万九千九百九十九文，买到某地"云云，此村巫风俗如此，殊为可笑。及观元遗山《续夷坚志》，载曲阳燕川青阳坝有人起墓，得铁券刻金字，云："勅葬忠臣王处存，贶钱九万九千九百九十九贯九百九十九文。"此唐哀宗之时，然则此事由来久矣。

王处存是唐哀宗时期人，官节度使，黄巢

攻进京城时，他还没等皇帝下诏就带兵返还京城，平息了战争，功论第一，死谥忠肃。唐哀帝是唐朝的末代皇帝，"敕"字与"敕"字通用，作为皇帝对臣僚的表彰、勉励文书使用。也许唐哀帝的唐王朝已岌岌可危，所以已没有能力为这位"功论第一"的大忠臣做墓，甚至来不及为他刻一方墓志铭，草草地根据民间的葬俗，特铸了一块金属的买地券，券文字也仿自民间，唯一区别就是"敕"，表示这块阴曹地府的土地是由俗世的皇帝买下的。

周密说"今人造墓，必用买地券"，看来宋朝的殡葬制度中已普遍使用买地券。上海市历史博物馆的库房里有不少买地券，均为梓木薄板，上书朱字，这些买地券均是解放后从明墓中出土的。据说，这些买地券初出土时，上面的朱字依稀可见，但没过多久就渐渐淡去，有的消失了。我见过几方部分文字仍在的买地券，也因文字脱落太多而没下工夫去研究。

2003年9月29日，在上海宛平南路近零陵路上海精神卫生中心工地上，发现一明代古墓，出土葬有一男二女的棺木，其中男棺中出土一用朱笔书在木板上的"买地契"一份，由于年代久远，契上的大部分文字已辨识不清，尚能看清的有"丁酉年"、"肇嘉浜"、"诰封"、"合盛于……六十七"、"城隍庙"等字，而其中"城隍庙"三字是反书的。该消息经媒体报道后，引起了市民极大的兴趣，不

少人来电博物馆，希望知道此"买地契"在古代殡葬中派何作用的。

从1994年至今，上海发现的明代墓葬为数不少，也有买地券出土，也许由于熟视无睹的缘故，确实没有人对上海出土的买地券作研究和报道。这次出土的买地券大部分文字上难以辨认，但可辨认者如"肇嘉浜：是古代流经上海县城的最大河流，它的故道相当于今漕溪北路（蒲汇塘路北段）、肇嘉浜路、徐家汇路、方斜路、复兴东路，而反书的"城隍庙"与历年出土的买地券不同。这可能基于这样的原因：朱元璋建立大明政权后，为了加强皇权，废除了中国千余年的宰相制，建立内阁制，内阁是中央政府的中枢机构，而各部只是执行机构；同时，和尚出身的朱元璋下令全国州县必须建立城隍庙，使城隍庙取代各种各样的神道而成为一个地方的阴曹地府的行政长官，死人在阴间受制于城隍老爷，于是明代以后的买地券不必书写如丘丞墓伯、道路将军、将军亭伯之类的各路神仙，只要书写"城隍庙"就可以了。我见到过不少明代买地券，但券中"城隍庙"反书者，确实少见，估计这是古人以为阴阳相反的缘故吧。

总结上海地区已发掘的古墓情况来看，一般规模大的墓中能见到墓志铭，而次一档的墓中只有买地券，不见一个墓里同时出现墓志铭和买地券的现象。这样我们就可以得出一个基本的结论，即

墓志铭最初的目的就是死者到阴间"报户口"的信凭，而买地券则是死者在阴曹地府购置土地和居住的凭证，二者的作用是一样的，就是使死者到阴世后能安居乐业，不要化作冤魂野鬼到处游荡。石刻的墓志铭成本很高，而手书在梓板上的买地券价格低廉，于是，在民间的葬礼中，使用买地券的比例急剧上升，这才使宋代以后出土的墓志铭越来越少。

上海地区清代中期以后的墓葬中已没有买地券了，这可能与上海道士们发明的以"路引"向阴曹地府申报户口，领取居住证有关，此已不是"凶具"所讲的范围，而是丧事中的风俗就放在下一章中介绍。

赴告、讣告、讣闻

现代的传媒业很发达，常可以在报刊上看见"讣告"来发布某某人死亡的消息，一些发行量大的报刊中，"讣告"占了不少篇幅。而在传媒业不发达，没有报刊的情况下，人们只能"奔走相告"，即丧家派专人到亲朋好友家告之。《仪礼·士丧礼》中讲：在确定死者正式死亡后，"护丧者使人讣于有司及戚友"，这可能是针对有职官的死者而言的，"有司"就是政府机关或管理部门，"讣于有司"就是向死者的所在单位报告；在农耕年代，除了官吏之外，绝大部分百姓是农民、个体手工业者和自由职业者，他们是没有自己的"有司"的。但是到了近代以后，户籍制度日益严格，不论是农村还是城市，人死亡后必须持户籍管理机构——派出所出具的"死亡证明"才能殡葬尸体，所以百姓也得向"有司"——派出所报告了。

《仪礼·士丧礼》的文字是"护丧者使人讣于有司及戚友"，所谓"使人"就是"派人"。江南地区风俗，报丧者一般不是死者的直系亲属，而是由关系稍远的同族人担任。一般两人搭档，报丧人手挽黄布伞一柄，伞头向下，报丧时一般不进对方家门，只在门口将丧事告知对方后即离开；接报者也不留客，略致慰问词后即送别报丧人。当报丧人走远后，有的接报人会在自家门口摔破一只碗，民间认为丧事是凶事，报丧者为"丧门星"，破碎一只碗可以消除丧门之灾，如从另一个民俗学的角度讲，"碎"与"岁"谐音，破碎可以得到"岁岁平安"。现在，科学战胜了迷信，否则，读报人每天要阅读许多报丧的"讣告"，不知该摔多少只碗才能换得"岁岁平安"呢！

东汉许慎《说文解字》是中国最早的字书，也是很权威的巨著，可惜，书中并没有收"讣"字，清朱骏声《说文通训定声》在"赴"字条下释：

《左氏春秋序》："赴告策书"，疏："凶

事谓之赴。"《礼仪·聘礼》："赴者未至。"注："今文赴作讣。"《礼记·檀弓》："赴于孔子。"注："告也。"《杂记》："凡讣于其君。"

原来，古人是派专人以"奔走相告"的方式传达噩耗的，所以传达噩耗就讲作"赴"，但是，赴者最后仍然须以"言"相告，于是"赴"也被写作"讣"，当然，在用于传达噩耗时，"赴"与"讣"就可以通用了。

《礼记·杂记》中讲：

凡讣于其君，曰："君之臣某死。"

郑玄注：

讣，或皆作赴；赴，至也。臣死，其子使人至君所告之。

这段文字比较容易理解：讣与赴是同一个字，赴就是急匆匆赶到那里去的意思，一个大臣死了，他的子女必须立即派人到宫廷向国君报告，说："你的臣子某人死了。当然，一个常人死了，他的子女也必须及时将噩耗告知他们的亲朋好友，也讲作"赴"。口头传达容易出差错，当大敛结束后，丧家确定设立灵堂地点、吊丧时间或下葬日期后，就将这些内容，"护丧者以丧主名义为书，偏告于有司及戚友"，即以书面形式通知对方，于是"赴"又多被"讣"替代。

"讣告"的原意是报丧。汉班固《白虎通·崩薨》："天主崩，讣告诸侯。"所以"密不发丧"也被讲作"密不发讣"。

讣告也被讲作"讣闻"，二者略有区别，讣告只是报丧，讣闻最初是指听到或接到某人的死讯。如苏东坡《赵清南公神道碑》："二日而公薨，实七年八月癸巳也。讣闻，天子辍朝一日，赠太子少卿。"这"讣闻"可以理解为听到某人的死讯，或死讯传到某人那里。至迟到了明朝，讣告、赴告、讣闻、赴闻就成了同名词，并形成相对固定的写书内容和排版格式。讣告中必须书写以下几方面的内容：一、丧主对死者之称谓；二、死者官衔、荣典、仕履、出身；三、死者生卒年月日时；四、卒时子或孙是否在身旁；五、死亡地点；六、是否含殓成服；七、葬地；八、下窆月日时；九、发引月日时，丧主以下五服宗亲及其他人。

几年前我的一位朋友从旧货市场淘到一份民国二十二年（1933年）上海汪家的讣闻，木版雕版印刷，长105公分，高47公分，格式基本遵照旧制，将原文字重排如图。

单从讣闻内容看不出这户汪家是哪一家，不过，该讣闻的背后有用蓝黑墨水书写的"旧通志馆工作报告志用等，从柳先生家取来1950/11/28检查"字样，这里的"柳先生"显然是指上海通志馆的柳亚子先生。估计该讣闻是死者家属发给柳亚子先生的。据此推断，这位"陈太夫人"的丈夫应该是江苏武进（今常州）人汪文溥。

汪文溥（1869~1925），字兰皋，号幼安，又号忏庵，别署北海后身，是南

讣

丧居上海徐家汇路一百廿一号
幕设牯岭路六号普益代办所

不孝等菲孽深重不自殒灭祸延

显妣陈太夫人痛于中华民国二十二年十月二十日丑时寿
终内寝距生于清同治五年十月初六日亥时享年六十有
八岁不孝等随侍在侧亲视含殓遵礼成服谨择于国历十
二月十七日领帖翌日扶柩回武进原籍安葬泰叩

谨择于国历十二月十七日领帖

孤哀 子 汪 泣血稽颡
齐哀 泣稽颡
功服侄 拭泪稽首
小功服侄孙 安 拭泪稽首
护丧功服夫弟 宗济 稽首

威世年寅友乡邻
谊哀此讣

闻

社成员，并参加兴中会、民社、鸥社，任《苏报》编辑，《苏报》被查封后，一度任湖南醴陵知县，1906年醴陵革命起义，他从中保全革命军而以失职被革职，后来参加广东黄冈起义被捕，得到新军协统刘玉堂的营救被释放，清末定居上海。中华民国建立后，在上海主持《中华实业家报》、《民声日报》等，著有《汪文溥日记》、《耒台集》、《桃源通史》等。而讣闻中的陈太夫人则是陈范的妹妹。

陈范（1860~1913），原籍湖南衡阳，曾祖迁江苏阳湖（今常州），字叔柔、叔畴，号梦坡、蜕庵、蜕盦等。光绪十五年（1889年）举人，任江西铅山知县，后迁居上海，1898年接办《苏报》，支持革命，公开发表邹容《革命军》，又选录章太炎《驳康有为〈论革命书〉》等反清排满的文章，导致《苏报》案的发生，他逃亡日本。后回国任《太平洋报》、《民主报》主笔，是南社主要成员。

陈太夫人是南社社员汪文溥的妻子，陈范的妹妹，讣闻又是送给南社创始人柳亚子的，这份讣闻便更具史料和文物价值了。

孙家振（1863~1939），上海人，字玉声，号漱石，海上漱石生、退醒庐主人等，是清代和民国著名报人，历任《新闻报》、《时事新报》、《舆论时事报》主笔，又自办《乘风报》、《笑林报》、《新世界报》、《大世界》等小报，是公认的"上海通"，他还是小说家和剧作家，代表作有《海上繁华梦》、《续海上繁华梦》、《如此官场》等，被公认为民国时期旧派小说的代表作家。《退醒庐笔记》则是他著的史料性笔扎，作者自称"莽吾之才、之学、之识，仿史家传记体裁，将生平所闻见者著笔记"，其史料价值颇高。该书有篇"奇异讣闻"，讲了民国以后讣闻的格式和措词的变化，这是其他学者鲜有提及的内容，故抄录如下：

讣闻措词虽无定制，而以沪上之习见者而论，其式略同，不过民国以来有自矜渊博之家以"讣"字书作"赴"字者，缘讣、赴二字古文本可通用，不足为异。若为父母开吊或承重孙为祖父母开吊，删去起首句中旧式之"不孝某某，罪孽深重，不自殒灭"等字而易以"侍奉无状"等句；及"遵制成服"，民国成立未定丧制，易为"遵礼成服"或"即日成服"，皆不足为奇。

可能汪家是很传统的书香门第，所以，汪家的这份民国二十二年的讣闻并不如孙先生所讲的那样，依然使用传统的格式和措词。

孙先生还讲：

至于孤子、哀子等称，如父母死而继母在堂，应书"慈命称哀"，倘本身乃为庶出，未经扶升正室，应书"生慈命称哀"，此则千篇一律，唯"生慈命称哀"迩来鲜见，以人每讳庶出身。

汪家陈太夫人讣闻的举讣人首列为"孤哀子/女　汪仲长、立诚、景侃、璧君、怡婉　继陶　泣血稽颡"，也就是把汪文溥的继室陶氏作为与汪文溥的子女同一等级的举哀人，而民国的讣闻中"如父母死而继母在堂，应书'慈命称哀'"，"慈"的本义是爱，古代汉语中也特指母亲，所谓"慈命称哀"即听从母亲的教训而举哀，由此可见，进入民国后，至少在丧仪中，继母的地位就大大地提升了。

孙先生还列举了民国讣闻的措词与清代的不同处，这涉及太多的古代汉语及丧仪的知识，不是三言两语所能叙述清楚的，今略，只谈一谈讣闻（讣告）这种文书形式。

而在此之前，讣告、讣闻大多为木刻雕版印刷品，尺幅不受限定，一般分二种，一种尺幅较小，通过报丧者直接送递到亲朋好友家中，另一种尺幅很大，相当于布告，张贴在丧家的门口。尽管丧仪是中国人生礼仪中最隆重的礼仪，但是，中国人忌讳丧仪、丧事，所以，这类讣闻留传至今者实在是太少了。上海市历史博物馆收藏了一份朱方甫的讣闻（如此大馆也仅收藏这一件，可见讣闻的存世量之少了），讣闻中讲：

……云甫府君痛于光绪戊寅年（1878年）五月初一日辰时疾终天津招商局差次，距生于道光丁酉年（1837年）四月二十五日午时，享年四十二岁……

这讣告中的云甫是近代洋务运动中重要人物朱其昂，他是江苏宝山（今属上海市）人，字云甫。原来是以沙船为世业的淞沪巨商，在1877年（光绪三年），为招商局购买美商旗昌轮船公司财产，曾赴江、粤、浙等地筹款。次年由李鸿章委为津海关道，任命三日后去世。

笔者查阅过许多收有"朱其昂"的词典，其出生年份均为"？"，而从这份讣闻可知，朱其昂的出生年份是"道光丁酉年"，即公元1837年。

讣、讣闻、讣告在今天的丧仪中依然存在于某些场合，讣闻还是极重要的丧仪文书，所以，讣闻的历史应该是中国殡葬文化和历史的重要内容和环节，应该得到重视。

进入近代以后，中国的报刊逐渐发达起来，如遇社会重要人物死亡，报刊会把他（们）的讣告、讣闻作为重大新闻加以刊登，报刊的广告也接受刊登讣告、讣闻。所以，我们只要翻阅报刊，就能读到历年发布过的各种讣告、讣闻。如1916年10月31日辛亥革命先驱者黄兴逝世，上海各报刊登"讣闻"：

黄公讳兴，字克强，痛于民国五年十月三十一日午前四时疾终沪寓，享年四十有三。经于十一月二日午前五时入殓，谨定于十二月二十一、二在福开森路本宅（今武康路393号）开吊，二十三日举殡长沙。哀此讣闻。子，一欧、一中、一美、一球，女：振华、文华、德华。主表人：孙文（即孙中山）、唐绍仪、李烈钧、蔡元培、柏文蔚、谭人凤。

在大多数情况下，私人住宅不会对社会公布。而黄兴是民国伟人，他从美国返回上海的任务就是策动革命，推翻北洋政权，他的私人住宅就更秘密了。黄兴逝世后，他的灵堂就设在他住的法租界福开森路393号住宅里，后人也是根据这一线索来确定黄兴住宅。

讣闻最初的意思是听到某人的噩耗，大概到了明代以后，讣闻与讣告成了同名词，于是人们又把接到噩耗讲作"闻讣"。中国的封建社会强调"忠孝治天下"，忠即效忠皇帝，孝则孝顺父母。所以，遇皇帝驾崩，举国举哀，称之"国哀"，国哀的日期由政府规定，短则数月，长者逾年，国哀期间禁止一切娱乐性活动，甚至禁止民间婚嫁，而官吏任职时，父亲或母亲死了，必须辞官回家守丧，这被称作"丁艰"或"丁忧"，父丧被称作"丁内艰"，母丧则称作"丁外艰"。丁忧的时间为二十七个月，即官吏接到父亲的死讯后必须辞官守制，以二十七个月为服满；如前服未满，又接到母亲的死讯，则须再延长二十七个月。到了清朝，这种制度有满、汉之分。"闻讣者，丁忧官以闻讣日为始，治丧官旗员以闻讣日为始，汉员以见丧日为始。"即旗人官员的丁忧服期当从接到讣闻的那一天开始算起，而汉人官员则从父亲或母亲死亡的那一天算起。丁忧制度与今天的"丧葬假"有点相似。不过，治丧的日期大大缩短了。

挽联说『挽』

对联是中国特有文体，由上联和下联成对组成，一般张贴、悬挂或镌刻在建筑的门、厅或柱子上，讲究对仗工整。根据对联所放的位置和性质的不同，可以分为门联、楹联、春联、寿联、挽联等，挽联特指哀悼死者的联。

"挽"的原字为"輓"，《说文解字》："輓引车也。"《左传·襄公十四年》："谓其人曰：'卫君必入。夫二子者，或輓之，或推之，欲无入，得?！'"文中的"輓"即在前面牵拉车子，"推"则是在后面推动车子。徐光启《农政全书》卷十八："犁辕贯以横木，二人扶之，可使数牛輓行。"这"輓行"就是牵拉着前进，旧时架在牛身上牵行牛车的横架就叫作"輓牛"。多年前，上海市历史博物馆委托崇明博物馆收集一些传统的农具，并收集到几架旧时使用的水车，水车中架在水池边，人可以将身子依在上面踩踏水车的架子，崇明人称之"mi牛"，但不知"mi"怎么写，该词是什么意思，实际上这就是"輓牛"，但乡人误将"輓"读作mi。

古代的运柩的灵车分作二大类，一种即轝，这是一种近似于"舆"，即今称之"轿子"的工具，是靠人力抬的，另一种叫作"辒"，实际上是有轮子的车子，一般百姓的棺木较小、较轻，人工用轝抬就可以了，而帝王将相，王公贵族的棺木既大且沉，靠人力抬就很困难，那就得用辒车。如客死他乡，要把灵柩运回家乡下葬，那也非得用辒车不可。

《礼记·杂记上》中讲：

诸侯行而死于馆，则其复如其国；如于道，则升其乘车之左毂以绥复；其辒有裧缁布帷，素锦以为屋而行，至于庙门，不毁墙遂入，适所殡，唯辒为说于庙门外。

引文中的"复"即"招魂旗"，"辒"原指灵车上的装饰，而"辒车"就是运送灵柩的车子。"说"即"脱"的假借字。这样全文的大意是：当诸侯外出死于行宫里，招魂的方式与在国内一样，爬到屋顶上叫招魂，如在旅途中死了，则将其随行的"国旗"改为招魂旗，插在诸侯原来乘的车子的左侧，用布帷盖住诸侯的遗体，用素色的锦缎在车上建一个临时性的布屋，立即赶回自己的国家，当到达宗庙时，乘车直接进入大门，停到大殿前，而那些临时放上去的"辒"则脱下来放在庙门外。

古代，越是地位高的人，他的棺木就越大、越重，运输灵柩的轝或辒车也越大。所以，古代出殡还须用一种粗大的绳子，它可以用于起重棺木、牵引灵车，将棺木下放到墓穴里。郑玄注《礼记·丧大记》中讲：这种绳索"在棺曰綍，行道曰引，至圹将窆又曰綍。"《左传·昭公三十年》：晋顷公死了，郑国派游者"吊，目送葬"（吊唁并参加出殡），有人问游

者关于丧事的仪礼,游者回答道:

> ……先王之制,诸侯之丧,士吊,大夫送葬,唯嘉好聘享三军之事,于是乎卿。晋之丧事,敝邑之间,先君有所助执绋矣。若其不间,虽士大夫有所不获数矣。

杜预注:

> 绋,輓索也。礼,送葬必执绋。

绋就是"车引",就是牵引灵车的绳索。送葬时,为了表示对死者的尊重,送葬的人应该牵拉绋,护送灵柩抵达墓地下葬,于是,"輓"就有一个特殊的含义——哀悼,常用的词如輓歌、輓辞、輓诗、輓联等。

哭和歌在古代汉语中都是指人的感情流露。段玉裁《说文解字注》以为"哭本谓犬嗥,而移以言人也"。犬是被驯化了的狼,犬和狼的嗥声很凄凉、悲哀,用于人时就指人因悲伤或情绪激动而流泪和发出的哀声。而"歌"可以理解为人有感而发的唱咏,《诗经·魏风·园有桃》:"心之忧矣,我歌且谣。"——心中有无限的烦恼和忧愁,我只能以歌咏的方式来表达和平息。出殡时,亲人们以"号哭辟踊"——捶胸顿足,放声大哭的方式哭别亲人,而友人一般就以歌咏的方式表示哀悼,于是在执绋輓行的时候,人们唱一种歌,那就是——"輓歌"。

《正字通·车部》:

> 輓,輓歌。《谯周法训》:輓歌者,高帝召田横,至尸乡,自杀,从者不敢哭,故为此歌以寄哀。《文选》注:使輓柩者歌之,因呼为輓歌。

田横是秦末汉初人,秦末自立为齐王,汉高祖刘邦登基后,逃窜到沿海岛中,刘邦召田横赴京,田横深知此去凶多吉少,就在半路上自杀了,他的随从不敢放声大哭,只能用輓歌来表达悲痛之情。

《文选·宋玉〈对楚王问〉》中讲了一则有趣的故事:有一位善于唱歌的人在楚国的国都——郢城里唱歌,当他唱《下里巴人》时,随他一起唱的人有数千人之多,当他唱"阳阿"、"薤露"时,能随他一起唱的人就只有几百人了,而当他唱《阳春》、《白雪》时,能和他一起唱的只有几十人而已,这就是所谓的"曲高和寡",今成语中以"下里巴人"喻民间的、低俗的、以"阳春白雪"喻高雅的、高深的就出典于此。而《薤露》就是古代的輓歌,晋崔豹《古今注》中讲:

> 《薤露》、《蒿里》,并丧歌也。出田横门人,横自杀,门人伤之,为之悲歌,言人命如薤上之露,易晞灭也,亦谓人死,魂魄归乎蒿里……至孝武时,李延年分为二曲,《薤露》送王公贵人,《蒿里》送士大夫、庶人。使輓柩者歌之,世呼为輓歌。

"薤"是一种百合目石蒜植物,与水仙、洋葱、菖蒲、百合等是同种类植物。古文中的薤特指今日种植在庭院台阶和花池边上的"书带草"和一种茎根很像大蒜头的"藠头",其叶子似韭叶而坚硬,到春秋白天和夜间温差较大的季节,清晨起来，就能见到薤叶上挂满了露珠，而当太阳尚未升起的时候，这些露珠就已蒸发而消失了，古人以"薤露"比喻人生的短暂。而"蒿里"估计是"薧里"之讹，许慎《说文解字》："薧，死人里也，从死，蒿声。"这"蒿里"可以理解为"坟山"、"墓区"，是死人集中的地方。宋玉是战国时楚国人，与屈原的时代相近，他《对楚王问》中讲的《薤露》《蒿里》只是歌曲名，是一种比较伤感的歌曲而已，而当田横自杀后，他的门人就借这种歌曲表达自己悲伤的情感，后来就成了中国最早的挽歌。到了汉孝武帝时，音乐人李延年又将歌曲改编，其中《薤露》专用于王公贵人的葬礼，而《蒿里》则用于一般的丧礼。出殡时，送葬人挽着灵车前进，一边走，一边唱着挽歌。《晋书·礼制中》："汉魏故事，大丧及大臣之丧，执绋者挽歌。新礼以为挽歌出于汉武帝役人之劳歌，声哀切，遂以为送终之礼。"这一见解是很有见地的，今天当国家举行国哀或殡仪馆追悼会时要播放挽歌，据说，这挽歌就是根据陕北的民间曲调改变的。

一般讲，挽辞或挽词就是挽歌的歌词。歌曲是一门独立性和技巧性很强的学问，不见得人人都会谱曲，所以，挽歌的曲相对比较固定，几十年，甚至几百年不至于有太大的变化，犹如我国今通用的挽歌曲调使用了几十年而没有改动过，而歌词只是文体的一种形式，只要稍能舞弄文墨的人都可以作词、填词，后

来，它就成为一种表示哀悼的专用文体，也不必随歌颂唱。

宋叶梦得《石林燕语》卷九：

韩康公得解，过省、殿试皆第三人，其后为执政，自枢密副使、参知政事、拜相及再宰，四迁皆在熙宁中，此前辈所未有也。苏子容挽辞云："三登庆历三人第，四入熙宁四辅中。"

韩康公即韩绛，字子华，封康国公，他在宋仁宗庆历年间的三次考试中均得第三名，而他四次职官的升迁又都在宋神宗的熙宁年间，这种现象前所未有，当他逝世后，苏子容（颂）写了一挽辞——"三登庆历三人第，四入熙宁四辅中"，时人也认为苏子容的挽辞写得很贴切，很工正。

哀悼死者的诗为挽诗，目前已知最早的挽诗是《挽文丞》诗。文天祥，字宋瑞，号文山，江西吉水人，南宋末年任丞相，元兵南下后，文天祥拥皇帝南下，后被元将张弘范擒获，押往北方，被拘三年仍不肯投降，才被元世祖处以死刑，元世祖也称文天祥为"真男子"。元陶宗仪《南村辍耕录·卷四·挽文丞相诗》：

宋丞相文公天祥，其事载史册，虽使三尺之童，亦能言其忠义。翰林学士徐威卿先生世隆有诗挽之，曰："大之不杀文丞相，君义臣忠两得之。义似汉王封齿日，忠如蜀将研颜时。乾坤日月华夷见，岭南海风霜草木。只恐史官编不

尽，老夫和泪写新诗。"可谓善风刺者矣。

不论是挽歌还是挽诗，都是一种文体，如果将挽歌和挽诗中对仗的对句抄录下来，像对联那样挂到灵堂里，那就是"挽联"。宋陆游《老学庵笔记》中讲了一件事：赵元镇（鼎）丞相被谪朱崖，心情十分不好，他病得很重，即"自书铭旌云："身骑箕尾归天上，气作山河壮本朝。"此说也见于《宋史·赵鼎传》。箕和尾是天上二星宿名，《庄子》中讲，传说死后，"骑箕尾而比于列星"，后来，"骑箕尾"多喻国家重臣死亡。后人多以赵鼎句作为挽联之始。此说不妥，首先赵鼎自拟的是"铭旌"文，相当于"招魂旗，而不是挽联，同样，赵鼎能作文写字，当然也活着，所以此联最多是赵鼎自撰挽歌。

把挽歌、挽词、挽诗中对仗的句子抄写在大纸上，再挂在灵堂成联就是"挽联"，它可能出现于清代中期以后。梁绍壬，字庄来，号晋竹，钱塘（今杭州）人，生于乾隆五十七年（1792年），约卒于道光十三年（1837年）以前，其著《两般秋两盒随笔·卷五·挽联》中讲：

> 姨丈苏子斋先生（绎），初入翰林，继擢御史，镌级，捐复员外，补刑部湖广司，转郎中，出为山西朔平府知府。丁母艰起复，简山东青州府知府，卒于官。家大人在粤接讣，命壬为挽

联云：「侍直西清，珥笔西台，又尽职西曹，出治懋勋献，两省春风思太守。奈身羁东粤，招魂长叹息，一江秋水哭先生。」又同年徐秋厓孝廉（廷娘）。会试场中得病，十四日而殁于邸舍。余代家叔小槎比部作挽联云：「十四日病莫能兴，幸乔梓相依，属纩尚能亲含玉（令嗣访斋因会试在京）。三千里没而犹视，痛桑榆垂暮，倚间空自盼泥金（太翁来若先生，年八十馀犹在堂也）。」

陆以湉（1801~1865），字敬安，号定甫。浙江桐乡人。道光十六年（1836年）进士，任台州，杭州教授。1860年太平军占领杭州，他辞官还乡，后迁居上海，李鸿章聘为忠义局董事。其《冷庐杂识》中收录了一些当时人写的挽联。《冷庐杂识·卷七·芗畇公挽挽》中讲，他的先君子（祖父）出生于乾隆四十六年（1781年），陆以湉任职台州教授时就将祖父接到台州，他的祖父精于书法，喜欢养花，待人和善，他祖父去世时，"台人士吊者皆哭失声，投赠挽联"，《冷庐杂识》还选录了一部分。

鳣舍怡情，看三径香多，省识人如菊淡；

鲤庭侍养，怅六年吏隐，遽闻诗咏莪哀。

七十载德望常尊，子舍衔鳣，济美克成名进士；

万八峰吟踪重到，仙区化鹤，归真定列上清班。

鹤俸慰桑榆，台岳重游，六十年前来去处；

鲤庭茂桃李，椠书可读，五千言在殁犹存。

名成鲤对，诰锡鸾封，最惬心镜水辞官（先君子于戊戌岁摄会稽县学事），霞城就养；

闲即栽花，病还作草，忍撒手金英正放，墨审犹浓。

阅历偏名区，玩山登水，七秩精神欣矍铄；

笑谈聆讲幄，栽花赌酒，五年杖履忆追陪。

輓联中多处使用了"鲤庭"和"鳣舍"，"鲤"原指孔子的儿子孔鲤，《论语·季氏》中讲，孔鲤"趋而过庭"，撞见孔子，孔子就教训他要学诗、学礼，后来"鲤庭"多喻接受父训；而"鳣舍"也讲作"鳣庭"、"鳣堂"，出自《后汉书·杨震传》："后有冠雀衔三鳣鱼，飞集讲堂前，都讲取鱼进曰：'蛇鳣者，卿大夫服之象也；数三者，法三台也。先生自此升矣。'"杨震出身名门，怀才不遇，以教书为生，一次他在讲课时，突然有一只鹳（冠雀）叼着一条三尺长的黄鳣（三鳣鱼）飞到讲堂前，有人就捡起鹳扔在讲堂前的鳣讲：蛇鳣是卿、大夫服饰上的图案，而又是三尺之鳣，预兆你可夺三公之位。果然，不久杨震被起用，高居三公之位。以后"鳣舍"喻学校、讲堂等。

陆以湉讲："台人士吊者皆哭失声，投赠輓联"，据此判断，清代中后期，亲朋好友以投赠輓联作吊唁，而丧家又将輓联悬挂或粘贴到灵堂上已成风气。当然，撰写輓联还得有很高的文化修养和诗词基础，此风俗也主要行于官宦和文人雅士之家。

《冷庐杂识·卷五·张太史联》还讲了另一则輓联的故事：玉保姓乌郎罕济勒门，蒙古镶白旗人，清乾隆时任正黄旗蒙古都统，阿穆尔撒纳叛乱时，玉保出兵剿敌，以功封三等男爵。不过没过多久，他又被以"败敌不追"的罪名被革去男爵封号。还被押解北京治罪，而就在赴京的途中，他又遇叛军而被害，乾隆皇帝为此懊丧不已。

某记室随玉尚书保寒外数年，甚见推崇。玉卒后，某乞人代为輓联，鲜当意者。时平湖张海门太史金镛心计偕入都，为撰句云："短后记裁衣，雪窖冰天，万里追随班定远；长安乃索米，鸢肩火色，九衢恸哭马宾王。"蒲城相国王文烙公师见之，极口褒赏，旋入词垣，才望著一时矣。一般地讲，輓联的词句不宜长，要求对仗工整，并要表达出对死者的景仰之情，所以，这位书记为了这一副辄联已经托了许多人，而均不满意。辄联忌白话，于是辄联多会用典故，读通辄联是一件不容易的事，而读懂辄联，那就更难了。

该辄联中"裁衣"套用了《颜氏家训·勉学》中"世人不问愚智，皆欲识人之多，见事之广，而不肯读书，是犹求饱而嫩营馔，欲暖而惰裁衣也"。"短而记裁衣"即"事后后悔已来不及了"的意思；"定远"是今陕西的一个地名，即玉保出征的地方，"班定远"即"从定远班师回来"；"长安乃索米"则取《汉书·东方朔传》故事，东方朔上书说："臣朔饥欲死，臣言可用，幸异其礼；不可用，罢之，无令但索长安米也。""索米"本来比喻"混一口饭吃"，而辄联中的"长安乃索米"则隐喻"穷兵莫追"，即暗示玉保没有追击敌兵，给敌兵"混一口饭"的策略是对的。"马宾王"即唐朝的马周，字宾王，他逝世后许多人去哭祭他。这首辄联就是通过几个典故，既表达了对玉保功绩的褒奖，对他死亡的吊唁，同时又不能过分的批评朝政，也正是这副联写得好，这位张太史后来也成为词坛名流。

到清末民初，投赠辄联蔚然成风，一位名人的追悼会上会有许多的辄联。

陈其美（1878—1916） 清末民初浙江吴兴（今湖州）人。清光绪三十二年（1906年），往日本东京，进警监学校学习警察法律，加入中国同盟会。并和蒋介石交往。三十四年，返回上海，从事革命活动。宣统元年（1909年），在沪接办革命机关天宝栈，负责策动江浙一带工作。后于上海创办《中国公报》（日报）、《民声丛报》（半月刊），并协助于右任、宋教仁等创办《民立报》，鼓吹革命。参加上海青帮，是其大头目之一。三年春，应邀赴香港，参与发动黄花岗起义。失败后，在沪参与组织中国同盟会中部总会，任庶务干事。武昌起义后，联络上海商团、青帮和部分清军，在沪发动武装起义，派敢死队进攻江南制造总局。被俘，后得救。上海光复，被推为沪军都督，组成江浙联军进攻南京。任沪军都督期间，创办中华银行，下令剪发，诱杀镇江军政府总参谋陶骏保，排挤李燮和，指使蒋介石派人暗杀陶成章，镇压工人罢工与农民抗租运动，参与同日商三井洋行签订三次借款合同，发起组织中华民国共进会。宋教仁在沪遇刺后，要求缉拿凶手，又主张法律解决。"二次革命"期间，任上海讨袁军总司令，进攻上海制造局，遇阻未克，被迫逃亡日本。1914年，加入中华革命党，任总务部长。次年春，奉命返回上海，主持长江方面反袁军事活动。派人暗杀袁世凯委任的上海镇守使郑汝成。12月，在沪发动起义，夺取"肇和"兵舰，炮击上海制造局，又分别进攻淞沪警察总局与电话局等，因力量不支失败。1916年，被孙中山委为江、浙、皖、赣四省总司令，指挥讨袁军，计划在沪发动起事，不果；拟在江苏江阴、浙江杭州发动起事也未成。5月18日,被袁世凯收买张宗昌派人刺死于上海寓所。

1916年8月13日下午,"陈英士先生暨癸丑以后殉国诸烈士追悼大会"在上海法租界霞飞路尚贤堂(旧址在今淮海中路358弄尚贤坊内北端,已拆除,尚贤坊即以原尚贤堂得名)举行,次日的《民国日报》发表《追悼先烈大会记》,称"会场四周内外,满挂挽联,白帜飘扬,其数不下千幅","中西男女来宾约计三、四千人"。刘作忠先生编注《挽陈其美先生楹联辑》收录全国不同时期挽陈其美联1380副,其中最短的为四字联。陈其美的表叔杨信之的挽联为:

英士　志士
友仁　成仁

杨信之有一段说明:"英士表阮,别字友仁,其志在千古,而今果成仁矣。爰以八字挽之。"

最长的是历任护国军第七军总司令、山东新军第二旅旅长、护法军第一路军司令薄子明(守德)的八十四言联,全文如下:

身经百战　蓄志歼敌　经营惨淡　实开滇黔先声　忆故人亡命海外　效职麾下　随义旗驱松江　夺巨舰于沪渎　恨筹策空劳　涓埃莫报　正拟治兵周镇　遥为响应疆场　矢石间陡惊霹电传来　曷禁血泪交挥　黑塞青枫伤旧雨

足涉重洋　力疾返苏　衰病颓

唐　竟遭暴徒狙击　念我公昭绩旂常　流芳竹帛　骑箕尾登天衢　莫河山壮祖国　叹长城云坏　颓厦谁扶　迩来寄迹稷门　方深悼慕军书　旁午日又闻旅榇归浙　难期香花亲奉　素车白马吊英魂

蒋介石就读于日本振武学校,辛亥革命时回国,上海光复后被陈其美任命为沪军第五团团长,与陈其美有知遇之恩,蒋介石挽陈其美联为:

天道无知　苦思公十年旧雨
中原多故　乃坏汝万里长城

"旧雨"出典于杜甫《秋述》:"常时车马之客,旧,雨来,今,雨不来。"以后"旧雨"喻老朋友,"新雨"喻新朋友,如宋范成大诗:"冷暖旧雨新雨,是非一波万波。"此挽联没注明撰联时间,估计应是1927年蒋介石任北伐军总司令期间,此时与陈其美遇刺身亡正好十年。

戴笠(1897—1946),字雨农。1926年入黄埔军校第六期骑兵科,后任蒋介石侍从副官。1932年任国民党复兴社特务处处长。1938年任国民党政府军事委员会调查统计局副局长,主持军统局工作。长期从事特务、情报工作。1946年3月因飞机失事死亡。关于戴笠之死传闻颇多,不少人以为是蒋介石为防止戴笠篡权而制造事故;同样,关于戴笠的为人和功过更是各持己见。蒋介石为了平息是他杀害戴笠的谣传,几次讲戴笠"生也为国家,死也为国家",并授意各界、各方人士要为戴笠的追悼会上书赠挽联。当时章士钊是上海律师公会负责人，律师公会已接到指令，必须书赠挽联，最后挽戴笠联即由章士钊撰写，曰：

生为国家死为国家，功罪盖棺须论定；

名满天下谤满天下，是非留待后人评。

该挽联套用了蒋介石对戴笠的评语，不至于得罪哪一方，同样，戴笠已死，当然是"盖棺须论定"，但戴笠之死因未明，当然"是非留待后人评"了。言简意赅，入木三分，确实是大手笔下的好联。

撰写得体的挽联是一件很难的事，所以，一般的民间丧仪中很少悬挂挽联，而政府要员逝世后，又涉及对死者的评价，一旦弄巧成拙，那又是性命攸关的事，也少见有挽联，所以，只有少数文化人的追悼会上，才能见到并不怎么"文化"的挽联，人们也不至于把挽联所表达的内容去说三道四，大家都知道，这是文人的"白相"。

赙赠与奠仪

《说文解字》："唁吊生也。从口，言声。"段玉裁注："此言吊生者，以吊生为唁，别于吊死为吊也。""唁"最初是指对发生重大变故或事故的受害者表示慰问，后来就特指对死者的家属表示慰问，通常，"吊丧"或"吊孝"是对死者的悼念，而"吊唁"则既指对死者的悼念，也指对家属的慰问，而且多指后者。

《大清通礼》在"既终"——即确认死者已经断气的后面讲："护丧者使人讣于有司及戚友。"古代汉语中"讣"同"赴"，即奔走相告的意思，当一个人死亡后，他的家属应该及时告知死者任职的官府和户籍管理部门，应立即通知他们的亲人和朋友。而亲人们接到噩耗后，须立即赶往死者家中，向死者的遗体告别，此一般称之"吊丧"或"吊孝"。《礼记·奔丧》中有这样一段叙述：

奔丧之礼，始闻亲丧，以哭答使者尽哀；问故，又哭尽哀。遂行。日行百里，不以夜行，唯父母之丧，见星而行，见星而舍。若未得行，则成服而后行。过国至竟（境），哭尽哀而止，哭辟（避）市朝，望其国竟哭。至于家，入门左，升自西阶……

当服内的亲人接到噩耗后，应该当着报丧人的面失声痛哭，此后再询问死者的家庭情况，再次失声痛哭，于是立即打点行装赶去奔丧，如死者是一般亲属，只要白天赶路，晚上休息，这也是防止发生意外。只有奔父母之丧时，应该日夜赶路，尽快赶到父母身边，表达孝子之心，如一旦在"三日大敛"之前赶不到家中，那就应该根据"三日成服"的规矩，在路上就换上丧服，在进入死者国境时，离开死者的距离近了，应该朝死者的方向哭，但行进路线应该尽量避开闹市。到了家时，应该从门的左侧，也就是西侧进去，从西侧的台阶走入灵堂……

《礼记》还讲"三日大敛"，又说"三日成服"，这实际上有一个时间差，如大敛结束得早一点，当天下午就可以成服了，如大敛结束得迟一点，成服就被推到大敛后的次日，也就是死者断气后的第四天。实际生活中，大敛必须要准备许多葬具，如果来不及准备，大敛的时间必须往后移，于是成服的时间也会相应推迟。宋人王谠《唐语林·补遗》："三日成服，圣人之制。世有至五日者，非也。"

《大清通礼》在"成服"的后面讲：

营宅兆、择葬日，护丧者以丧主名义为书，偏告于有司及戚友。

此时，墓穴已经完成，出殡的日期和时间已经可以确定，就要以丧主的名义抄写或印刷讣告，以讣告的"偏告于有司及戚友"。据《江苏编订礼制会丧礼服草案》中讲，讣告应该具备以下的内容：

一丧主对于死者之称谓。

二死者官衔、荣典、仕履、出身，书法（书写方式）视铭旌加详。

三死者生卒年、月、日、时。

四卒之处所。

五卒时子若孙侍侧与否。

六是否含敛，成服悉遵礼制期限。

七葬地。

八下窆月、日、时。

九发引月、日、时。

十丧主以下署名书尾，简则但书直系，详则五服宗亲及降而在袒免者，皆得书。

看来，传统的讣告是有规范的书写格式的，而如今丧事从简，报纸上刊登的"讣告"早已不是"偏告有司及戚友"，而是"公告天下"，这也是古今风俗之变吧。

《礼记·杂记上》有一段详细描述诸侯派代表吊唁他国重要人物的礼仪和程序，后来，这一礼仪被官场和民间沿用，即使到了近代或现代，仍找得到其遗风，抄录如下：

吊者即位于门西，东面，其介在其东南北面西上，西于门。主孤西面，相者受命曰："孤某请事。"客曰："寡君使某如何不淑。"相者入告。出曰："孤某须矣。"吊者入。主人升堂西面，吊者升自西阶，东面致命曰："寡君闻君之丧，寡君使某如何不淑。"子拜稽颡，吊者降反位。

古代，"凶礼不出迎"，在丧事中丧主不到门外迎宾，只在客堂（这里可以指灵堂）中接待客人。吊客来到丧家时，不宜站在大门口，而应该站在大门的西侧，面朝东；如果随从人数较多，还带着礼物，他们可以站在吊唁者的两侧，即面向北面或西面；而丧主的代表站在门的东侧，面向西。他要对吊客讲："我奉主人之命来迎候你。"吊客回答："我的国君派我来吊唁。"主人的代表就进门通报,出来后对吊客说:"我的主人讲,烦你多等了。"即把吊客引进大门,此时,主人已在客堂的东侧,面向西站立,而吊客从客堂西侧的台阶走进客堂,面向东向主人传达他国君的问候,说:"我的国君已接到讣告,特派我前来吊唁。"双方致礼后,吊客又从原路退回到原来的位置。

以前,世界上的大部分人生活在地球的北半球,建筑的主立面基本上是向南的,客堂也是朝南的,东侧是主位,西侧是客位,这可能出自这样的原因——人通常以右手为主手,以左手为"假手"(今天许多地方语言中仍把左手讲作"假手",上海方言就是如此),站在东侧的人以"主手"靠近站在西方的客人的"假手",一方面待客时比较方面,另一方面,一旦发生冲突,这个位置更有利于主人出击。所以,不仅中国人,几乎所有的国家是以东侧为主位,西侧为客位的。如果,这个客厅的正方不是朝南的,则可以门为坐标,门的左侧为主位,右侧为客位,这样依然是主方的右手挨着客方的左手。

亲朋好友等送给丧家的礼一般称之"奠仪"或"奠礼",这也是很传统的名称,如宋人孔平仲《孔氏谈苑·丁讽久居》:"一旦,有妄传讽死者,京师诸公竞致奠仪,纸酒塞门。"《红楼梦》第十七回:"贾母帮了几十两银子,外又另备奠仪,宝

玉去吊祭。"《二十年目睹之怪现状》第八七回:"送奠礼的,送祭幛的都纷纷来了。"而在更古的时代,奠仪根据不同的礼品有不同的名堂。《礼记·杂记下》中讲:

> 诸侯使人吊,其次:含、襚、赗、临。皆同日而毕事者也,其次如此也。

这段话讲:当一国诸侯有丧事,其他国诸侯就要派人去吊唁,去吊唁的人分别拿着含、襚、赗等奠仪,并依此次序交送给丧家,最后才是"临"——即代表诸侯临前哭祭。

"含"同"唅",原指放到死者口中的玉、珠等,而事实上在人死之后的次日就要小敛,并将"唅"塞入死者的口中,如时间太长,尸体已僵硬,难以将"唅"放入死者的口中,所以,吊客送"唅"最初是一种帮助丧事的馈赠,后来就流于形式,仅是一种奠仪而已。

"襚"的本义是殓死人的衣被,也是亲友邻里之间的一种助葬行为,后来就成了送给丧家的奠仪。《仪礼·士丧礼》:"君使人襚。"郑玄注:"襚之言遗(wèi)也,衣被为襚。"意即遗赠给丧家的衣被叫作"襚"。《史记·鲁仲连邹阳列传》:

> 邹鲁之臣,生则不得事养,死则不得赙襚。

张守节《正义》:

> 衣服曰襚,货财曰赙,皆助生送死之礼。

"赗"是指送给丧家车马之类的物

品，古代运输灵柩的车叫作"舆"，也即后来讲的灵车，所以"赗"也是助丧，后来就流于形式。如《仪礼·既夕礼》："公卿玄纁束马两。"郑玄注："赗，所以助主人送葬也。"

"赗"作名词时指送给丧家助丧的布帛、货币之类东西，而作动词使用时就指送财物帮助他人治丧。《礼记·檀弓上》：

> 孔子之卫，遇旧馆人之丧，入而哭之哀。出。使子贡说骖而赗之。子贡曰："于门人之丧，未有所说骖，说骖于旧馆，无乃已重乎？！"夫子曰："予乡者入而哭之，遇于一哀而出涕；予恶夫涕之无从也小子行之。"

文中的"馆人"是指孔子曾借住的房子的房东，"说"同"脱"，"骖"是马车中位于两边的马，"乡"同"向"。这段文字的大意是——孔子到卫国，正巧遇上他的老房东死了，孔子进门吊唁，哭得很伤心，出门时就叫子贡把骖马解下来，送给丧家作为助丧之仪，子贡听后说："即使是自己门徒的丧事，也没听说把自己拉车的马解下来当作赗赠的，更没听说过将马车的马解下来送给一个曾经的房东为赗赠的，这个礼——是否送得太重了吧？！"孔子回答说："我刚才进去吊唁，痛哭了好一阵子，我如不帮助他们，良心上过不去，小子，你还是把马解下来给他们吧。"

与"含"、"襚"、"赗"等相比较，

"赙"多作动词使用，而作名词使用时，泛指送给丧家治丧的货财，并没有明确指所送的东西，所以，"赙"的使用较广泛，但均指送货物给丧家治丧，常用的词如赙仪、赙赠、赙恤、赙金、赙礼、赙送等。而如今，吊唁时大多为封一包（里面当然是钱），可以讲作赙金、赙礼、赙仪等。

在二三十年前，我国的大多数汉民族是以被面为赗的，一条真丝的被面一般在16元以上，毛葛的也要10元左右，人们可以根据与死者或及家属的关系选择一条被面为赗，许多人弄不明白，送丧为什么非得要以被面为礼呢？！实际上这就是古代的"襚"或"赗"的遗风。在农村，人们会用长竹竿搭成"干"字形状，将被面张开挂到"干"字形的架子上，中间用纸刻一大大的"奠"字，一般的护丧队伍中至少会有几十杆这样的大旗，煞有气派，而在上海这样的城市里，"大出丧"的风俗已经消失了，吊唁者直接到殡仪馆与死者告别，所以只能将被面子折成如围巾般大小，挂到灵堂两侧墙上的绳子上，以前，中国社会大多是多子女家庭，一个女儿出嫁就要陪嫁八条棉被，要用八条被面，如家中有二三个待嫁的女儿，丧事中收进的被面可以充当女儿的嫁妆，而到了现代，城市中多三口之家，有的家庭没有女孩，有的只有一个女孩，根本用不了那么多的被面，这些被面只能压箱底——确实是极大的浪费。于是，从上世纪后期起，上海丧事以被面为赙仪的风俗逐渐衰落，如今则多以"赙金"为主了。

近代以后，上海殡葬中最常见的赠赙当数花圈，花圈一般分真花扎的和纸花扎的，此则是西洋丧俗对中国的影响。

1908年上海环球社出版《图画日报》，"上海社会之现象"专栏中绘有"丧葬馈送花圈之新异"，显然作者还把当时上海丧仪的花圈当作"十里洋场"的西洋镜。作者配文曰：丧葬馈送花圈，向唯西人有之。以鲜花最为最洁，故特陈诸死者之墓，以表敬意。近则华人亦纷纷效之，

殡仪中使用花圈是近代从西方传入上海，然后影响全国。

试观大出丧除种种仪仗外，必有花圈列入，即此可见。

作者还别出心裁作了一首可顺读和倒读的回文诗，此诗为七言，围成一圆圈，真像一只花圈。诗以顺时针读为：

　　伤心洒泪恨绵绵，
　　吊祭凄凉暮雨天。
　　荒塚献花鲜摘得，
　　香云拂墓冷凝烟。

而逆时针读，则变为：

　　烟凝冷墓拂云香，
　　得摘鲜花献塚荒。
　　天雨暮凉凄祭吊，
　　绵绵恨泪洒心伤。

诗虽写得并不怎样，但作者确实已花了一番心血。

而在西方丧仪的花圈仅传入上海的十几年后，就被上海人争相仿效，以后又影响全国，花圈成了中国最常见的赙仪。

【第五章】

近代丧事之嬗变

　　近代以后，中国传统的宗族集居形式被打破，宗法制失去了基础，『五方杂处』的结果就是失去了礼制和宗法制的约束。传统的丧礼仪随着各地区不同的地理环境、风俗人情，以及长期形成的特有的地域心理而形成了独具地方特色的丧事礼仪，有些仍能看出古代丧礼的影响，有些则是全新的演绎。

1842年中英签订了《南京条约》，从此中国从一个庞大的封建帝国进入半殖民地半封建社会。1843年11月17日上海开埠，不久，上海就出现了租界，租界是列强在中国领土上建立的独立于中国行政体系和法律制度之外的殖民地。它犹如在中国领土上洞开的窗口，西风东渐，欧风美雨就通过这个窗口传入上海，再慢慢浸润全国，人们把近代的上海称之"十里洋场"，洋场里就生成了被称之亦中亦西、不中不西、中西混合的风尚，其与纯正的西方风尚相比，一定很老土，而与传统的中国文化相比，又是叛逆和背经离道，上海的丧仪已经发生了变化。

近代以后的上海是一个经济高度发展，人口超过百万的大城市，居民以移民为主。中国传统的宗族集居形式被打破了，宗法制在上海失去了存在的基础，而"五方杂处"的结果就是人人失去了礼制和宗法制的约束，可以"我行我素"而不受谴责，所以，上海又是最早冲破封建礼制的城市。

当封建制度在上海失去其权威后，封建传统礼制就失去了制度的威力。上海是一个商业化高度进步的都市，任何事情都以农耕社会确定的制度、风俗去办，肯定是行不通的，必须要有一种适应这种城市的制度、风俗，才能适应城市生活，才能使城市保持其发展、进步的活力。

近代上海是引领中国进步的城市，

同样，上海的丧仪也早已在变化中进步。

牌坊和纪念碑

在官本位制思想严重的中国，有许多官僚自立或为死去的官僚建立的"坊"，而更多的还当推地方政府或经地方政府批准建立的表彰贞女、烈女、节妇的"贞节牌坊"。

北魏杨衒之《洛阳伽蓝记·开善寺》中有这样一段话：

自退酤以西，张方沟以东，西临洛水，北达芒山，其间东西二里，南北十五里，并名为"寿丘里"，皇宗所居也，民间号为"王子坊"。

古代，城市的墓区大多设在北郊，"芒山"即"邙山"，又称之"北邙"，是洛阳成为京城后历朝帝王和皇室的墓区，这块"东西二里，南北十五里"，相当于7平方公里的墓区叫作"寿丘里"，是皇室的陵墓区，但老百姓则把这里叫作"王子坊"。这里的"坊"已作为地名中的通名使用，相当于人口比较密集的"里"。

古代，以城市规模之大小分作"都"、"邑"等名，一般，帝王或诸侯的治所所在的城市为"都"，次一等的城市为"邑"，不论"都"还是"邑"都筑有城墙，而城大多是方的，城墙无形之中就确定了城市的范围，城墙之内是城区，而城外就是郊区，离城市更远的地方就是"野"。由于城是方的，于是城里的道路也纵横有序，要么就是东西走向，要么就是南北走向，纵横有序的道路就把城市划分成无数的"井"字形，俯瞰的话，街道把城市划分为一个个的方格。古代，城市中较宽的，有一定商业活动的道路叫作"街"，而次一等的，以居住区为主要功能的小路就叫作"坊"，而更小的道路又叫作"巷"或"弄"（北方多称之胡同，江南也称之"衖"，即今"弄"字），所以，"坊"在古代指城市里的街坊。如《旧唐书·食货志上》："在邑者为坊，在田野者为村。"

"坊"是城市中以居住为主的街坊，这里定有较多的商业活动，于是"坊"又多用于商业和手工业活动的场所通名，如糟坊、酒坊、茶坊、染坊、作坊等。

《北史·杨伯丑》中讲了一个有趣的故事：

伯丑好读易，开肆卖卜，有人常失子，就伯丑筮者，卦成，伯丑曰："汝子在怀远坊南门东道北壁上，有青裙女子拒之，可往取也。"如言果得。

这是一个占卜的故事，不必讨论其真伪，不过，文中讲"怀远坊南门"，看来这个坊的一端或二端是设有"门"的，至于这个"门"的用途，谁也讲不清了。不过，《家世旧闻》中讲："青州王沂公所居坊有牓曰'三元文正之坊'。"而"牓"就是牌匾、匾额，如此看来，有的街坊是建有"坊门"的，坊门上还有牌匾，上面写有这个街坊的名称。所以，坊门应该属于装饰性的

建筑物，形状似门，而它还有一个很重要的作用——就是相当于现在的路牌，便于指示，也许，坊就是中国最早的路牌。

众所周知，宋代的理学到了明初被广为推广，明初重订了旌表制度，旌表的对象也不断扩大，"凡忠义孝悌之士及节孝贞烈妇女"均可题请旌表，旌表的名称大致有以下几种：

烈女：未婚之女遭强暴受辱而守节致死者称之烈女。

烈妇：凡丈夫死亡而殉节，或遭强暴受辱而守节致死者称之烈妇。

节妇：女子自三十岁前守寡，守寡十年以上后死亡者为节妇。

孝子顺孙：旧时称孝顺父母为孝子，孝顺祖父母为顺孙。

旌表一般由宗族或乡地方政府向县政府上报，再逐节上报，最后由省的督抚、学政等会同后送报中央政府，经礼部核议题准后给银三十两，并准许自家建立牌坊，清朝也基本上因袭了这一制度。

中国牌坊的名目繁多，其中由政府核准的，为表彰和纪念伟人，或旌表孝贞女烈妇的牌坊相当于后来讲的"纪念碑"，我未见其他地方关于牌坊的文章或论著，我长期从事上海地方史研究，就以上海为例作说明。

今天的光启南路旧名叫"阜民路"，1980年时因其与静安区的富民路谐音，就被改称为光启南路了。阜民路就是以原来这里的一个牌坊——阜民坊而得名的。

阜字与富字可以通用。据《尚书》中记载，当年舜弹五弦之琴以歌《南风》，从此天下大治。这个故事近乎荒诞，但其确实是儒家经典中所记。《南风》歌的歌词中有："南风之时兮可以阜吾民之才（财），南风之熏兮可以解吾民之愠"（其意是：应时而来的南风可以富裕人民，温和的南风可以消除百姓的不平）。所以，以前不少地方的衙门附近均建有"阜民坊"，以示政府推广与民休息、增加收入的政策。上海县的阜民坊是明洪武八年（1375年）上海知县康伯愚建在原上海县衙门口的。这座牌坊在1906年

城厢道路改建中拆除了。

与光启南路相通的光启路原来叫"阁老坊"或"阁老坊街"。这位"阁老"就是徐阁老——徐光启。我们知道，在中国封建社会里，皇帝享有至尊的地位和至高无上的权力，"一人之下，万人之上"者即宰相。由于宰相的权力过于集中，常会发生潜越和颠覆中央政权的事件。朱元璋登基做了大明皇帝后，为了加强皇权，废除了宰相制度，代之者是集体组阁的内阁制度。内阁是中央政权的中枢机构，内阁大臣称之"阁臣"，负有一定职权（如尚书），并为阁臣者称之"阁老"，其地位就相当于以前的宰相。徐光启是万历三十二年（1604年）进士，崇祯五年（1632年）他又晋任东阁大学士兼礼部尚书，次年，又入文渊阁大学士，所以徐光启也被人们尊称为"阁老"。崇祯六年（1633年）徐光启逝世。为纪念徐光启，上海就在徐光启旧居处建"阁老坊"。但是，当时正处于明末战乱时代，牌坊尚未建成，就遇清兵入关。如明末清初上海人姚廷遴日记——《历年记》在崇祯十五年中记叙"县桥阁老坊尚未造完，上搭荣架，下弃小儿，日有百数"，在兵荒马乱之时，刚破土兴建的

阁老坊就成了人们丢弃婴孩的地方。

　　清兵入关后，曾遭到各地军民的坚决抗击，但当清军攻陷长江防线以后，鼎革已成大局，各地汉族抗清的力量逐渐降弱，清军也对占领地汉民政策有所放宽；清军进入上海县城后，没有遭遇上海人的抵抗，同时，徐光启逝世于清兵入关之前，没有领导过抗清斗争。为了笼络民心，收买江南汉族地主阶级，所以，

当清兵进入上海后即嘱人立即再建阁老坊。徐光启是上海历史上诞生的伟人，于是，这里一带被统称之为"阁老坊"。清末，在上海老城厢市政改造中，老城厢的大部分牌坊被拆除，唯有阁老坊依然保存。在30年代改建光启路工程中，该牌坊才被拆除。牌坊位置在（今光启路）县左街南，今已无遗迹可寻了。

　　明代以后，程朱理学被广为推广，封

　　为节妇、烈妇、贞女建的牌坊称"贞节坊"，须经政府批准才能建造，故往往被夸大为"奉旨建坊"。

建伦理道德对妇女的压迫更为严重。为了表彰能坚持守节的贞妇烈女，全国的贞节牌坊越建越多。方志上虽统计过，道光年间上海县就有各种贞节牌坊二百余座，而实际数目远不止这些。一方面，封建政权为了继续推崇封建的伦理道德观，不断继续兴建贞节坊，另一方面，如此众多的牌坊分布在老城厢以及其周边地区，又为城市建设和城市交通增添了不少麻烦。在这种情况下，道光十七年（1837年），上海县在"小东门内老学宫节孝祠"建了一个"节孝总坊"，以后非特殊情况，一般旌节的妇女就在孝节总坊中设立牌位，不再另建牌坊了。

近代以后，纪念碑随进入上海的侨民传入上海，上海外滩是上海纪念碑最多的地段，这些碑和像大多是租界当局为纪念列强侵华战争和发展上海租界事业作出重大贡献的人物而建的。这是列强为侵略者树碑立传，同样也记录了近代中国屈辱的历史。1941年12月8日日军进驻租界后，为了破坏中国与英、美等国建立的反法西斯同盟，消除英、美等国家对中国的影响，实现"大东亚共荣圈"的梦想，开始拆除上海所有由英、美人建立的城市雕塑，外滩的纪念性建筑物也在此时全部被拆除。现在，我们也只能从旧照片、旧画册、老电影中看到这些纪念物的原貌。如：常胜军纪念碑、马嘉理纪念碑、伊尔底斯纪念碑、胜利女神纪念碑、巴夏礼铜像等等。

近代上海商业殡仪业的发展

《说文解字》："殡，死在棺，将迁葬柩。宾遇之。"译成白话——尸体已经放进棺材，在入葬之前，活人们像对待宾客一样送他出行，所以写作——殡。段玉裁《说文解字注》也有一段表述：

> 按《士丧礼》："主人奉尸，由阼阶向西阶，敛于棺。"棺先在建中矣。所谓殡也，在西阶。《檀弓》曰："殡于客位。"又曰："同人殡于西阶之上，宾之也。"《释名》亦曰："于西壁下涂之曰殡，殡，宾也，宾客遇之……"

段玉裁引用了长段的古文献，无非就是要说明，"殡"就是从人断气以后，入葬之前一段时间的丧事活动，亲人们像对待宾客的礼遇送别亲人，所以叫作"殡"。

当亲人被确定断气后，家人或委托代理操办丧事的"执事"就立即在丧家的厅堂里挂起布帏，设立一个停尸和供人们吊唁的场所，也就是所谓的"灵堂"，千百年来，中国人一直遵守这一种制度。但是，到了近代以后的上海，由于社会结构、房住环境、商业进步等多种因素的制约，传统的"灵堂"不得不发生变化，最终被商业化的"殡仪馆"替代。

本书中已多次提到，上海是一个移民城市，尤其是进入近代以后，高度的城市近代化使上海向周边地区提供了大量

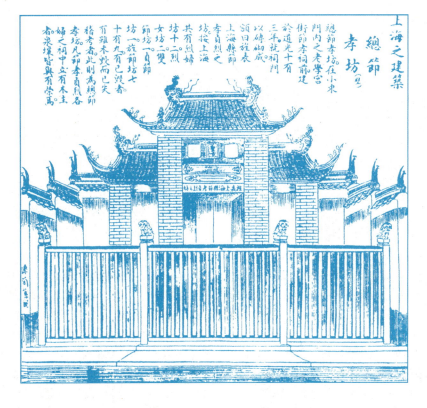

上海之建築

總節孝坊（三）

總節孝坊在小来門內之老學官街節孝祠前建於道光十有三年就祠門以磚砌成額曰旌表上海縣節孝貞烈坊按上海坊按上海坊三一烈其有烈婦坊十二烈女坊二雙節坊一貞節節坊一旌節坊七十有九有已殁者有瀕本殁而已失稽考者此則為總節孝坊凡節孝貞烈各婦之祠中立有木主者求填祠與有崇焉

陳司集識

的就业机会，吸引周边地区的人民大量涌入上海，使在较短的时期内城市人口以很快的速度增长。到20世纪初，上海已经成为一个百万人口的大城市，而且移民人数远远多于本地居民。大量的移民首先打破了中国以宗法制为基础，宗族世代集中居住的居住形式，邻里之间已不再是传统居住形式中的亲属、亲戚关系，邻里之间可以以朋友的方式交往，但也可以"鸡犬之声相闻，老死不相往来"，人们已不必如宗法制下的"礼尚往来"；其次，都市化的另一个麻烦就是人口密集，居住条件困难，办丧事要有足够的空间，而上海人最缺少的就是生活和活动空间，人们希望有谁能出租"空间"，以解决生活中必须会遇上的"红白喜事"，最早举办公共性、商业性的殡仪服务是分散在城市中的同乡会馆、公所。

一般认为，中国的会馆始于明朝。几千年来，通过科举考试是政府选拔官吏的主要方法和手段，同样也是学子走上仕途的主要途径。古代交通十分落后，进京赶考是十分艰难的，住在偏远地区的人赶考，也许要提前半年从家里出发，而且还不知何时能抵达京城，如提早抵达京城，就须在京城住下来等考试，同时，考试结束到正式公布考试成绩又得需要一段时间，对不少学子来讲可是一笔不小的开支，而参加会试的学子又随时可能从中冒出一位大官，于是，有的省或府城或县城就在京城设立一个"会馆"，它似乎是一个地方政府驻京办事处或招待所，主要接待进京会试的同籍"举人"，"会馆"也因此而得名。明刘侗于、奕正《帝京景物略·稽山会馆唐大士像》：

尝考会馆之设于都中，古未有也，始嘉（靖）隆（庆）间……用建会馆，士绅是主。凡出入都门者，藉有稽，游有业，困有归也。

地方政府在京城设立会馆的另一作用是，京城是消息最灵通的地方，皇宫中的大小事情都可能被朝廷官吏和为皇宫服务的工作人员传出来，犹如今天北京人喜欢"侃大山"一样，会馆就可以将皇宫中的事抄成"邸报"送到省里，供省政府参考。上海不是京城，只是一个滨海的商业城市，所以，上海会馆的一大作用是"仕宦商贾之在他乡者，易散而难聚，易疏而难亲，于是，立会馆以联络之，所以笃乡谊也"（光绪癸未上海《重修建汀会馆碑》）。中国古代实行土葬，"树高千丈，落叶归根"，即使客死他乡的人，家人也会想方设法把亲人的灵柩运回

家乡入葬，而靠个人的力量要将棺木运回家乡又是十分困难的，于是，会馆的另一作用就是代同乡人暂厝、运柩，帮助无力下葬的"困难户"处置殡葬事宜，道光二十六年（1846年）上海《四明公所义冢碑》（此"四明"指浙江宁波府，以宁波位于四明山下而得名）中讲：

四明襟山带海，地狭民稠，乡人耕读外，多出而营什一之利。久客他乡，死生莫必，或年（下缺）远，子若孤，莫知其所，良可悼叹。余自昭文移任上海县事，上海为东南一大都会……知有四明公所，为同乡停厝旅柩之区……

撰此碑文者自称"加同知衔知上海县事定海蓝蔚雯"。蓝氏祖籍广东大埔，寄籍浙江定海（今舟山）。字子青，号蔗生。初以诸生援例捐知县，任江苏丹徒知县；道光二十三年（1843年）调署理上海知县，二十六年九月（1846年10月）离任，次年六月又复任署理上海知县；1853年9月上海爆发小刀会起义，上海城市遭到严重破坏，外交上也出现诸多困难，蓝氏于1854年7月任署理上海道台，一方面与英法等国达成协议，联合镇压小刀会，悬赏追捕义军头目，并宣布江海关恢复征税。1859年奉命赴天津，听候直隶总督差遣，次年在北京逝世。该碑文应该是他1846年即将离任署理上海知县时所撰。文中提到的"旅柩"就是暂厝在四明公所内等候运往宁波的棺柩。

古人习惯过了四十岁就开始为自己

准备后事，添置"喜板"（即空棺），在农村里，住房的空间较大，"喜板"可以搁到住宅的楼上，但上海的住宅很紧张，大多数市民的住宅很难再容得下"喜板"的空间。于是，会馆的"丙舍"实际上分为二档，一种即代同乡人寄存"喜板"，而另一种即暂厝，即碑文中讲的等待运往家乡的"旅榇"。不论是代存"喜板"，还是暂厝"旅榇"，都要根据寄放的时间收取相应的费用，如逾期不作处理者，会馆有权处置。

《创建上海江宁七邑公所碑》中讲："咸丰三年（1853年），岁在癸丑，粤匪陷金陵，其后豕突狐奔，蹂躏十余省，东南完善者，独上海一隅。其在江宁也约千里，乡之人愿迁于此者有之。当是时，都人士流亡襁负而来者络绎于道，顾地为华夷互市之区，五方杂处，重以流民，因而街市之间，肩摩趾接，居室则嚣杂湫隘，荒地亩辄百金，老死者至不得殡厝处。"1853年太平军攻占南京，数以千计的南京人流亡上海，而上海人口稠密，居住紧张，地价昂贵，以致使"老死者至不得殡厝处"，于是旅沪的南京人："广集资财，于辛巳年（1881年），买地于邑之西北郊（即新闸路456号，当时这里还是郊区），鸠工庀材，至壬午年（1882年），成殡房廿间，并建厅事、院落于其旁。自是之后，年辄兴筑，先后共成殡房五十余间。"碑文中讲的"厅事"就包括公所的办公用房和殡仪用房。按传统丧俗，灵柩不论是暂厝或入葬都为出丧、出殡，是丧事中最大的仪礼，而仪式规定在暂厝地或墓地进行。所以，会馆公所与"丙会"相近的"厅"，主要用于殡仪，虽然它不叫"殡仪馆"，但其本质就是"殡仪馆"；当然，会馆公所主要为同乡人服务，而不对全社会开放，所以与商业的殡仪馆相比较，它又只能是准殡仪馆。

从某种角度上讲，上海早期的会馆往往是由已在上海定居，并有一定地位的富商发起成立，有的会馆虽然实行董事会制度，而实际上仍有浓厚的宗法制遗制，而随着上海城市的进步，这种在宗法制控制下的会馆不论是在联络同乡情感，还是处理社会事务上的作用越来越小，尤其是1898年上海发生的"第二次四明公所事件"中，把持四明公所的董事们仍以传统的宗法制度强令旅沪的宁波人实行罢市、罢工，致使本来有利的局面走向了反面。1909年，旅沪的宁波籍实业界巨头虞洽卿、朱葆三等人另行组建宁波同乡会，事实证明，同乡会在联络同乡情谊，团结同乡力量，以及在同乡中开展互帮互助的作用比此前的会馆大得多。此后，上海先后建立的同乡会数以百计。原来的会馆的殡仪厅逐步对社会开放，成为商业性的殡仪馆。

旅沪的"移民"，如果家乡在上海设有会馆，自己又是会馆的成员，他们的殡仪可以借会馆的殡仪厅举行，但仍有不少"移民"的家乡在上海不设会馆，或他们并没有加入会馆，举行殡仪就成了麻烦的事情,于是,商业性的"礼厅"出租服务应运而生。法租界紫来街(今紫金路)是上海红木家具作坊和商店最集中的街道,约民国初年,红木商就在南市的关帝庙空房建立"红木大礼厅",这里既是红木商的仓库,商品陈列室,也当作礼厅出租,1922年《上海指南·卷五·红木大礼厅》中介绍:

> 厅在老西门内关帝庙后(旧址在今复兴东路南,孔家弄东),专赁婚丧喜庆之用。如新房、会客室、厨房、戏台、男女宾房以及杂用等物,无所不具备,并可承办筵席。接洽处:紫来街协泰红木店。

上海人是忌凶礼与吉礼混在一起办的,而这个"红木大礼厅"既用于婚礼,又用于殡仪,所以生意做得并不好,不久即息业了。

上海创办最早,名声最大的专业殡仪馆当推"万国殡仪馆"。据说,1924年,美国纽约瓷器棺材公司的老板希望争取世界的棺材市场,他得知中国一律实行土葬,棺材的需求量很大,于是就派他的儿子带了一位叫作施高德(R.O.Scott)的职员来上海开拓中国市场,他们到上海后就发现,上海就有许多棺材店,质量并不比美国棺材差,而价格却低廉得多,把美国棺材运抵上海并无太大的竞争优势。同时他们却注意到上海的另一个现象,上海人的殡仪要么在家庭临时搭的灵堂里举办,要么就是在会馆破旧的厅里进行,如要举办稍大的追悼会,那只能租借花园,

既不方便,又不严肃,于是放弃了推销棺材的计划,决定在上海开一家殡仪馆。他们租下了公共租界胶州路207号的一幢花园洋房,经装修后于1925年开张,中国人把出葬前的吊唁称之"大敛",在上海方言中与"大利"同音,而"利"与"吉"同义,于是这个殡仪馆取名"大利行",为了宣传和扩大殡仪馆的影响,他们还在上海报纸发布"大利行征求新名"的消息,后来就参照征求意见而取英文名为International Funeral Directors,而中文名为"万国殡仪馆",使人误以为它与早已名噪上海滩的"万国公墓"是一家人家。

万国殡仪馆租用的是花园洋房,有较大的户外和室内空间,并配置较好的殡殓设备;同时,还从国外聘请尸体防腐专家和化妆师,处理后的尸体可存放多日,而经化妆的死者也使人感到"音容宛在";他们又利用自己专业的优势,从美国运来不同材质的棺材,供丧家选用,于是就立即吸引了上海的富商,在上海逝世的政要、富商、社会名流的殡仪,大多都在"万国"举办。

在大城市里,殡仪商业化是趋势,万国殡仪馆开了头,商家们立即发现殡仪这一商机,于是,上海的殡仪业立即蓬勃发展起来。叶志强、传锋《静安区的殡殓业》(上海书店出版社2000年出版)《上海社会大观》中介绍了几家静安区境内的殡仪馆,抄录如下:

1930年,原木材商人穆季湘对发展

殡殓业抱有希望，他与谢宝华等人合资在武定路496号开设了一家安乐殡仪馆。据《上海大观》记载，它是中国人在上海开设的第一家殡仪馆。安乐殡仪馆将旧平房改建成拥有廊庑厅殿、雕梁画栋的宫廷式楼房，大门为朱红圆柱彩绘门楼，颇为古朴壮观。馆内仿佛像四合大院，分设大、中、小礼厅约20间左右，陈设都是中国传统格局。安乐收费分高、中、低各档，以适应各种经济层次的需要。附设寿器寿衣部，还有多种代办业务项目，如出租孝服丧幛，代扎灵堂白彩，代请僧尼道做佛事，代办一应执事——有司账、司仪、司乐（吹鼓手）、司茶（茶房），代办斋饭，代办墓地等。安乐后来又买下空地一处，盖起一幢三层楼房，辟为寄柩楼，兼做寄柩业务，是楼上寄柩的首创者。它的经营方法，为后来的同业提供了足可仿效的模式。安乐经理谢宝华善于交际，他广结社会闻人名流以为依恃，并与广东帮、宁波帮的工商界交往密切。凡是这两帮发生丧事大都光顾安乐，兼之安乐地段适中，交通方便，它的名字又起得很好，有祝告死者"安登极乐"之意，所以安乐的业务应接不暇，几乎天天客满。

"八一三"抗战期间，静安又开设了一家大众殡仪馆。创办人原是虹口南浔路大名路口兴隆饭店（Savoyhtel）的大老板张海澜。他在战乱中逃往租界、为另谋出路而筹办殡仪馆，租下了昌平路990号原瞿家祠堂的11亩空地，建成房屋三进，第一进为正门及办公楼；第二进正中为三间宫殿式大礼堂及边厅多间；第三进底层为西式礼堂，楼上是供丧家办斋饭的大饭厅。最后一排是寄柩馆，可容棺柩3000余具，他的场地之大、寄柩之多为全市殡仪馆之冠。张海澜为应付旧社会的恶势力，聘用了英国侨民孟莱（Manley）为挂名经理，并向香港政府注册，以求庇护。1938年，他以英商大众殡仪馆股份有限公司的名义正式开张，实际上大众殡仪馆是他的独资企业。大众开业时，张海澜因筹措资金有限，内部房屋还未完全竣工，可是他淘金有术，采取"树上开花"的办法，一边营业，一边用赚得的盈利陆续完成全部工程。他的全部投资在不到一年的时间里已全部回收。

在大众殡仪馆开业的同时，沪西闹市区的康定路1250号，有位陆佑申也开了一家世界殡仪馆，规模不大，只有十多间中小礼厅，后来效法安乐殡仪馆扩建了一幢寄柩楼。那里人烟稠密，丧事频繁，是世界殡仪馆的黄金之地。1944年在延平路康家桥181号开设的上天殡仪馆，是静安最后开设的一家殡仪馆。它的前身是钱宝范经营的沪西著名的赌窟荣生公司。那时抗战胜利在望，荣生公司想继续依仗日伪坑害人民已为时无多，钱宝范为求得退路，便商请大众殡仪馆的张海澜帮他筹划转业。张海澜是荣生公司的老赌客，因被荣生公司奉为上宾，钱宝范有求于他，他慨然相助，促成钱宝范结束了赌场生涯，当上了殡仪馆的老板。当时有人挖苦地说："昔日将人推向地狱，今天把鬼送上天堂。"

据1947年上海青年出版社编印《上海各界业名录》中记，当年上海就有分布在市区各处的殡仪馆或代办殡仪的机构四十余家，而实际数字远不止这些。

《上海各界业名录》中记载的上海市区各处的殡仪馆和代办殡仪的机构

墓地在古代汉语中有许多不同的称谓，《左传·哀公二年》："若其有罪，绞缢以戮……无入于兆。"杜预注："兆，葬域。"兆同垗，原义为界域，后特指墓地，"无入于兆"就是"死无葬身之地"的意思。"永宅"就是"永久性住宅"的意思。如《魏书·傅永传》："远慕杜预，近好李冲、王肃，欲葬附其墓，遂买左右地数顷，遗勒子叔伟曰：'此吾之永宅也。'""佳城"可以理解为理想的居住城市，据晋张华《博物志·异闻》中讲："汉滕公薨，求葬东都门外，公卿送丧，驷马不行，踣地悲鸣，跑蹄地下，得石有铭，曰：'佳城郁郁，三千年，见白日，吁嗟！滕公居此室。'遂葬之。"不过，后世使用得较多的是"茔"和"冢"。而在上海，"坟"一般讲作"坟墩"或"坟墩头"，而墓地多讲作"坟山"。20世纪50年代后，上海确定以山东省的行政地名来命名浦东的道路名，直到今天，浦东还有许多以山东省地名为路名的马路，如潍坊路、即墨路、荣城路、东昌路等，以前还有一条"文登路"，也是以山东文登县命名的马路，而"文登"与"文墩"在沪语中的发声是相同的，住在文登路上的居民总感到自己生活在"坟墩"上。一直到1994年，在浦东建设时原文登路因道路拓宽和延长时才改名为东方路。

在宗法制笼罩下的中国封建社会里，宗族集居是中国人最主要的居住形式，而大家庭又是最基础的社会结构，一般讲，宗族或大家庭都有自己的坟地，称之"祖坟"或"祖茔"，死亡的宗族或家族成员就葬在祖茔内，在一些大城市可能会有数量不少的流民或贫困人家，他们死后可能得不到及时安葬，暴露的尸体会腐烂发臭，给城市生活的安全以极大的威胁，所以，大城市会有一些善堂或慈善家出资建立公共性的埋尸区——义冢，负责收集、掩埋路尸。

中国长期实行土葬，每个地方会有许许多多、大大小小的墓区，但是就没有商业性的墓地——公墓。

第一次鸦片战争后，根据中英《南京条约》的相关条款，上海作为"五口通商"中的一口岸对外开放，1843年11月17日，上海正式开埠。早期进入上海的侨民人数很少，直到1853年，上海侨民的总数还不足百人，而且大多是身强力壮的中青年，在上海死亡的侨民几乎不见著录。但在1844年，上海的侨民就集资成立了一家"Shanghai Cemetery Co."中文名为"上海公墓公司"。同年，公司即买进了江海北关后面的一小块土地作为公墓区，因为没有侨民死亡，这个墓地也没有使用。在上海开埠后的几年，近外滩的地块日趋饱和，地价迅速上涨，有资料表明，从1844年至1854年的10年间，沿外滩的地价上涨了几十倍。于是有一家叫作"林特赛洋行"（Lindsay Z Co.）的商事机构愿意用一块位于山东路的14亩的土地作交换，于是，上海公墓公司的墓地就向西移到山东路西侧，九江路与汉口路之间的那块14亩土地上。但是，至此时依然没有侨民死亡，并逐渐成为外轮公司埋墓宁波籍海员的公墓，不过，它确实是上海最早的公墓。一直到解放初，这里才被改建为山东路体育场。

1853年9月7日，上海爆发了小刀会起义，义军很快占领和控制了上海县城。

法军在攻打小刀会时伤亡13人，上海的法国领事馆和天主教会筹款兴建了法兵墓地和纪念碑，阵亡的法国士兵的灵柩被全部集中到董家渡天主堂的大堂里，在举行了隆重的宗教仪式后，装载着法兵灵柩的灵车向墓地驶去，法兵的洋号队伍在前面开道，军队执绋，这样的丧仪在上海还是第一次出现，吸引了上海市民空巷而去，争看"西洋景"。

这块墓地的大致位置在今天的永安路人民路口。但是这个墓地和纪念碑的

上海山东路外国坟山。

建造很仓促，墓地的地基比较低，又紧邻护城河，附近又有许多大小河浜，在涨潮时河水就会冲入墓地，所以，如何保护或处置好这块"法兵墓地"一直是上海法国人的心病。

1900年法租界扩张成功，"八仙桥外国坟山"被划进了法租界，法租界公墓局同意让出一些土地扩展"八仙桥外国坟山"的面积，同时也得到公共租界工部局的许可，就将那座已被水浸泡了多年，随时可能发生倾圮的"法兵墓地"搬迁到了"八仙桥公墓"内，而原"法兵墓地"就成了市廛。

1843年上海开埠，在不到十年的时间里上海的外贸总额就超过广州位居全国第一，进出上海港的外轮与日俱增，而随船进入上海的海员因失去法律和宗教的约束，在上海胡作非为的事件也日益

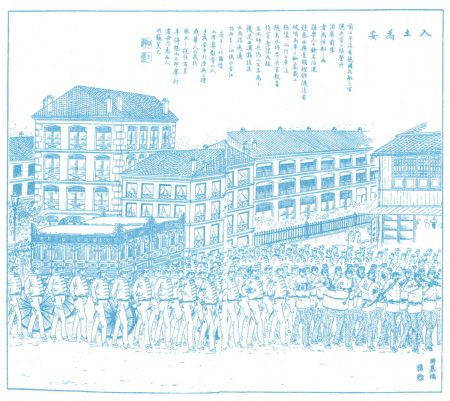

1896年7月23日，德国炮舰"伊尔底斯"号（Iltis）在航行至中国黄海时遇风暴沉没，全部官兵罹难，被打捞上来的尸体被运到上海，葬"八仙桥"公墓。德侨在上海举行出殡仪式。

增加，19世纪50年代时，就有一批不分国籍和宗派的传教士们就联合成立一个叫作"海员布道会"的宗教组织，他们先集资购进了一条废弃的三桅船，游弋在黄浦江上在海员中开展布道活动，不久，他们又在外滩对岸的陆家嘴购进了一大块土地，建造了一以安葬海员为主的"外国坟山"，以及一个"海员礼拜堂"（Pootung Sea Church），此后，在上海死亡的外国海员大多由海员布道会的安置下葬在此地。1956年，原来侨民设在市中心区的"八仙桥公墓"、"静安寺公墓"等已成为无主公墓，由于没有管理和维护而成了荒冢，经上海市人民代表大会提议，建议将"八仙桥公墓"改建为淮海公园，将"静安寺公墓"改建为静安公园，其他的侨民公墓也将一起拆除改建他用。于是，由上海市民政局负责，按中国传统的殡葬礼仪，原侨民公墓内的遗骸实行火化后全部迁往陆家嘴的"外国坟山"。我曾接待过不少来上海打听他们祖辈坟墓去向的外国人，尽管他们对中国存有偏见，但是他们对中国处置无主侨民坟地的方式都表示理解和感谢。

1957年，上海市人民政府决定将浦东"外国坟山"以及相邻的原祥生船厂等已废弃工厂的共计140余亩土地辟为浦东公园，新辟的浦东公园内仍保留一块足够面积的"外国坟山"，作为在上海死亡，并愿意葬在上海的侨民墓地。该墓地有竹篱笆相围，不对外开放，知道的

人很少。

"文革"中，近上海市区的公墓大多遭到严重的破坏，一些名人墓被掘，当时尚未完全瘫痪的民政局相关部门还是抢在"红卫兵"之前将部分名人墓转移到浦东公园内的"外国坟山"，其中就有日本友人内山完造先生的墓，20世纪80年代上海恢复"万国公墓"时，内山完造墓又迁移到万国公墓内。

涓涓细流汇成大海，上海是一个移民城市，到了20世纪初，上海的城市人口已经超过100万，许多人仍遵循古制，树高千丈，落叶归根，亲属在上海死亡后，他们依靠上海众多的会馆、公所、同乡会以及承办运柩的商事机构把灵柩运到家乡埋葬，但也有许多人由于多方面的原因（如已经几代生活在上海，与家乡的关系已经疏远）愿意选择安葬在上海，于是刺激了上海商业性公墓的起步和发展。

上海最早和规模最大的公墓当推"万国公墓"。经润山是浙江上虞人，是上海富绅，原中国电报局上海分局总办经元善之子。1909年，他购进沪西虹桥路之地二十余亩创办商业性公墓，取古代挽歌《薤露》之名而取名为"薤露园"。1916年，上海的沪宁、沪杭甬两铁路局决定将两条铁路线接轨，而接轨的铁路要从"薤露园"通过，该园被征用。次年，经润山之妻汪国员即以被征土地的补偿款重新购进原薤露以西的土地50余亩，重建薤露园。而此时租界设在市中心区

的"外国坟山"早已"人"满为患，薤露园即改变了原来的经营方针，该园入葬者不受国籍限制，于是薤露园正式名称为"薤露园万国公墓"，后被省称"万国公墓"。1921年版《上海指南·卷三·丙所》中有介绍文章，原文如下：

万国公墓薤露园　虹桥路（徐家汇西）。园四周有树，中央纪念堂可开追悼会，追思厅可诵经，有男女休憩室各一。开会诵经每日洋二元，余屋任便开用，不再收费。每穴地价，上海规银二十五两，预定亦可，先付收据，后换证书；每穴一棺，或数穴仅葬一棺；概用石椁，不得筑旧式土坟。石三等，一等玻璃石，二等矾石，三等人造石，惟无论本园代筑，或葬户自造，均须由本园事务所鉴定式样。定穴者，预交洋一百元，备筑石椁之用，由园代存，年息六厘，给以收据，后当存储银行，换给银行存单，此款即为代筑石椁之用，有余交还，不足补交。园有厨房，无论筵席、便餐均可代办，须早一日而定。通讯处在静安寺路福源里二四号（即后来的南京西路70弄24号，今已被拆）。

单只穴位价25两，做椁100两，再加上墓碑等地上的装饰件，估计，万国公墓一座墓的最低约200两，银两与银元的比价约等于1：13，这样，单座墓的造价至少260元大洋，而当时一位男强劳力的日收入一般为4元，所以，万国公墓的墓价是不低的，入葬此地的人自然也不是平常之辈。

SEAMEN'S CHURCH, POOTUNG, SHANGHAI.

19世纪80年代铜版画——上海浦东海员布道堂外国坟山里的圣墓堂。

1931年，宋庆龄先生的母亲倪桂珍在上海逝世，宋氏兄弟姊妹将父亲宋耀如和母亲合葬于万国公墓，使万国公墓的地位和名气大振，万国公墓也趁此机会制定了墓区制度，即所有车辆只能停在门外，然后步行进入墓区。1934年9月，业主汪国员年迈体衰，经营和管理均出现困难，遂由上海市卫生局接办，于是又扩建墓区为123亩。1936年，鲁迅先生下葬于此地，1956年10月14日，万国公墓举行鲁迅灵柩迁葬仪式，并将鲁迅灵柩迁葬于新建成的虹口公园内。"文革"开始时，万国公墓内葬有众多名人墓而遭严重破坏，宋庆龄父母墓也遭破坏，据说，周恩来接到此事的报告后，立即将宋氏墓相近的一块列为军队营地，宋氏墓暂时得到保护，但其他墓被破坏殆尽。1981年5月29日，宋庆龄先生在北京逝世，遵其遗言，其骨灰安葬在其父母墓之东侧（西侧已经安葬跟随宋庆龄多年的李燕娥女士）此后，在原万国公墓址兴建宋庆龄陵园，陵园之侧的30余亩土地，恢复建立万国公墓，为安葬社会著名人士的墓地。

广肇山庄是旅沪广东人坟地。约清光绪初年由广肇公所创设，地址在新闸大王庙（今成都北路苏州河边）。1899年（光绪二十五年），坟地被划进新扩张的公共租界，于是又迁至闸北叉袋角（今苏州河长寿路桥附近）之东，范围约相当于今天目西路（旧名广肇路，以广肇山庄得名）北、大统路至苏州河的地段，占地近18公顷。山庄内建有厝柩所、土地堂、地藏殿、敦梓堂、祭亭、诵经堂等建筑。山庄为方便送葬仪仗，自建广肇路、长安路。1904年，上海筹建沪宁铁路时，征用山庄部分土地；1907年，李平书创建闸北水电公司时，又征用部分土地，之后山庄尚存坟地约8公顷。1932年"一·二八"事变中，坟地遭部分破坏；

1937年"八一三"事变中，坟地几乎全部被炸。由于沪宁铁路建成，此地火车鸣响，商市喧闹，已不宜作为坟地，且又有联义山庄、岭南山庄等广东人坟地先后建立，上海的广东人也不愿再在此下葬。1942年，部分坟地被华丰搪瓷厂购买，建为工厂。解放后，部分空地建为上海电焊机厂、通信学校等。

联义山庄是旅沪广东人坟地。民国初年，旅沪广东商人林镒泉购宝山大场乡农田十余亩，建造林氏家族坟地。约1916年后，广东旅沪商界联谊会也在其旁购地三百余亩，建立广东人专用坟地。不久，两坟地合并，建立统一的坟地管理机构，遂称"联义山庄"，成为上海主要的广东人坟地。坟地地价昂贵，故山庄内主要葬敛广东旅沪富户，如永安公司郭氏先人、电影明星阮玲玉等，均葬于此地。"一·二八"和"八一三"两次事变中，部分坟地遭到破坏。1956年，上海开始实行火葬，逐步停止殡葬业。"文革"初，坟地遭破坏，坟墓及其他设施被破坏殆尽。1970年后，部分坟地开始被邮电部、轻工业局等下属工厂占用，部分则荒废。地址约相当于今共和新路以西、万荣路以东、灵石路以北、公交六场以南的范围。今上海鼓风机厂、邮电局下属某工厂、延长中学等单位，均建在原坟地上。

从1946年起，上海的公立和私立公墓一律归上海市卫生局殡葬管理所管理，登记的公墓有：

市立公墓

八仙桥公墓	普安路一五六号
	……………… 89270
山东路公墓	山东路二八七号
虹 桥 公 墓	虹桥路番禺路转角
	……………… 70302
徐家汇公墓	徐家汇路六四六号
浦 东 公 墓	浦东陆家嘴路
第 一 公 墓	江湾高境庙中山路五〇〇号
静安寺公墓	静安寺路一六四九号
	……………… 31043
番禺路公墓	番禺路
万 国 公 墓	虹桥路铁路西首

私立公墓

告 安 公 墓	虹桥路青浦路
息 焉 公 墓	罗别根路（天主堂）
永 安 公 墓	虹桥汉壁礼堂
大 陆 公 墓	中山路大夏大学附近
普 济 公 墓	镇江路
广 东 公 墓	闸北
潮 州 公 墓	闸北
联 义 山 庄	闸北
广 肇 公 墓	闸北
浸 礼 会 公 墓	宋公园路
宋 公 公 墓	宋公园路
庙 行 公 墓	庙行镇
杨 行 公 墓	杨行
久 安 公 墓	浦东
万 年 公 墓	漕河泾
永 安 公 墓	漕河泾

中 国 公 墓	漕河泾南吴家巷
长 安 公 墓	闵行北桥
普 安 公 墓	闵行镇
回 回 教 公 墓	打浦桥
伶 教 公 墓	
耶 稣 教 公 墓	斜桥
卢 家 湾 公 墓	卢家湾
惠 山 庄 公 墓	斜土路鲁班路
道 义 公 墓	蒲淞区卅一保虹桥牌坊路南青浦路
普 益 公 墓	大场镇西真大路
佛 教 公 墓	大场
梨 园 公 墓	真如杨家桥
五 邑 公 墓	真江路
犹太侨民公墓	华盛路六一一号

殡葬服务与上海『大出丧』

近几年，上海冒出许多专门代办婚庆喜宴的"婚庆公司"，不少不知情的人以为这是改革开放后的新生事物，这显然是错误的。

代办婚丧仪礼的商事机构始于何时，似乎已难以考证了。代办婚丧仪礼这种仪礼商业，是城市经济和商品经济进步和发展的产物，而宋代是中国经济发展较快的时期，为仪礼商业的发展打下了坚实的基础。

北宋孟元老《东京梦华录》是留存至今为数不多的记录北宋京城汴京（今开封市）风土人情的著作，其卷四"筵会假赁"中讲：

凡民间吉凶筵会，椅卓（桌）陈设，器皿合盘，酒檐动使之类，自有茶酒司管赁，吃食下酒，自有厨司；以至托盘下请书、安排坐次、尊前执事，歌说劝酒，谓之"白席人"，总谓之"四司人"。欲就园馆亭榭，寺院游赏命客之类，举宫必办；亦各有地分，承揽排备，自有则例，亦不敢过越取钱。虽百十分，庭馆整肃，主人只出钱而已，不用费力。

文中提到的"四司"就是当时代办"吉凶筵会"的商事机构。"司"的本义是掌管、控制的意思，古代职官中司徒（工）、司空、司马合称"三司"或"三公"，分别职掌户口工地、建筑工程和军事的最高长官。《东京梦华录》中的"四司人"有掌管筵会布置、器皿使用的"茶酒司"，掌管"吃饭下酒"的"厨司"，安排招待客人的"白席人"，看来，北宋的"四司"未必就是专门的四个"司"，只不过是"总谓之四司人"而已。

宋代文学家陆游《老学庵笔记》卷八讲了一个有趣的"白席人"的故事：北方人家凡遇婚丧之事都要请一所谓的"白席"来操办，一次，宰相韩琦（封魏国公）从枢密院回老家，应邀出席亲家的一次婚礼，他看到桌面上有荔枝随手拿了一颗，"白席"看到后立即唱道：

"韩魏公吃荔枝，大家一起吃荔枝"，韩魏公听到后十分反感，就放下了刚拿到手的荔枝，想不到这"白席"又唱道："韩魏公生气了，请大家放下荔枝。"文中讲的白席人相当于今日婚丧仪礼中的司仪。

南宋人著《都城纪胜》、《梦粱录》都是记录、描述南宋临安（今杭州市）风土人情的著作，这两本书中均提到了"四司六局"。"四司六局"包括：账设司、厨司、茶酒司、台盘司、果子局、菜蔬局、油烛局、香药局、排办局、蜜煎（饯）局。文章起首提到：这些最初应是皇家的排场，后被民间套用，成了代办婚丧商事机构的专用名称。

旧中国婚丧是十分铺张的，一般家庭遇红白喜事，办上几十桌酒水不算稀奇的事，对绝大部分家庭来讲，根本不可能自己承办筵席，于是"四司六局"的行当也因社会需求而迅速发展起来，并分工越来越细，业务也越来越专业。到了明清以后，"四司六局"之名逐渐不用，江南一带叫作"茶炉子"、"茶担"、"堂名"等名，这也许与他们的形象有关，因为筵席时需要大量的茶水供应。这支代办酒席的队伍中必有烧开水的"茶炉子"。因北方婚丧必须有唢呐引道，故北方多叫作"唢呐"。

农村的"茶炉子"平时大多分散在家，有生意时临时召集。而在大城市中，婚庆商业一般叫作"赁器店"。"赁"即出赁、出借的意思，而实际上，赁器店除了出借婚丧仪礼中必需的器物外，主要还是承办婚丧仪礼事务。

近代以后，上海逐渐发展为经济发达，有几百万人口的大城市，代办婚丧仪礼有一个庞大的市场，赁器铺也分散在上海的大街小巷。1906年出版《沪江商业市景词·赁器店》咏：

婚丧喜事爱堂皇，
唤得专门赁器装。

任尔安排何品级，
不难富可敌侯王。

上海人把排场很阔绰，送殡仪仗规格很高的丧礼讲作"大出丧"。至于"大出丧"之名词起于何时何事，"大出丧"与一般的出丧如何界定，谁也没有认真地去研究过。倒是1910年出版《图画日报·上海社会之现象·大出丧排场之阔绰》的配图文中提出了一个见解：

沪地奢靡，日甚一日。即以丧家出

赁器店是出租礼器，代办婚丧的"礼仪公司"。

殡一事而论,向唯有职者用旗锣执事,今则视为普通排场矣;向唯用旗锣执事以为荣者,今则踵事增华,阔绰者皆用马执事,洋号、队伍等种种矣。

"执事",指旧时婚丧仪礼中迎娶和出殡中使用的仪仗器具。这段文字的大意是:以前只有做官人家中的丧事才可以使用旗帜、锣鼓开道,而今日之上海,此只能算普通的出丧;以前,人们以为丧仪中以旗帜、锣鼓开道是很"扎台型"的,而如今的上海早已不以为然,丧仪以马队开道,洋喇叭,队鼓吹乐——这才够得上"大出丧"。

一方面,在当时,传统的礼制对生活

规模很大的出殡上海人叫作"大出丧"。图中的钟楼是当时外滩江海北关大楼。

在上海租界里的华人失去了约束和制约力，上海人可以任意安排自己的事，另一方面，贳器铺为了招徕生意，不断地弄出一点新花样，他们对上海人的"大出丧"起了推波助澜的作用。

黄勋伯大出丧

1907年上海发生了一起轰动的新闻，那就是黄勋伯大出丧。黄勋伯是广东人，幼年习武，是"精武体育会"成员，来上海后任英商泰和洋行买办，兼任上海万国商团中华队副队长。1907年3月28日深夜，一盗贼闯进黄勋伯居住的北河南路桃源坊邻居家中，他听到邻居呼救后立即冲入擒贼，被盗贼刺中二十余刀，盗贼被擒获，但黄勋伯不幸身亡。黄勋伯见义勇为的行动感动了社会，万国商团决议为黄勋伯举行最高规格的丧礼，著名报人陈伯熙编著《上海轶事大观·黄勋伯》中说：

是月之二十二日为黄君出殡之期，先由商团公会同人在操场搭盖彩篷，将黄君灵柩及照像供设中央，二时许开追悼会，华队队员戎服分站灵前，由南市商团各学堂代表及学生等依次朗读祭文，行礼而退，继由各国商团列队行举枪敬礼，三时许西武员带炮车至，工部局西乐队及中西巡捕均列队而至，旋由华队排长八人舁灵柩登炮车，各国团练均举枪致敬，次由团练司令传令出发，沿路致祭者甚多，两旁观者不下数十万余人。西人来观者，灵车过时均脱帽致敬。沪上华人照阵亡例，以炮车为灵车者，黄君实第一人也。

公共租界工部局也作出相应的反应：

中外人士之推重黄君者，谓其能牺牲一己之生命，力图社会之公安也。盖当时华商队初成立，乃有此尽力社会之好男儿应时出现，一时叹赏不绝，不独吾国人推为侠义之奇男子，即西人亦同声致敬，谓中国商团中大有人在，举平日藐视中国之观念一扫而空，于是工部局特辟新例，允黄君灵柩用炮车舁载，从河南路起直走南京路，至卡德路止。此可敬可荣之黄君，遂永为上海之光。

据记载，当时新舞台立即以黄勋伯的事迹编排新剧——《黄勋伯》，勖国人崇尚武德和见义勇为精神。

盛宣怀大出丧

1916年，盛宣怀这位被后人称之在"非常之世"作了"非常之事"的"非常之人"，在上海斜桥盛公馆逝世。当时上海最大的贳器店物华号，为盛氏赶制了一整套最高档的礼器，其中有36人抬的龙身灵车一部，仪仗用十八般兵器一对，经公共租界工部局特准，盛宣怀大出丧可以在租界通行。出殡那天，中国的唢呐、十八般兵器执事在前开道，36人抬灵车紧随其后，几十辆大小汽车组成的护柩队伍跟随其后，最后以洋喇叭、队鼓组成的西乐队殿后，出丧的队伍约有4里之长。大出丧的队伍从盛公馆出发，沿静安寺路（南京西路）、南京路，到外滩再沿北京路、爱文义路（北京西路）返回，所到之处，市民空巷而出。在上海的殡葬史上，盛宣怀大出丧达到了登峰造极的地步。当时人作《上海竹枝词·盛杏荪出丧》讲：

> 丧仪绚烂满长街，
> 今在中外一律排。
> 经费贵筹三十万，
> 破天荒是盛宣怀。

盛宣怀的灵车是盛氏出丧定做的，用完后就毁去了，而一些体积稍小的执事被物华号贳器铺偷偷地藏了起来。物华号贳器店的继任人周余告诉我，解放后贳器铺停业，铺里的大部分器具被毁了，仅有二件被上海相关机构收购，一件就是今天陈列在"东方明珠"里的"物华号百子大礼轿"，另一件即盛宣怀大出丧的"十八般兵器仪仗"，如今它可能躺在某一个文物仓库里。

黄楚玖大出丧

余槐青《上海竹枝词·黄楚玖》讲：

> 经营中法九芝堂，
> 又创新奇游戏场。
> 一代医家称怪杰，
> 独怜日夜倒银行。

黄楚玖（1872—1931）又作黄楚九，名承乾，号磋玖，浙江余姚人。少时随父行医。1887年迁居上海，入清心书院（今上海市南中学的前身）读书。清心书院是一家美国基督教北长老会办的教会学校，这对他以后的发展影响很大。不久他辍学，在南市开"颐寿堂"诊所和"九芝堂"药房，"九芝堂"生产他自己配制的中成药，黄楚玖深知开埠后的上海人既迷恋中医，又有崇尚西医的心理，1904年他把"九芝堂"搬迁到公共租界汉口路，更名为"中法大药房"，还取了一英文名——Great Eastern Dispensary，很容易被人理解为中法合作创建的药房。黄楚玖是一成功的商人，于1931年逝世。

黄楚玖的出丧规模也十分庞大，不过，进入30年代后，方兴未艾的"殡仪馆"已逐渐替代传统丧仪而成为上海丧礼的时尚，旧时的"执事"也退出上海社会。定居在澳门的黄楚玖后人还保存有当年拍摄的黄楚玖大出丧的胶片，可惜的是，只有一分钟的胶带中，大部分已经模糊不清，但仍能依稀体会出当时大出丧的排场，汽车已替代了传统的灵车，汽车上死者的照片被鲜花簇拥，汽车缓缓在街上行进，护灵的队伍紧随其后，路人驻足观望。也许，上海的大出丧办得多了，市民已不再怀有太高的兴趣。

以往发表的一些涉及上海租界的论著中讲，上海的租界，除了有特权的人以外，是不准集会和游行的，那么，上海的租界时期哪来这么多的"大出丧"，这实际上是对租界不了解而产生的误解。上海公共租界1899年制定，1903年颁布的《公共租界巡捕职务章程》第二十一项"婚丧及赛会"中规定：

如欲出会或迎娶出丧等事，须经过马路者，应先赴巡捕房领取执照，否则不准。凡欲经过河南路（今河南中路）以东之租界之中段各路，或兵队行经租界，则非预请工部局允准不可。

按人数不满五十者，可不领执照，路程经过两捕房区域者，须由两区捕头签字；出行之时，捕房必派巡捕依段照料，不必给钱，唯午前八点半至九点半，十二点至午后二点半，四点至六点，小沙渡路（今西康路）以东之静安寺路（今南京西路）及南京路（今南京东路）不能行走。

按住房婚丧等事，欲用巡捕，可请捕房派遣、落差巡捕照料，每八小时为一班，酬资，英人八元、印（度）人六元，华人三元，英马巡二十五元，印马巡十五元。若于八小时外多五分钟，即作两班计资。常时欲雇印人看守弄门及自宅，约二十元，饭食在内。

上海租界除一些特殊的地方不准游行队伍通过大多数地方经申请核准后不仅可以通过，租界还有赏提供维持次序服务，出借警察，这也在某种程序上刺激"大出丧"习俗的出现。民国郁慕侠《上海鳞爪·大出丧》中讲：

社会上赫赫有名的大人物，一朝伸腿断气、撒手西归以后，必有大出丧的举行（大出丧者，就是举殡之意），排场越阔越能轰动一时，竟会传播到几百里以外的外埠民众不远而来，大家异口同声地说道："看大出丧，看大出丧！"等

到举殡那天，民众们如疯狂般的丢了正事不干，专程来看大出丧，几条经过的马路上人山人海，前推后拥，挤得水泄不通，沿马路的几爿旅馆、菜馆、茶馆的阳台上都设好了优等座位，做一回临时的好生意。

后来，送葬的灵车被马车代替，到30年代，又被汽车代替。《上海鳞爪·送丧马车》中讲：

自从汽车盛行以来，马车就慢慢落伍，鳞次栉比的马车行都逐渐地关闭了，最大的龙飞马车行早已改组为云飞汽车公司了。现在所剩余的一二百辆蹩脚马车，平常时候绝少有人顾问，只有人家死脱了人，出殡起来，载着亲友去送丧，故叫它一声"送丧马车"再切合也没有。

上海是个大都市，大出丧的队伍在街上缓缓行进，会对城市交通产生极大的影响，因而逐渐消失了。1938年8月18日，公共租界工部局巡捕房华督队队长陆连奎被汉奸组织"黄道会"暗杀，公共租界和法租界巡捕房的高级警官全部参加陆连奎出丧，约有数万市民也参加送殡，上海人叫作"陆连奎大出丧"，之后，上海似乎再也没有出现过"大出丧"了。

解放后，人民政府推行移风易俗，改革传统礼制，大约在1956年后，上海的贳器店基本结束，原来的从业人员被安置到各行各业中，从此，贳器业在上海的"三百六十行"中消失了，以致许多人根

本不知道上海还曾有过这种行业。

礼仪繁缛复杂，商业礼仪公司既可以帮助人们克服在礼仪上的迷惑和困难，也可以减少不必要的麻烦，上世纪90年代后，以代办婚庆为主要经营的婚庆公司应运而生，实际上丧仪的规制远比婚仪复杂，丧仪在殡葬中又占了很大的比重，当前可以由殡葬的管理机构和服务机构牵头，建立相应的商业性的丧仪服务机构，相信能受到市民的欢迎。

旧诗词中的丧俗

旧时，官衙中负责验伤或验尸的差役，或从事丧事的职业人叫作"仵作"、"仵作行人"、"仵人"、"仵匠"等名。殡葬业是一个不可缺少的社会性行业，丧事中的许多程序或步骤，如填含、裹尸、大殓、开圹、下窆等必须要由职业的仵作来完成，所以，仵作也是一个庞大的职业人群；成天与尸体打交道的仵作也懂得和识别人死亡的原因，而古代的衙门中不可能单独设立职业的验尸官，所以，衙门中验尸的职官实际由临时聘用仵作来担任。这种职业之所以被叫作"仵作"，我以为，汉语中的"仵"与"逆"同义，如《释名·释天》："午，仵也，阴气从下上，与阳气相仵逆也。""仵作"可以理解为"与正当行业相逆的行业"，

也就是"非正常的行业"。

"仵作"一词较早见于唐李商隐《杂纂·恶行户》："暑月仵作。"盛暑季节，尸体容易腐烂发臭，仵作这一行业确实不易当。宋朝周密《癸辛杂识别集下》中讲了一件妖道"假尸还魂"的离奇故事：

建康（今南京）有陈道人常与仵作行人往来，饮酒甚狎。仵问道人将何为？因曰："吾欲得一十七八健壮男子尸。"一夕，忽有刘太尉鞭死小童，仵舆致之（仵作用轿子抬来送给陈道人）。道人作汤，浴其尸，加自己之衣巾，作跌坐于一榻上，道人亦结跌其前（道人把死尸盘腿坐于榻上，道士也盘腿坐在尸体的前面）。至明，道人尸化而童尸生也。

此仅是一则荒诞不经的故事，但文中所讲的"仵作行人"就是一位殡葬工作者。

仵作充当验尸官后就成了一位临时性的官吏，而仵作验尸结论又直接涉及破案，以及诉讼的公正，所以，仵作验尸通常规定二人以上参与，并承担相应的职任，如宋本《二狱》中讲：

责仵作二人索之壕，弗得。仵作本治丧者，民不得良死而讼者主之，是故常也。

《五代会要》卷八：

若仵作工匠之徒，捉获之后，自合准前后敕文，科断所由，不得更至孝丧之家。

仵作一旦有舞弊行为，一律根据法律处

罚,并从此吊销经营许可,不得再从事这一行业。

仵作是一特殊的行业,所以见于宋元以及后来的小说、唱本就更多了,如宋人《清尊录》:"……女语塞,去房内,蒙被卧,俄顷即死,父母哀恸,呼其邻郑三者告之,使治丧具。郑以送丧为业,世所谓仵作行者也。"《二刻拍案惊奇》卷二十:"知县是有了成心的,只要从重坐罪,先吩咐仵作报伤要重,仵作揣摩了旨意,将无作有,多报的是拳殴脚踢致命伤痕。"《负曝闲话》第一回:"陆华园装作受伤,弄了两个人扶着,扶到县里,元和县大老爷把呈子看了一遍,叫仵作下去验伤。明归有光《张员女狱事》:"及典史来验,(胡)严尚扬扬在外,为赂验者,贞女喉下刀孔容二指,尚有血沫喷涌,仵人裂其颈,遽曰:'无伤者。'……市人尽呼冤,或奋击仵人。县令亦知仵人受赂,然但薄责而已。"

《清史稿·食货志一》中记:

凡衙署应役之皂隶、马快、步快、小马、禁卒、门子、弓兵、仵作、粮差及巡捕营番役,皆为贱役,长随与奴仆等。

清代已将仵作列入编制,不过其地位仍是很低的。李鹏年等编著《清代六部成语词典》(天津人民出版社1990年版)中讲:

仵作 ①衙役名。仵作是我国传统法制中负责验伤的人,清代外省各州县及京师五城刑部等各衙门均设,每衙门一至三人不等,另设跟随学习一至二名,由各官司自行招募,给以工食,学习仵作给半。是专门检验死伤的皂役。清末改称为检验吏。如遇人命案申报到官,地方正印官随带刑书、仵作亲往相验。仵作据伤验报受伤部位分寸,行凶器物,伤痕长短深浅等。如有捏报,

营业写真

土作(一)

"土作"通常写作"仵作",指旧时官府中检验死者死亡原因的差役,与今日的"验尸官"相似;也指代人殓尸的职业或职业人。

亦治罪。② 以代人殓葬为业的人，俗称仵作。

清末，在编的仵作改称"检验吏"，相当于今天的"法医"或"验尸官"，而民间的殡葬业从业人员仍称之"仵作"。

近代以后，上海迅速发展成为一个近代化的大城市，医学技术较发达，于是，原来属司法上的验伤、尸检划归医院或医生负责，仵作就指代理殓葬的行业和人。清末《沪江商业市景词·仵作》中讲：

尸身检验各伤处，
仵作无能莫解纷。
亦有师傅须学业，
业虽卑贱籍多闻。

我与著名滑稽表演艺术家王汝刚一起在上视纪实频道《往事》栏目做了近两年的节目，一次他问我，旧时上海有"仵作"这一职业，他也见到过"仵作"为尸体穿衣的场面，但是，"仵"在上海方言中念"wu"，但不少人却把"仵作"讲作"土作"，在上海方言里"仵作"应该讲作"wu作"还是"土作"？

实际上，"仵"与"土"在沪方言发声中是比较接近的，确实有许多人把"仵作"写和讲作"土作"的。清季上海出版的《图画日报·营业写真·土作》中的"土作"就是"仵作"，配图词也写得挺有趣：

从小拜师学土作，
死人生活最龌龊。

浸胖浮尸动手难，
一见摇头乱打恶。
谁将土作定名称，
入土为安用意深。
人到百年须入土，
必当土作手中经。

文中讲的"浮尸"从词面上可以理解为溺水死亡而漂浮在水上的尸体，如上海人讲的"黄浦江浮尸"，在日常用语中也指尸体或人的躯体，如"依只烂浮尸死到啥地方去了，寻了侬几个月也寻勿到侬格人"，这里的"烂浮尸"不是尸体，而是指"人"。当然，"仵作"是代理"入土为安"的行业，把它叫作"土作"也是合情合理的。

《上海县竹枝词·风俗》中还讲：

客堂停棺惯多年，
尘满灵台帮帖前。
命不通兼无好地，
误听风水葬迁址。

作者也有一段注文："士大夫家葬事，一听地师，或积至数十年不葬。""地师"即"地理先生"，也就是今日人们讲的"风水先生"。古人认为墓茔中有一股"煞气"，许多地方称之"棺材煞"。墓址选址不好，这种煞气就会冲犯生人，轻则影响亲属，重则危及他人的安全，所以，选墓址和入葬日期必须请"地师"来确定，如"地师"认为没有合适的墓址，灵柩就有可能放在客堂里多年而无法入葬。

倪强中《南汇县竹枝词》：

先葬苛求好风水，
富家易葬赤贫难。
惨死荒野多浮厝，
雨苦风醋白骨寒。

作者也有一段注："造墓惑于风水，为选地过苛，迁址岁月，其后或家道中衰，或兄弟消长不齐，有数十年不葬者。""厝"音cuo，在闽广一带，厝多指人居住的房屋，如《红旗飘飘·海陆丰农民运动的领导者彭湃》："田公（地主）着厝（在家里）吃白米，田仔（佃户）耕田耕到死。"而在江南和北方，厝则多指暂时存放灵柩的地方或简易房子，如清王应奎《柳南随笔》："凡棺之未葬者，或殡于室，或厝于野。"旧时，地理先生对坟墓的选址有太大的权利而使丧家的灵柩一时无法入葬，富裕之家有较大的客堂可以暂厝棺木，而贫苦人家住房犹不足，怎么再能容下一口棺材，于是就在附近的荒地上临时搭一仅能容一口棺材的小"砖房"，这种小"砖房"就叫做"浮厝"，贫穷人家一般在清明或冬至，直接将棺木焚烧，上海人称之"火葬"，竹枝词"惨死荒野多浮厝，雨苦风醋白骨寒。"就是讲这一情况。

"风水"是我国根深蒂固的习惯和传统，阳宅的风水只关系到你一家，而阴宅的风水不仅关系到丧家，还涉及周边的邻居，因为一旦选址不妥，"棺材煞"会冲犯周边的任何人，所以，阴宅选址时

地理先生的权力就很大。秦锡田《周浦塘棹歌》：

山川不语葬师语，
去脉来龙恣辩论。
福地若真寻得到，
葬师苗裔帝王尊。

阴宅如果对生人真有如此大的作用，风水先生的后裔早就成了帝王将相了。作者也有一段注文：

葬必延地师择地。左右邻家偶有不适，辄曰"妨碍"。或延地师来看，言人人殊，聚讼纷纷，耗财力，伤感情，甚无谓也。古语云："山川而能语，葬师食无所。"《葬经》著于晋之郭璞，而其后无闻于人。

某家葬礼，而邻居中有人生病或遇到倒霉的事，邻居往往会责怪葬礼不妥而"妨碍"了他，丧家只得将责任推到风水先生身上，而由此引起的争吵、诉讼实在太多了；风水先生只是利用了人们的迷信而混一口饭罢了，人们又何必那么顶真呢！

秦锡田《周浦塘棹歌》：

丧礼如何杂异端，
诵经拜忏纵人看。
死游地狱缘何罪，
照例花灯放一坛。

词中提到的"放花灯"又叫作"放焰口"，原起于佛教，旧时上海本土以信道教为主，所以作者称"丧礼如何杂异端"，佛教《谕伽焰口》中讲，人在死亡后就成了

鬼，新鬼的喉咙特别细，难以吞咽食物，而食物一旦进入喉口，喉口就会像被火焰灼痛之感，如不及时超度，此鬼将是永世的饿煞鬼，于是要借用佛的力量，用甘露水注入喉咙、放开细口而使之能正常饮食，故称之"放焰口"。放焰口最初只是丧礼中的一种超度，而到了后来，成为普遍的超度形式，丧仪中的放焰口通常是"做七"是举行，而公众或社会性的放焰口则定于七月十五日的"中元节"举行，如《中华全国风俗志》下篇卷三中记：

中元节夜，城内蛟桥上，放三大焰口，超度无祀鬼魂。河中有船三四艘，一

道士的超度大多在夜间进行。沪语"鬼火道士连夜忙"喻不分昼夜的忙着干活。

放焰口,一载佛婆念佛,一烧锞锭,一放河灯,行遍城内外之河道。

所谓"焰口"实际上就是一种比较原始的"焰花",上海地区旧时叫作"万花筒",但早期的上海不制作"焰花",通常就将火药放入坛中,点燃后焰花就从坛口中喷出,所以作者说——"照例花灯放一坛"。这种丧俗如今已消失。

1910年出版《图画日报》绘有"鬼火道士看夜坛"一画,配画文写得很有趣,说:

太阳落山辰光到,道士头上鬼火冒。
果然个个十分忙,引得旁观皆发笑。
如年长日支吾完,正本戏文犹未看。
一出一出须加紧,时巳看夜难再宽。
才献宝,又铺灯,佛曲还须唱几声。
走仙桥,穿五方,但闻铙钹响叮珰。
多数花头说不尽,宛如群鸭闹池塘。
临了尚有大拜送,唢呐连吹锣鼓动。
忙到曾无片刻停,散场将及二三更。
辛苦辛苦互称道,日日几乎忙不了。
既知看夜徒慌张,何事俄延弗赶早。

"献宝"、"铺灯"、"走仙桥"、"穿五方"均是道场中的程式,"花头"是吴方言词汇,义与"名堂"相近,而如今,方言以"鬼火道士"比喻忙得兜兜转的人。

图书在版编目（CIP）数据

丧葬习俗 / 薛理勇著. —上海：上海文化出版社，
2011.8（2022.7 重印）
ISBN 978-7-80740-620-4

Ⅰ. ①丧… Ⅱ. ①薛… Ⅲ. ①汉族—葬俗—中国
Ⅳ. ①K892.22

中国版本图书馆 CIP 数据核字（2010）第 185873 号

出 版 人
姜逸青
责任编辑
王　珺　赵光敏
封面设计
叶　珺

书名
丧葬习俗
作者
薛理勇
出版
上海世纪出版集团　上海文化出版社
地址：上海市闵行区号景路 159 号 A 座 3 楼　201101
发行
上海文艺出版社发行中心
上海市闵行区号景路 159 号 A 座 2 楼 206 室　201101
印刷
上海颛辉印刷厂有限公司
开本
710x1000　1/16
印张
12.75
印次
2011 年 8 月第一版　2022 年 7 月第三次印刷
书号
ISBN 978-7-80740-620-4/K.277
定价
45.00 元

告读者：如发现本书有质量问题，请与印刷厂质量科联系
T：021-56152633